U0051301

起信論講記

第五輯

——平實導師講述

ISBN 986-81358-0-X

自序

《大乘起信論》是聖 馬鳴菩薩所造，因為論中義理極深，又宣示成佛之道精神所在之一切種智內涵，多屬佛弟子四眾聞所未聞之甚深法；而又言辭簡略，極難了達其意，是故自古以來，多有未具種智之愚痴人大膽謗為偽論。更有愚痴初機學人不辨眞假，但見大名聲之法師居士謗之，便亦踵隨謗之；如是輾轉傳謗，常無已時，至今不絕。直至平實正式宣講此論以後，此謗方始漸絕於台灣，如今不聞有人再謗為偽論矣！

殊不知聞所未聞法，雖有可能為索隱行怪之外道論，亦有可能為甚深極甚深之種智妙法；學人若無種智，無能分辨者，最宜忌口，萬勿輕易評論；否則，萬一誤評極妙種智深論正義，即成最嚴重謗法之地獄罪；舉凡種智妙法深義之誹謗者，皆是謗法中之最重罪故，所謗皆是三乘菩提之根本法故。

檢視《起信論》之引人諍論者，端在「眞如緣起」一法之說，謗者皆引此一言教而評破之，謗為偽論，誣為外道假借 馬鳴菩薩聖名而造此論；每每主張眞如本有，非可藉由緣起之法而修成之。然而彼說之言固有其理，而 馬鳴菩薩所言「眞如緣起門」之眞實義，並無否定眞如本有之意，只因其義甚深，兼述因地眞如轉變爲佛地眞如之妙義，古來少人能眞證知，今時更無何人能眞證知，誤會 馬鳴菩薩論中實義故，便認定爲外道假借 菩薩令名所造僞論，是故自古至今多有誤謗之人。

此論中妙法，主要有二：心生滅門與心眞如門。心生滅門者，始從七轉識之染淨熏習作用，進言法界實相理體之阿賴耶識，明言阿賴耶識心體自身乃是七轉識之根源，名爲如來藏。又倡言「一心唯通八識心王」之說，謂若主張「眾生皆唯有一心」者，則此一心唯可說爲阿賴耶識，將七轉識悉皆納入阿賴耶識一心之中。又言阿賴耶識一名者函蓋第八識如來藏與七轉識，將此不生滅之第八識如來藏與其所生之七轉識合爲一心，即名之爲阿賴耶識。是故自古以來，具有種智之人，常言「一心之說唯通八識」，謂阿賴耶識一心函蓋八識心王也！

然爲利樂初機學人，大益有情令得現觀八識心王體性迥異之處，使其易得證悟阿賴耶識心體自身，欲令因此而生般若實智，往往將此一心阿賴耶識分爲八識心王，並一一細說之，由是故有眼識、耳識……意根末那識乃至阿賴耶識之說。匪唯古來諸多證悟祖師如是說，我 佛世尊於《楞伽經》中亦如是說，即是假爲人悉檀而述第一義悉檀也！

佛地眞如之神用，微妙廣大，非諸等覺菩薩所能稍知；然而此一神妙難宣之廣大功德早已含藏於因地眞如阿賴耶識心體中，是故因地眞如阿賴耶識心體本已有之，馬鳴菩薩初未否定因地眞如阿賴耶識心體之本已存在也。然而因地眞如究非佛地眞如，差異極大，悟得因地眞如時仍無法獲得佛地眞如之廣大功德，是故佛地眞如實非初悟之時一蹴可幾，唯除最後身菩薩示現在人間一悟成佛，是故 馬鳴菩薩所言佛地眞如緣起之說，方是正說。

欲得成就佛地眞如所需之一切成佛種子，悉皆存於如來藏阿賴耶識心體中，皆屬本有未發之功德，又因阿賴耶識心體恆常顯示眞實性與如如性，故名因地眞如。然而佛地眞如所有之廣大功德，要由證悟因地眞如阿賴耶識心體之後漸次進修，藉心生滅門之修行緣起，歷經三大阿僧祇劫之進修內容與過程而後可幾，終得成就佛地眞如無垢識廣大功德，是名佛地眞如緣起之眞實義；是故眞如緣起方是眞正佛法，而且是最勝妙之佛法，謂佛地眞如要由因地之如來藏阿賴耶識心體所含藏之七識心王有生有滅之法修行成就；故說佛地眞如並非一悟可成，要由三大阿僧祇劫之累積福德，慈濟眾生，然後求悟般若，進修種智……等無量菩薩行之後，方可成就；由此證實眞如緣起之說方是正說；絕無省去菩薩階位修行無量難行能行之過程，而可在因地一悟即成佛道者，唯除最後身菩薩已經實修圓滿此一過程。

然而佛地眞如心體者，因地本即存在，即是眾生同等皆有之阿賴耶識心體也。此一心體又名如來藏、本際、實際、眞如、如、我……等無量名，馬鳴菩薩在論中說之爲如來藏心。並謂此心配合自己所出生之七轉識，則能直接、間接、輾轉出生萬法。由因此心能出生萬法故，所出生萬法必有生滅，如是而說此一實相心之生滅門，非謂第八識實相心體有生有滅也；少聞凡夫不知論中實義，便謗言：「《起信論》說實相心體有生滅，必定是僞論。」而不知論中所言「心生滅門」者實謂阿賴耶識心體所含藏之七識心王種種生滅現象，都由八識心王合爲一心之阿賴耶識而說、而攝，阿賴耶識心體自身則無生滅，故論中說：「**心生滅門者，謂依如來藏有生滅心轉，不生滅與生滅和合，非一非異，名阿賴耶識。**」是故誹謗此論者，皆是咎由自身之未解論中實義，誤會論中文字所表正義所致。

學佛之人，悟後必須了知：欲實證佛地眞如無垢識者，必須悟後漸次進修，經由心生滅門中所說之一切種智修習、性障之伏除、習氣種子隨眠之斷除、廣大福德之累積，然後始得成就佛地眞如心體無垢識之廣大功德。若不經由心生滅門，則無由達成心眞如門所欲實證之佛地眞如無垢識廣大功德。是故 馬鳴菩薩於論中說明「心生滅門與心眞如門各攝一切法」，又說佛地眞如之緣起，意在此也！

心眞如門，乃由橫面說明第八識如來藏在因地之時即已是具足眞如性相，但因七轉識相應之無明、煩惱種子覆障故，唯顯自體之眞如性相，而不能發起佛地眞如心體無垢識之無漏有爲法上之廣大功德，難以廣大的利樂有情；所以要由心生滅門中下手修行，悟後進修內門六度萬行，以及種種菩薩十度萬行，逮至一切種智圓滿、煩惱障習氣種子隨眠及無始無明隨眠皆悉斷盡，復又歷經百劫勤修極廣大福德之後，方入佛地，方始圓成佛地眞如所應有之極廣大無漏有爲法：四智圓明、廣大神通、十號具足……等法。

是故， 馬鳴菩薩所言心生滅門一法，甚深極甚深，當今之世無人能知；自古以來知之者亦少，非有大善根、大福德者，難以聞知其中密旨，何況能自行知之？由於論中文字極爲簡略，所陳義理又復倍極甚深，學人難知難了，是故誤會之者所在多有，自古不絕如縷，迄今仍多。

鑑於台灣廣大佛弟子眾，數十年來恭敬供養三寶，廣積福德、慈濟眾生、興善止惡，欲遏止人欲之橫流、惡業之擴散，欲令眾生同得解脫生死流轉之大苦；其福不可謂小，其智不可謂無，然而終究未能發起出世間智，更難發起世間、出世間智，唯有世間小智而誤以為實是出世間智；此非具有福德之佛弟子所應得之果報。有鑑於此，起心欲作廣利有福佛子之事與業，乃決定將本為會中同修宣講解說之 馬鳴菩薩妙論實義，梓行天下，以報台灣寶地廣大佛弟子，兼及大陸未來福德成熟者，庶幾不沒 菩薩造論初衷，亦得消解古今誤謗本論之流毒，更兼防止後人再犯誤謗妙論之地獄業，用是緣故，乃倩我正覺同修會編譯組人員，整理成文，略加修飾，即以成本價流通天下；欲得藉此建立正法大纛，兼以廣利因緣成熟之廣大佛弟子。今以此書出版在即，乃述緣起，即以為序。普願廣大福德具足佛子，悉得藉此書中妙義成辦見道知見，乃至有日終得證悟般若實智，共護我 佛世尊遺法，令得長劫廣利有情！

佛子 平實 謹識

公元二〇〇四年初暑

論文：【有經中說信成就發心菩薩，或有退墮惡趣中者，此爲初學、心多懈怠，不入正位；以此語之，令增勇猛，非如實說。】

講解 接下來又說，有的經典裏面曾經說過：信心成就的菩薩們，有時也會有人退失而墮入惡趣中。這是爲部分初學人說的，因爲他們的心大多很懈怠。注意！他是用「多」而不是用「都」，「多」與「都」是不同的。我在書中很少用到「都」，大部分都用「多」，意義不同。意思是說，十信滿足的菩薩不一定全部都是懈怠而不入正位的，但是大部分信位的凡夫菩薩們是懈怠而不能入正位的，所以是初學、心 多 懈怠。

以這樣的方式來告訴他們說：「你雖然十信圓滿而進入初住、二住等位，十信心雖然滿足了，但是仍有可能會退墮到三惡道裡去！」照理說，信心滿足的人應該都不可能誹謗三寶、不可能做破壞正法的事，怎麼可能會墮入三惡道呢？因爲已經修到信成就、信不退了啊！但是有些人，我們希望他們可以修得快一點，就告訴他：「你這個信成就，仍然不太妥當，仍有退失的可能，仍可能墮入三惡道；一旦落入三惡道中，再回來當人的機會就不大了！因爲有很多三惡道中的眾生都等著當人，大家都擠破頭想要當人，一旦失去人身就很難重新獲得，所以你要往前邁進，應該迅速的衝到位不退去，以免不小心墮入三惡道中去。」用這樣的話來警示他。因此，信位成就的菩薩發菩提心之後，還是會有信心退失的事，這是善巧方便之說法。

可是明心的人就一定不退嗎？也不一定！諸位可以看見有一些人，在同修會中明心以後還是退失了，所以退與不退之間，還是有許多情形不同的！所以位不退是從一般情況下來說的，仍不是究竟不退；所以各種不同情況的「退」，都有它的緣由。譬如往世學佛以來，布施植福很多，今世遇到大善知識，很快就開悟了；可是因為他開悟的時節因緣還沒有很成熟，善知識太早送給他，或者說他得的太輕易，因此往往不能信受。或者說他是在正法道場中打聽來的，自己並沒有參究與體驗的過程，所以般若智慧不能顯發，因此心中生疑，所以終究退失了。有的人則是福德不夠，遇到惡知識而被否定了，因此而退失的也有！譬如我們《宗通與說通》裏面寫到一位比丘尼去找「附密宗」的外道喜饒根登（據說那位比丘尼現在也離開那裏了，我們《平實書箋》出版的時候她好像還沒有離開，現在據說已經離開了。可不可以回來？當然可以！我不會拒絕，但是得要從頭開始學起。可是絕大多數的人聽到要從頭開始學起，就打退堂鼓了，誰肯回來？）她被那個外道喜饒根登否定了，就退轉了，就回到離念靈知心的意識境界上去。

這就是說，她的福德不好，她遇到惡知識攝受，那個惡知識恐嚇她：「妳是大妄語！要下地獄！現在末法時代哪有可能開悟？若要說眞正的開悟，當然只有意識心離念的時候才能算是開悟，你們說什麼如來藏的開悟，那是外道法，是大妄語的地獄業！要下地獄的。」她嚇死了！因爲是某位已離開的老師在她的因緣還沒有成熟時就爲她引導出來，自己並沒有長時間參究的過程，我見沒有死盡！又沒有參加過禪三的深入考驗與歷練、整理，智慧起不來，她自己的慧力又不夠，沒辦法拿經典來印證到底對或不對，所以一被恐嚇就退失了。不過她倒是有個好處，我曾經警告她：「你假使不信這個如來藏法，但是絕對不能誹謗！妳要是有所懷疑，可以去讀某某部經典，讀過之後妳就知道我跟妳印證的開悟對或不對了。誹謗了義法是無間地獄罪，不可輕易開玩笑。」

其實她當時的悟，也並不是我跟她印證的，當時是有一位親教師爲她印證的，後來我就默認了（那位親教師後來誤信一位悟錯而說大話的「八地」老人，如今也離開了）。我說：「妳讀過那部經典以後，就知道妳被印證的那個眞如心是對或不對了。

妳如果誹謗，可得要自己承擔那個業果。」我事先跟她警告過，我說：「妳決定要去那邊，可是妳絕不能講出在這裏是悟個什麼？不然的話，如果那邊有人破壞這個法，那個因果妳得自己承擔。」我先把界線劃清了。後來《平實書箋》出版以後，因爲他們那邊有人寄書來，我們當然得要回寄幾本書回應。據說她也讀過我們後來寄過去的書，聽說她心裡也蠻掙扎的，後來就離開那邊了。據我所知，我們回應的書籍剛出版的那兩、三個月，她還沒有離開，聽說現在她離開那邊了，她還算是聰明，懂得離開。這就是被惡知識所攝受，所以退失菩提。這就表示她的福德仍薄，仍不足以親近眞正的善知識；或雖親近善知識，而難以得到善知識的妙義，心生懷疑，所以退失了。

有的人則是因爲性障的關係——性障重的緣故所以退失了；也就是說，他們因爲在善知識那邊得法以後，心中起意藉正法追求世間法上的利益，但因不能遂心，心生怨惱，所以爲了要抵制善知識而誹謗善知識所傳的正法，謗法的結果就是來世退墮於三惡道中（編案：後來二○○三年初又有一批人同樣犯此過失而退轉。詳見《燈影、辨唯識性相、假如來藏、眞假開悟、識蘊眞義》等書）。所以馬鳴菩薩這個「非如實說」，我是有些意見的，因爲退墮的事情並非都是方便說。因爲有的人來到同修會中，後來也找到眞如心了，可是因爲想要在同修會裡面搞自己的勢力，或者想藉這個法謀取世間法上的利益，但我們的門風一向不允許有人將這個法拿來作爲謀取世間利益的工具，理事會一向都不認同所以不能成功，因此他們就很痛恨我，就開始謗法，希望我這個正法不能再弘傳下去。其實他們也都知道這個法絕對正確，可是爲了抵制我，爲了誹謗我，所以就誹謗我所傳的法不對；都是因爲私心被制止，所以氣得不得了，也就不顧一切的加以誹謗了。那麼謗法的結果就是退墮三惡道，很簡單！所以各個階位中都會有退失的情形可能發生的，所以並不是「非如實說」。

所以說「位不退」，那是指你有確實依照　佛所說的戒定慧三學去作；如果不肯守戒，犯了十重戒，就算是初地以上的「行不退」聖者，就算是八地以上的「念不退」聖者，只要是犯了十重戒之一，照樣退墮三惡道，並且是一切修證都會失去，律經中說：「三位、十地一切皆失」，三賢位及十地的階位果證都會失去的。所以說「位不退」、「行不退」、「念不退」是依一般的狀況而說，是在不犯十重戒的狀況來說的；如果誹謗三寶，罪就重了！如果被誹謗的法是最了義法、最究竟法，被誹謗的人又是大乘中的勝義菩薩僧，那他可就更倒楣了！罪更重了！譬如

《華嚴經》講的高級應召女郎——婆須蜜多尊者——誰眞的夠膽的話，謗謗看！你別看她是個高級應召女郎（就是現在講的「公關小姐」高級妓女），有種！你誹謗看看！誰要是誹謗了她，誰就倒楣！這比誹謗三明六通大阿羅漢的果報還要慘，因爲她是大乘法中的勝義菩薩僧啊！在世俗表面上看起來，她只是高級妓女，實際上她的無生法忍境界不可思議！所以誤謗三寶的事情，是常常都會有的，因爲大乘法中的勝義菩薩僧，示現爲很多種修行者難以想像的身分，沒有法眼、慧眼的人，一不小心就誤謗了，這就是信成就以後退墮惡趣的人。

很多人不明白因和果之間關係的連繫；求生淨土的人，第一重要的事情就是「深信因果」。連求生淨土的人都得要深信因果，何況是想要學菩薩的根本大法，可以不必深信因果嗎？當然一定要信！相信「如是因，得如是果」，果報總是跑不掉的。在我們修學佛法的過程當中，必須有愼思明辨的智慧；如果沒有愼思明辨的智慧，人云亦云，就會犯了嚴重的謗法過失，或者是成就幫助謗法的惡業。就像現在很多人去護持印順法師的法、護持達賴喇嘛的法，以爲自己是在擁護正法。那麼外面有許多人，看見我在書裡面說：「**印順法師的說法不對！密宗應成派中觀的說法不對！**」他們沒智慧判斷，又迷信名師及印順等人的法師身分，不肯理智的判斷，心中氣不過，就罵：「蕭平實是破法者，是邪魔外道，大家要抵制他的法。」他們以爲自己是在護持正法。他們的發心並沒有錯啊！可是問題出在哪裏呢？問題在於他們沒有智慧去判斷：什麼才是眞正的正法？什麼是錯誤的邪法？他們不能判別、沒有能力去簡擇，抉擇分還沒有出生，所以他們正在大罵蕭平實的時候，心中眞的很歡喜，以爲自己眞的立了護法的大功德（編案：當時 導師此話說的即是上平居士黃明堯。詳見《護法與毀法》書中之辨正）；聽說有的人心中爲他不忍，就勸他別再作這種事，勸他趕快撤銷那篇文章，但是他不相信。

後來有人說他寫的那篇文章，其實正是「進住地獄申請書」。他寫出這個誹謗正法、誹謗賢聖的文章來，其實是申請要住進地獄去的。可是他們不曉得，他們還跟你爭辯：「我是在護持正法，蕭平實是在破法。」但是等到再過個十年，他後悔就來不及了，因爲他寫出來的文章絕對沒有辦法全部收回；當初出版的書籍，當初貼上網站的文章，都是沒有辦法全部收回來的。就好像我們的《禪——悟前與悟後》，因爲沒有先求證他究竟悟了沒有，就先加以讚歎；那是本著與人爲善的心態，對一切人都給以讚歎，所以就誤讚了密勒日巴；後來弄清楚密勒日巴只是個常見外道，所以就改版，並且在很多書中都公開聲明初版書可以免費調換再版新書，不論是不是很破、舊；但是寄回來換新書的人，非常非常的少，所以說出去的話，寫出去的書，都是很難收回的。

即使只是誤讚密勒日巴那個凡夫，都很難收回來換新書，何況是無根謗法、謗賢聖的結緣書，當然更不會有人寄回來更換；即使他們後來想要收回全部謗法的書籍，那是絕無可能的事，早已有許多人把它收藏起來當作把柄了。這就是說，講出去的話、寫出去或網路上貼出去的文章，都沒有辦法全部收回來的。這就像是古時朱買臣的故事一樣：「覆水難收」。他太太以前嫌他窮，棄他而去；後來朱買臣當官得勢，太太想要回到他身邊；像這種無情無義的人，他當然不願意讓她回來，所以命人取一盆水來，當眾潑在地上說：「除非妳能把那盆水再收回來，否則別想回來我身邊。」所以，已經寫出去的謗法、謗賢聖的文章，一樣是很難收回來的，謗法、謗賢聖的地獄罪早就等著他們了。這就是說，沒有能力判別法義正訛的人是很多的，往往因為沒有智慧而誤信凡夫位的表相大師，對眞悟者破除邪法以顯正法的作爲，心中一時不忍，就造了謗法、謗賢聖的大惡業；這樣子，現前十信位的「忍」都保不住了，後世連人身都失去了，還能有證悟的因緣嗎？還能夠是菩薩嗎？所以退失的情形是很多的，導致退失的因緣也是很多的。

菩薩修行和外道不同，菩薩修證的層次越高，越像個「凡夫肉胎」（編案：借用喜饒根登假藉釋性圓名義辱罵平實導師的話），越像個凡夫俗子，世人絕對看不出來的。你們知道是什麼原因嗎？這是因爲菩薩想要斷除他的習氣種子，所以必須這樣做。把自己壓低到狗屎不如、一文不值的地步，讓凡夫與外道看輕他，不受恭敬、供養，這樣子安住而且甘之如飴，才容易修除習氣煩惱種子。這就是說，在世俗法上，菩薩的修證層次越高，他的姿態就越低下。可是當他出來破邪顯正的時候，他的姿態一定很高：對邪法絕不容情。可是你在平常跟他接觸的時候，他的姿態比你低，這就是大菩薩。這個是凡夫眾生與附佛法外道所無法理解的事情，眞的很難理解，怎麼會「修行越高、身段越低」？爲什麼會這樣？爲何需要這樣？眾生只能看到菩薩這種現象，但是爲什麼會如此？則是知其然而不知其所以然，都是不能理解的。

但是佛菩提道的修證，卻必須是這樣子。如果哪一天看到一個八地菩薩來了，他要十六個金剛護法才肯出場，排場很大；出門一定要賓士頂級汽車，不然就要勞斯萊斯，否則他不乘坐；您一定要有這種車子才能請得動他出門，美國的奧斯摩比、克萊斯勒，他是不看在眼裏的。我告訴你！遇到這種師父，你上前就打他一棍，保您有大功德，沒有所謂破法毀僧的事，爲什麼呢？因爲那個人一定是大妄語者，在世相上，八地菩薩比七地菩薩還謙卑，你們去看經中的大菩薩們，他們都是那個樣子。你想要幫他作事、修福德，很難啊！他凡事都會自己做，不然就花錢請人做，因爲他的福德大、有福報；除非他看上你——覺得和你有緣，才會讓你爲他做事，來成就你的福德；否則的話，很難讓他同意你爲他服務，大菩薩們都是這種個性。

所以　釋迦世尊示現成佛時還經過六年的苦行，這六年苦行眞不是人幹的事，但是眾生見濁，不這樣故意示現六年的苦行，眾生不會信受；不信受的話，他們就會謗法、謗佛而下地獄。其實苦行與證悟無關，但是眾生不知道，只看表相。所以，對於佛法的修證乃至護持、弘傳上面，身口意三行都一定要以智慧作基礎，你如果沒有那個智慧，少去褒獎人家、少去批評人家。我以前就是鄉愿心態，以一般世俗法中當好人、與人爲善的想法，不想否定別人，就一體讚歎；結果成爲亂褒獎，就褒獎錯了，把常見外道密勒日巴推崇是大解脫的聖者，眞是鄉愿！結果是印出去的書收不回來，只好做一個說明和道歉，請求大家把以前錯誤讚歎的書寄回來更換新書。你確實做錯了嘛！做錯了就道歉。面子？我沒有面子！你們禪三回來就知道菩薩根本就沒有面子可說。那就是說，退墮的人各有退墮的種種狀況，不是一成不變的。那麼對懈怠的人來說，鼓勵他：「趕快明心！趕快見性！趕快往初地邁進！」可以這麼跟他說。由這些現成的事例中，證明信成就的發心，其實也是有人退墮的。

其實不只是信成就發心的人會有退墮的事情，在律部裏面，有一部經叫作《菩薩瓔珞本業經》（我們的《三乘唯識》裏面有印），你看那部經中 佛說無量數劫以前，淨目天子法才以及舍利弗尊者，他們過去世都曾經悟過大乘般若——曾經明心開悟——所以進入了七住位。可惜的是，因為沒有善知識攝受，或者後來遇到惡知識，所以就退轉而謗法（無惡不作）等，就入了三惡道。這是律部的經典上講的事實，不是我自己編造的。因為沒有善知識攝受的緣故，所以他們兩人經過一劫、二劫、乃至十劫之後，仍然退失大乘佛菩提心，把他們所悟得的眞如心，自己又否定掉了。就是說，他們往世因為沒有善知識攝受，來為他們多方譬喻、巧設方便來證實，讓他們來體驗眞如心的眞實性與如如性。沒有這種善知識來攝受，所以他們終究還是退轉而墮入三惡道中。所幸後來遇到 釋迦世尊，才能成就聲聞果，後來又成就佛菩提的見道功德，都是靠親遇善知識而信受不疑的助緣，才能如此。

但是，另外有一種人，同一部經裏面 佛說：「如我初會，有八萬人退。」初會所講的只是聲聞解脫道，很容易證明離念靈知心根本就是常斷、常起的生滅心；即使是這麼淺的解脫道斷我見的佛法，他們都不肯信受，何況是大乘般若慧學的眞如心的現量？更難信受！而且， 佛現前在，親自爲他們細說，他們都還不肯讓佛攝受，所以退失掉了；何況是我們離佛地還遠著，而我們這個法又遠深於聲聞法，所以有許多眾生不肯被我攝受，那也是正常的現象。所以，明心就進入第七住位了，七住是「位不退」，但是進入「位不退」的人，還沒有進入行不退位中，都還會有這種退轉的現象，何況只是信成就的發心不退？所以 馬鳴菩薩這一句「非如實說」，我是有意見的。這是說，他是爲了建立末法時代眾生的信心，才如此方便說的，並不是信成就發心的人都不會退失發心的。如果有善知識攝受，他也願意接受善知識的攝受，而且肯依善知識所教導的理念與知見，如實去修行、並且不犯戒，他的善根很好、福德也夠，這樣的人才有可能不會退失，我們說這樣才叫如實說。

論文：【又此菩薩一發心後，自利利他修諸苦行，心無怯弱；尚不畏墮二乘之地，況於惡道？若聞無量阿僧祇劫勤修種種難行苦行方始得佛，不驚不怖，何況有起二乘之心及墮惡趣？以決定信一切諸法從本已來性涅槃故。】

講解 這一段是說，從二乘俱解脫無學迴入別教的菩薩，依次第而從布施、持戒…乃至修學般若智慧，這樣修到明心而入第七住位，乃至眼見佛性而入第十住位。這樣子發菩提心的菩薩摩訶薩，他發了實相菩提心之後，能利益自己，也同時利益他人；爲了佛教正法弘揚，爲了讓眾生的法身慧命因緣可以常存人間，他願意放棄自己在世俗法上的利益，作種種任勞而又任怨的苦行。

諸位必須知道，菩薩修種種的苦行，不同於聲聞的種種苦行。聲聞的頭陀行：身上只有三衣、一缽、一支錫杖、一把戒刀。戒刀不是你看《水滸傳》那個花和尚魯智深那麼長的戒刀，不是！戒刀是個半圓形、半月形的刀。可以像這樣子抓著來裁布，但不是用來殺人的，想殺人、殺眾生的話，也不方便殺。就這樣子身無長物，少欲知足的在山洞中、在樹下過夜，就這樣極爲簡單的過日子來修行。

但是菩薩的苦行不是這樣的，菩薩的苦行，往往是住在豪宅大院中，眷屬成群。可是他爲眾生一直忙，每天爲眾生做到沒時間睡覺，一旦有空閑，卻又住在心不放逸的境界中，這就是菩薩的苦行，所以苦行決不能從表相看。表面上看來，也許他甚至還請司機爲他開車，又買了勞斯萊斯來乘坐，因爲他可能是個大公司的董事長。譬如說王永慶如果有一天發了大心，開始精進學佛，後來也有修證了，把公司交給下屬去經營，他自己則開始專心的弘法利眾；那你看他坐著名貴的賓士禮車或勞斯萊斯開來開去，還有司機幫他服侍，你說：「這個菩薩這麼享受，哪裏是修苦行？修苦行的菩薩怎麼會是這樣？」不！他是眞的修苦行，也許他一個晚上只睡個四個鐘頭、三個鐘頭，不斷的在爲眾生忙碌；也許他一天三餐都吃得很潦草，甚至於只能一天只吃一餐——沒時間吃飯——那也有可能；可是你表面上看起來，他可能住幾億元的別墅，坐價值千萬的名車，甚至一、二千萬的勞斯萊斯…等等。你從表面看起來他是很享受的，其實他是眞正的苦行，這種苦行，連聲聞大阿羅漢都作不到。也就是說，能夠爲眾生去付出，而不是在表相上去做聲聞人自苦身心的頭陀苦行；聲聞的頭陀行，大多是在身苦行上用心，那不是眞正的苦行；他們一天到晚沒事幹，大多在靜坐；他們托了缽回來，洗腳、洗缽、經行完了以後，山洞中一坐，又入滅盡定去了，到了明天早上十點多才又出定，才又下山托缽去，他們並沒有爲眾生努力幹什麼事情。表面上看起來是很清苦的苦行，實際上，在大乘法裏頭，不說那樣是苦行。

所以，諸位也要修正這個觀念：是不是眞的修苦行？不看表相，要看它的實質。所以有的菩薩在表面看來，好像是享受得不得了，其實他是忙得不得了，不是爲他自己的財利忙，而是爲眾生忙，忙到難得有自己休閑的時間，這才是眞正的苦行。因爲他在這個苦行的過程當中，煩惱障習氣種子將會一直不斷的被轉易掉，他的所知障隨眠也會因此而不斷的在修除掉。經過這樣辛苦的過程，來使我執的習氣種子隨眠斷盡，來發起九種現觀的因緣，才能完成第二大無量數劫的修行，進入第八地中修習大波羅蜜多，利益了自己、也利益了眾生。

這樣去修種種的苦行，心中始終沒有膽怯、沒有虛弱；一般的人修這種苦行，半個月他就倒下去了，修不了多久，乃至大阿羅漢也一樣修不了多久的；爲什麼呢？他心中會想：「雖然給我坐勞斯萊斯的車，給我司機、給我豪宅大院、那麼多錢，可是吃的很不像話、忙得有一頓、沒一頓的；睡又睡不足，一天到晚忙得要死，長時期作下去，眞的划不來，我還不如像陶淵明那樣子更好：『採菊東籬下，悠然見南山』，那多悠閒！」他就喜歡去當阿羅漢去了；所以他不太願意受苦，心裏面很虛弱，承擔不了這樣的如來家業。不但如此，他們也膽怯，不敢承擔如來的家業；因爲菩薩奉如來之命，得要救眾生離開眾生相，既然如此，那些大師們的邪知、邪見、我見、常見…等等錯誤的法，菩薩都得要出面加以戳破，救眾生離開我相、常見相；當然那些被破斥的凡夫大師們，一定會聯合起來攻擊他，菩薩願意受這種苦，阿羅漢們大多不願意。

當然我們將來也有可能被人家圍攻，目前是還沒有圍攻，只是零零星星的攻擊。有世間智慧的人、深入經教比對過的人，他們一定不敢明目張膽的攻擊我們的正法；不懂的人、門外漢，才會明目張膽的來攻擊我們（編案：這是二〇〇一年四月時所說。後來有楊先生、蔡先生、法蓮師、悟觀師，聯合會外的慧廣法師……等人圍攻，詳見《燈影、辨唯識性相、真假開悟、假如來藏》等書及《識蘊真義》之連載）。但是因緣也很難講，也許他們暗地裡去串聯，如果他們串聯起來的時候，就是我們答應開無遮大會的時候了。我們那時將會提出法義宗旨，在報紙上登出去公告：「**法義辨正無遮大會，邀請諸方老宿來論辨，爲三乘佛法釐定法義！**」就是那個時候了。可是你們明心了以後敢不敢做？大部分的人都不敢做，只有極少數的人才敢做，因爲那得要很大的膽子，也就是說喪身捨命都在所不惜；也得要有道種智，能應付所有上台辨正法義的人，能把那些人都收爲徒弟，否則怎能接受法義辨正的無遮大會？我們一定要把現代佛教的法義，導正到 佛陀原來的本懷，回到釋尊所傳眞正的法義上面，不應顧慮自己的得失，這樣子才叫做「無怯」，才是心性「無弱」。如果心想：「他們要是聯合起來對付我，那可就糟糕了！那時我怎麼辨？」心裏面怯弱，就不敢大力的摧邪顯正了，就救不了被誤導的廣大眾生了。這就是說，菩薩要有深妙的般若智慧，要有這樣的膽識、心不虛弱、心志雄猛，才能破邪顯正而荷擔得起如來的家業。但是待人應物時，都不盛氣凌人；在跟任何人接觸的時候，都是很謙和的，絕不會抬架子、盛氣凌人。

像這樣的菩薩尚且不畏懼墮入二乘之境界中，也就是說他很清楚知道：我來世雖然還沒有離開隔陰之迷，但也不害怕，不會爲了佛法解脫道的修學而去轉入二乘法。菩薩不會害怕，一定會繼續世世受生、自度度他。他心中對胎昧尚且沒有畏懼，尚且繼續以眾生爲念，繼續以佛法的流傳不斷爲念，這種苦都不害怕了，何況會恐怕落入惡道呢？因爲即使落入惡道時，未來還有成佛的可能；如果你落入二乘法，捨報就一定取涅槃，永遠沒有辦法成佛。而且，努力住持 世尊的正法，一定只有福德增上、慧學增上，怎會有墮落惡道的可能呢？所以菩薩不怕墮落三惡道，他們只怕落入二乘之地，這是一般人所不能想像的。

一般人想的總是說：「我若要成佛，過程那麼長，又那麼辛苦，我才不要！我只要離開生死就行了，別人怎麼輪迴都是別人的事，和我不相干。只要我能解脫就好了，我管他們做什麼？什麼護持正法、破邪顯正？那是佛、菩薩的事，與我無關。」他們想的都是這樣：自己能得解脫就好。菩薩則不是！菩薩反而認爲：取證無餘涅槃的人都是沒有智慧的人，也都是自了漢。所以大乘經典裏面才會說，那些決定性的二乘無學，都是「焦芽敗種」；他們的佛菩提芽已經燒焦了，佛菩提種子已經腐敗了。但是很多人把這個意思誤會了，就以錯悟、未悟者的凡夫身分，隨隨便便的罵起二乘無學來，根本都還不曉得自己已經造下了地獄的罪。

人家大乘經典裏面說定性二乘無學叫「焦芽敗種」，不是罵他們，而是說他們佛菩提的芽已經燒焦了，佛菩提的種子腐敗了；但是對於他們解脫道上的修證，並沒有絲毫的否定啊！還是讚歎的啊！就像我們寫書，說某某人這個法錯、那個法錯，可是我們從來都沒有否定他們接引初機眾生的功德，我們從來都沒有否定過！如果有人學我們破斥大師，但是卻把他們接引眾生的功德也全盤否定了，那他就造了大惡業！雖然對方是個否定根本佛法的比丘或比丘尼，你誹謗他們的身行時，仍然是誹謗三寶；除非純作法義上舉證與辨正，來護持了義正法。因爲他接引了許多初機眾生，這方面還是有他們的大功德的，我們不應該連這個也加以否定；但是我們也要把正法的明確道理告訴大眾，我們之所以不常常稱讚他們接引眾生的功德，只是偶而讚歎，那是因爲他用錯誤的法來接引；因爲這些初機學人被他們接引了之後，將來也會跟著他們的錯誤觀點去否定正法；至於他們接引初機的功德，我們從來都不否定。

這就是說菩薩認爲墮於二乘的那個境界，是遠比墮入三惡道裡還要淒慘的。表面上看起來，二乘聖人的境地是很殊勝的、得解脫的，他們都是一切人天所應供養的無學聖人；但是菩薩認爲說，他們入了無餘涅槃以後就是身心永滅（七識心永滅），對佛菩提的修證，已經確定永遠不能證得。因此「菩薩畏懼墮於二乘之地，遠勝於畏懼墮三惡道。」因爲入三惡道之後，就算入地獄無量劫之後，總有一天還是會出來，總有一天還會回到人間。雖然在地獄中要受長劫的無量苦痛，但是終究會回到人間；終究能夠在未來的無量世裏面親承諸 佛、奉侍供養而修學上來，這樣還是有機會成佛的啊！但若入了無餘涅槃，就永遠都沒機會了。

菩薩如果聽聞善知識說：「必須要無量的無量數劫，去精勤的修學種種的難行苦行，才能夠成爲究竟佛。」他心裏面不驚不怖——既不驚訝、也不恐怖，他認爲：「既然 佛是無上正等正覺，那麼無量的無量數劫，去勤修種種難行苦行才能成就，這個也是正常的。」因此他不會有二乘人畏懼生死的心態，也不會有墮入三惡趣的恐懼，願意歷經三大無量數劫去精勤的修種種難行苦行。如果三大無量數劫的種種難行苦行的勤修都不害怕了，還有什麼可以害怕的？假使把落入地獄的苦，來和三大無量數劫的勤苦修行比較，其實是不值得害怕的。以賢天菩薩的例子來看，誹謗賢天菩薩的人是誰啊？就是不思議光菩薩，前身就是饒財菩薩；他正因爲誹謗善知識賢天菩薩，所以九十一劫中都是生在妓女肚中，而且世世才剛出生就被妓女丟棄，都被野獸咬食；那是何等可怕的事？（編案：詳見《護法集》書中所錄《不思議光菩薩所說經》）但是比起永遠都不能成佛的二乘聖人境界來說，則又顯得不是很可怕了。

又如遠古達摩比丘誹謗執持正法的淨命比丘，身壞命終之後，墮入地獄中，七十大劫受種種苦；滿七十大劫以後，還得在畜生道中受苦六十大劫時才能遇到有佛出現人間而發菩提心，但是仍然還得要再出生於畜生道中九萬世，才能生到人類中；初生到人間時，還有餘報：世世貧窮下賤、舌根殘障而不能言語（詳見《護法集》書中所錄《大乘方廣總持經》）。雖然這是很可怕的報應，在一百多劫中受無量苦，但是比起三大無量數劫來，其實也只是一剎那而已，也會很快過去的；三大無數劫的種種苦都願意受了，豈怕墮入三惡道中？

話說回來，有時候我們說：「無常還眞的是好。正因爲無常的關係，所以一切的苦果終究會過去。」所以無常當然好啊！但是也因爲無常，所有世間樂終究會過去，想一想，世間樂也實在沒什麼意義！以前多麼風光！但是以前的風光也是已經過去了，所以對世間法都不必太貪戀。現在正痛苦！痛苦也不必太掛礙！因爲這個痛苦終究會過去。今天過去了，你就說：「我又少了一天的痛苦了。」黑暗既然已經來了，白天還會遠嗎？「因爲無常，所以痛苦終會過去。」這樣一想，三大無量數劫的種種苦都願意受了：七十大劫加上六十大劫的苦，有何難哉！寧可不愼謗法而下地獄受苦多劫，也不願因爲可能受地獄多劫的惡報而轉爲聲聞心態、急著斷盡思惑而入無餘涅槃。所以不小心造了謗法、謗賢聖的大惡業，下了地獄以後，有智慧的人會每天對地獄眾生說：「我每天一心至誠的懺悔！」也許因爲日日誠心懺悔，可能不到三十五劫，也許不到二十劫就被「假釋」出來也不一定。因爲他起了一念善心，往往會有諸 佛、菩薩與他有緣，就去救他。以前不是有個惡人造了惡業嗎？他下墮到地獄去， 佛看這個人曾經有過一念善心：因爲他曾造過一件臨時起意的善事，救了一隻蜘蛛；佛看他還有一念之善，就放了一根蜘蛛絲釣他，他本來是可以離開地獄的。但是後來他自己不好，又起了惡心，怕人家也跟著爬上來，擔心人太多，會把那根絲給拉斷了，就不許別人也攀上來，他的私心一起，蜘蛛絲就立刻斷了，他就墮回地獄中了。若是他不起那個私心，其實就可以和許多地獄眾生一起上來了，七十大劫也就立刻可以過去了。

對菩薩來講，如果爲了讓正法可以永遠延續的話，又因爲必須殺掉那個破法的惡人，才可以讓佛法永遠的延續，菩薩會去殺掉他的：「既然爲了護法，我得殺人而入地獄！那就入地獄吧！」菩薩是抱著這樣的心態，像這樣的人才是眞正的菩薩種性。但這個種性是有根源的，不是無緣無故而有的，因爲：「以決定信一切諸法從本已來性涅槃故。」這句話就大有文章了。有些人拿《楞嚴經》的經文，在背地裏罵蕭平實：「蕭平實把這部經中所說眼識的能見之性、乃至意識的知覺性都否定掉，眞實心的自性都被他弄得支離破碎了！」他們這樣子誹謗，自認爲是在護持正法、護持他們的師父，而說：「這個見性、聞性、嗅性、觸性、知覺性等等，都是不生不滅的。因爲《楞嚴經》有講：『這些都是非因緣、非自然、不生不滅。』」

可是問題出在他們斷章取義，沒有把經文前後貫串起來，只看一章經文的表義，所以就誤會那一章經文的眞義了。《楞嚴經》說見性、聞性⋯乃至了知性、覺察性的體性不生不滅，是因爲它們都是從如來藏中出生的，不是離開如來藏心體而單憑因緣就能出生、就能存在的；更不是自然外道所說的自然而有：不從如來藏中出生。所以，佛在經中詳說這六識心的自性虛妄不實，又把見性⋯乃至覺性、了知性都攝屬如來藏中的一部分；而如來藏從來不生不滅，所以才說見性乃至知覺性也不生不滅。所以這一世有能見之性，下一世照樣有，未來無量世照樣有，除非你入了無餘涅槃；所以說它們不生不滅，都是依如來藏而說六識心的見性乃至知覺性不生不滅，所以說「非因緣、非自然，本如來藏妙眞如性」。但是他們都誤會 佛的眞正本懷了，都是斷章取義來評斷如實修證的賢聖，錯把虛妄的六識自性當作是恆住而不生滅的眞實佛性。

一切諸法，從本以來的體性就是涅槃性的；因爲涅者不生，槃者不滅；涅者不增，槃者不減；涅者不一，槃者不異；涅者不來，槃者不去；只有不落入兩邊的第八識法，才有可能是涅槃。《楞嚴經》前五卷就是在講這個道理，依如來藏而說七轉識、五陰、十八界一切法，從來都沒有來去、生滅。爲什麼呢？因爲它們都是如來藏所顯現的種種體性之一，如來藏既然沒有生滅，你怎麼可以說它們有生滅？如來藏既然是涅槃，而一切法都是如來藏法，那你怎麼可以說一切法不是涅槃？這就是教導眾生：**無漏的有爲法**依如來藏故不生不滅，跟二乘涅槃大不相同。二乘涅槃是滅盡了五陰、滅盡了七識、十八界、六入、十二處，把無漏有爲法也滅盡了，成爲無餘涅槃，身心永斷、灰身泯智，從此就永遠在三界消失了，所以阿含中說：「非色是二乘」。

但是，大乘菩提不能這樣修的，佛告訴你：「你把這個煩惱障的現行斷盡了，就可以取證無餘涅槃；但是不許去入無餘涅槃，你要發起受生願，繼續在三界中輪轉。在三界輪轉的過程當中，以三大無量數劫利益眾生、修學佛法，使你七轉識的遍計所執性以及無始無明斷除掉，成爲純淨的七識聚；當你的七識成爲純淨的七識聚的時候，你的阿賴耶識就已經沒有異熟種了，斷盡異熟種了，成爲佛地的眞如心了，能夠在無記法（無漏有為法）中得大自在。這樣才是眞正的佛菩提道，才能成佛。」所以大乘法跟二乘法大不相同，所以阿含中說：「解脫色是佛」。

如果有人不能證得第八識如來藏，而說眼識能見之性、……身識能覺之性乃至意識能知之性都是不生不滅法，說這六識自性就是佛性，那就是睜著眼睛說瞎話，爲什麼呢？因爲明明現前證明祂們都是生滅性的，只要你一睡著了，祂們就全部斷滅不起了。不管誰定力有多好、神通多廣大，那麻醉科醫師來打他一針，見聞知覺性也就全部斷滅了，尚且敵不過那幾滴的麻醉劑，怎麼可以說祂們是不生不滅的法性呢？如何可以說六識之自性即是涅槃的法性呢？所以，六識的自性——見性、聞性、嗅性、嚐性、覺性、了知性——全部都得要依於第八識如來藏，都得要攝歸如來藏本際的不生不滅，才可說是「非因緣生、非自然生」的不生不滅性，所以見性乃至知覺性本身都是生滅性的；依楞嚴的意旨，只有攝歸如來藏時，才可以說是「非因緣生、非自然生」的，因爲都是如來藏所生；都是依如來藏心體的運作，才能假藉種種因緣而從如來藏中自然出生；若離如來藏心體，連因緣生都不可得，連自然生都不可得，所以楞嚴中說：「非自然、非因緣，本如來藏妙眞如性。」

譬如一顆摩尼寶珠，在珠體上面「胡來胡現、漢來漢現。」換句話說，也是在珠體上面「胡去胡隱、漢去漢隱。」來了個胡人，它就在珠體表面上出現了胡人的影像；這個胡人走了，胡人的影像也跟著消失了；來了個漢人，珠體表面又出現了漢人的影像；就這樣，無妨這些影像來來去去、生生滅滅，而這個摩尼寶珠本際始終是不生不滅；但是珠體上面的影像，都不能離珠體而單獨存在的。這個寶珠——摩尼寶——就是譬喻眾生的如來藏，就是各人的第八識；第八識無妨生生世世現起見聞覺知等性、現起一切萬法，但是眞實心第八識心體是永遠不生不滅的；祂所生的色身與七識心則是生滅性的，都是在第八識珠體的表層上面生滅滅；但是眾生迷倒，總以爲與色身同在的七識心的見性、聞性……覺性、知性、作主性即是眞實心，卻不知道這些心性與色身，其實都只是在如來藏珠體的表層上面不斷生滅，根本就不是如來藏。

因爲如來藏永遠不生不滅，所以使得你現前六轉識的功能性，能夠在每一生斷滅了以後，去到未來世時又再度現前，所以說祂含攝一切法，依祂而說一切法的不生不滅性，就叫作**一切諸法從本以來體性都是涅槃、不生不滅**。但是一切諸法本身其實還是生滅性的，只能依如來藏而說它們不生滅；而一切諸法，包括六識能見……能知等自性，都是如來藏假藉種種**因緣**才能夠**自然**出生的。印順法師他們所說的蘊處界因緣生，都是依如來藏才可能存在的，若離如來藏就不可能會有蘊處界的因緣生，所以楞嚴說六識的見性乃至知覺性，都非單由因緣就能出生的，都是如來藏所生的法性。

這就好像 佛陀依第八識而說無餘涅槃、有餘涅槃、本來自性清淨涅槃、乃至大乘佛地的無住處涅槃，這都是依如來藏而說，不能外於如來藏而有佛法。不但大乘法中如此，二乘法中亦復如是；如今我們已經舉證很多了，證明《阿含經》裏面確實有講第八識，證明阿含中已經隱覆密意而說涅槃即是第八識，我們已經證明很多了！未來還會從《阿含經》裏面去整理，分門別類把它寫出來，把阿含的眞正義理作較爲明確的解說。從四阿含裏面，我們也證明唯識學絕對不是方便法，而且是唯一成就佛道的深妙法，是成就佛道的唯一法門，因爲唯識學就是增上慧學，唯識學的親證與現觀，就是一切種智，而一切種智是成就佛道的唯一憑藉。並且，唯識學不是後來才有的，而是在初轉法輪時期的諸經裏面， 佛就已經隱藏密意而說過了。這不是我空口徒言，而是有根據的，未來將會出版《阿含正義》，來證明唯識增上慧學早已在四阿含中密說了；但因爲四阿含中只是隱說、密說而沒有明說、細說，所以後來必須第三次轉法輪而宣講方廣唯識經典，才能把四阿含中所未細說的唯識妙義開示給菩薩們修學；所以唯識學的方廣經典，絕對不是 佛陀入滅後的菩薩們自己發明出來而創造大乘經典，確實是 佛金口所說。

接下來，馬鳴菩薩開始宣說菩薩的外門六度萬行。前面講的是信成就的菩薩們，他們如果能夠這樣發心的話，未來就可以次第進修到十住位中；現在則先來說明初住位到六住位的狀況：

論文：【解行發心者，當知轉勝；初無數劫將欲滿故，於眞如中得深解故，修一切行皆無著故。此菩薩知法性離慳貪相是清淨施度，隨順修行檀那波羅蜜；知法性離五欲境無破戒相是清淨戒度，隨順修行尸羅波羅蜜；知法性無有苦惱離瞋害相是清淨忍度，隨順修行羼提波羅蜜；知法性離身心相無有懈怠是清淨進度，隨順修行毘梨耶波羅蜜；知法性無動無亂是清淨禪度，隨順修行禪那波羅蜜；知法性離諸癡闇是清淨慧度，隨順修行般若波羅蜜。】

講解　「解行發心者，當知轉勝」：這是講菩薩外門六度萬行。「初無數劫將欲滿故」：這是從七住菩薩開始到十迴向位為止的修行。

解行發心，當然就比信成就位的十信菩薩的發心要來得殊勝。智者大師說**信成就**的境界：「因爲圓教的十信菩薩是一圓一切圓，所以能夠示現八相成道。」這是他的看法，我們也不便說他的對錯，因爲**信成就**的菩薩們畢竟還沒有親證如來藏，還沒有發起般若慧，而能夠示現成佛八相成道，那是不可能的；必須是解行發心的七住不退菩薩以上，特別是十住菩薩已經眼見佛性，才有可能爲人內門宣說佛法，所以應該是解行位的菩薩，至少已經七住明心及十住眼見佛性者，證得五神通以後，才有可能**方便**示現八相成道。信成就的菩薩們，都還在凡夫位中，都還不知道般若密意，連總相智都還沒有發起，根本無分別智未得，如何能有後得無分別智的別相智來爲人宣說妙法呢？

《起信論》這裏講的**解行發心**是說明已經**信成就**之後，開始轉入到菩薩的初住位以後的事；初住位修行以布施波羅蜜爲主要，二住位以修學持戒波羅蜜爲主要……乃至六住位以修學般若波羅蜜爲主要，可是這六個階位都屬於外門發心。由於尚未親證如來藏，以致未能眞正的發起般若慧，所以解行並不殊勝的關係，因此他所發的菩提心雖然轉勝於信成就菩薩的發心，但是畢竟**解行**仍非殊勝，所以也還不能爲人宣說實證般若妙義的內涵，也只能依文解義而已。可是爲什麼說**解行發心**轉勝十信位滿足菩薩的**信成就發心**？因爲他們對於六度波羅蜜已經有了熏習與修行的緣故，開始正式在六度波羅蜜上面去用心、去修行；只因爲尚未證得如來藏，無分別智尚未發起，所以進不了內門修行而已。

接下來說「解行位菩薩的發心，轉勝於信成就菩薩的發心」，那是因爲「初無數劫將欲滿故」。這是講七住位開始的菩薩，他們從初住位開始修習的布施行，……一直修到六住位的修習般若，這是從聽聞熏習與解行上面去轉變與提升，因此他對於佛菩提的理解以及修行，比十信位的菩薩還要殊勝；可是他這個解行的發菩提心，畢竟只是略行、略解，因爲還不是殊勝的解行嘛！爲何說他還不是勝解與勝行？因爲還沒有證得第八識如來藏的緣故；當他還沒有證得如來藏的時候，對於般若智慧只能靠思惟與臆想，仍非親證；所以他爲人解說般若正法的時候，心裏面總是覺得有點虛虛的。

俱解脫而且三明六通的大阿羅漢，迴心來到大乘別教法中，雖然仍然還沒有親證如來藏，但他們修學般若時是「舉一反三」的，他們以二乘菩提的正見來理解般若，雖然仍不能與七住菩薩相提並論，但是可以遠勝六住位的菩薩。信成就發心的菩薩們，則是「聞三」時「一也不解」的。爲什麼呢？因爲他們完全都不知道般若的表相意涵！但是菩薩經由多劫的熏習，聽聞般若眞義之後，心裏面先建立了這樣的知見存在：譬如說，有的菩薩聽聞「有情身中都有第八識眞如心」，他就去瞭解到底經中是怎麼說的？善知識對於眞如心又是怎麼說的？他這樣聽聞和研讀經義，心中就先建立一個眞如心的觀念：「**我也是有眞如心的！我的眞如心**

是離見聞覺知的，是不生滅性的，是從來都隨緣應物而不作主的……。」這樣建立了正知見以後，他心中覺得自己身中似乎確實有眞如心存在，他覺得自己好像眞的有一個眞如心。這就唯識學中所說的熏習以後，在心中建立「眞如心就是第八識，就是萬法根源」，心中就有了「萬法唯識所生」的見解，從此相信自己確實有第八識眞如心存在，所以唯識頌中說：「**現前立少物，謂唯識實性**」，就是講這個道理。但因爲還沒有親證第八識眞如心，還不能現前觀察萬法都是從第八識心體中出生的事實，只是能夠理解罷了！所以稱爲解行位菩薩，還不能稱爲勝解行位、證解行位。

所以有的同修們到了禪三道場時，小參時說：「老師我證得了！我證得了！」我說：「你證得了什麼？」這位老哥掏出一張紙，把紙條上寫的東西很愼重的告訴我：「眞心離見聞覺知、不思量、不分別、不作主，這個心就是眞如心嘛！我知道了。」我說：「你不知道！」我又告訴他們：「這個是教下講的，我要的是實證，你把眞如心拿出來給我看，是哪一個？直接了當一句話告訴我：哪一個是你的眞如心？告訴我！」宗門的證悟就是要這樣！你一句話就可以講出來，讓眞悟的人一聽就懂了，不必在那邊講：「老師！眞如是離見聞覺知的啦！從來都不思量的、祂不生不滅！」我說：「這都是我的書上寫的知見，都是公開講的，不是參禪所得的密意。我只問：你找到的眞如心在哪裡？」你講上一大堆，無法指出眞如心的所在，那都是教下的知見，與宗門無關，永遠都只是解行位菩薩，不能成爲勝解行位、證解行位的菩薩。

這一回有好多同修就是這樣：「眞如就是離見聞覺知！這個就對了！」我說：「啊？這就對了？是哪一個？在哪裡？」他們就這樣子被問倒了。後來這些老哥們跟我說：「老師！這個眞如心眞的很難找哩！」我說：「對呀！當然是難找。要是容易找的話，你就不必來參加禪三了；我們也不必這麼辛苦的忙上四天三夜，讓那些護三菩薩們累個半死。所以當然是很難找到祂！容易找的話，大家早就都找到了。」這就是說，他心裏面已經覺得：「嗯！我有一個眞如心！」他們雖然認定自己已經找到了，但在佛菩提上面來說，他們只是在心中建立一個**似有眞如心**存在的行相，有這樣的一個印象在他心裏面存在，使他認定：「我是有第八識眞如心的！」但是畢竟還沒有親證祂，無法從現量上去體驗這個眞如心是什麼體性，所以都還不是見道位中的菩薩，都是「現前立少物，謂唯識實性」的菩薩，都是即將悟入的解行菩薩。

所以去到禪三共修期間，經過辛苦的參究之後，後來終於找到了；我們再施設一些題目給大家親自整理，就可以如實的證驗與現觀：「我們的覺知心是多麼的虛妄、覺知心的分別竟然是這麼厲害！厲害到這種程度，不得了啊！那這個眞如心雖然說祂離見聞覺知，說祂又盲、又啞、又聾，可是祂卻又伶俐得不得了！隨緣應物而不錯亂，又能出生離念靈知等六識心，又能出生色身五根及一切法。」你都可以如此去體驗祂呀！這樣子才能夠生起勝解，而不只是理解。因爲你可以自己從現量上去體驗這個眞如心的體性，這樣的菩薩，就進入勝解行的地步了，不再只是**現前立少物、謂唯識實性**了；而是**現前證眞如、眞唯識實性**了。現前體驗：第八識眞實如如的眞如性，確實是第八識心體之眞實性，也現前體驗第八識如來藏能生萬法的眞實性，進入萬法唯識的理證中。

悟後又現觀第八識如來藏的中道體性之後，終於瞭解：「原來《般若經》是在講祂的體性喔！原來八不中道講的就是祂的體性喔！原來八不中道不是意識覺知心認爲自己『離開有邊、離開無邊』的中道，而是覺知心現觀另一個第八識如來藏心本來就住於中道境界中，意識覺知心從此開始轉依如來藏的中道性而安住，如是轉依如來藏的中道性而安住意識覺知心自己，就是住在中道的境界中，就有般若深妙智慧了。原來祂本來就是中道，不是我要去住在中道境界裡，而是我證得祂以後，我知道祂的中道性，我就轉依祂的中道性而安住自己的心，這樣子叫作證得中道。」你們這一回禪三有人破參回來了，聽我這麼一講，自然就知道我的意思了！在破參以前始終聽不懂，只能想像與猜測，現在可就真的聽懂了。

這就是說，在十信位中或者修行一劫，或者修行二劫，或者有人要修行一萬劫才能滿足十信位的功德，還得要經歷第一大無量數劫的三十分之六的時間，從初住位的布施行，二住位的持戒行，乃至次第進入到第六住位的般若聞思修等行，終於滿足六住位所應有的般若正知見，終於才能眞正的斷了我見，滿足六住位的功行；然後在善知識的幫助下，親證如來藏而現證第八識如來藏，現觀祂的眞如法性，這就是證眞如；證眞如以後，還得要有善知識攝受；還得要自己性障很淡薄，肯接受善知識的攝受，才能長住第七住位中不退，成爲**勝解行位**的菩薩，不再只是心中建立一個**眞如心確實存在**的觀念而已；由於是親證的緣故，也可以稱爲證解行位，不是**想像眞如心**，而是親證的緣故。

由於證得眞如心之後，經過悟後起修的階段，尋求眼見佛性的證量，進入十住位中；再進修十行位的行門，進修十迴向位的行門，漸漸地邁向十迴向位；到了十迴向位時，由於第一大無量數劫即將要滿足的緣故，而且於眞如法性中得到深入證解的緣故，也因爲修一切行時，能於一切行中都沒有執著的緣故，因此這個菩薩的解行就轉變得越來越勝妙：他對眞如法性的理解與修學佛法的心行，都變得非常殊勝。這就是 馬鳴菩薩所講的「解行位的發心轉變而更勝於信成就者的發菩提心。」

在勝解行階位的菩薩們，初悟眞如而不退失、不否定，住於七住位中，稱爲「位不退」之後，由於親證的緣故，他對眞如法性起了殊勝的眞實理解；由於這個勝解而開始生起種種的殊勝行，如果悟後不能發起勝行——不能對了義正法發起強烈護持的心行——那就是還沒有眞正的對般若生起勝解的人，所以當然還會繼續護持那些還在破壞正法的大法師，所以對幫助他證悟眞如法性的道場仍然發不起大力護持的心行與身行。由這種行爲，也就證明了一件事實：這個人是仍然停留在初悟階段中，仍然沒有對大乘妙法發起勝解，所以發不起勝行來。

能對了義正法發起勝解與勝行——努力護持了義正法——就是勝解行位的菩薩了。「勝」是講「殊勝」的「勝」，**勝解行**就是指殊勝的證解以及殊勝的菩薩行。勝解行位的菩薩雖有勝解與勝行，可是他還沒有發起聖性，因爲十迴向位的金剛心還沒有發起。十迴向位都是道種性，這十個階位都是要修習金剛心的；金剛心是從初迴向位起修的，直到十迴向位才圓滿金剛性，才能具足道種性；具足道種性以後，才能發起聖種性，才能進入初地。可是初明心、初見性的勝解與勝行的菩薩們，還沒有具足道種性，金剛心都還沒有發起，完全沒有聖種性，所以還不是初地的菩薩，所以都還沒有圓滿第一大無量數劫。但是由於悟後進入內門廣修六度萬行，依進入般若內門的勝解，再度次第修證六度而漸漸轉進的關係，所以在內門修行六度的過程當中，他眞正的了知六度了。

怎麼了知呢？這些勝解行位的菩薩們，他越往上進修，就越清楚的證知：一切諸法的法性，離開了慳貪相，就是清淨的**布施度彼岸**；這就是六度裏面的第一度——布施波羅蜜多——也就是隨順於遠離慳貪相而修學檀那波羅蜜。如果你沒有去證得這個眞如法性的時候，就不能從現量上去轉依眞如，就不能現觀布施之中的三輪體空，那就稱之爲「有布施而無波羅蜜」。如果你證得如來藏的眞如法性時，你從如來藏的眞如境界來看：你遇到了一個貧窮人，你幫助他、救濟他，當你救濟他的時候，其實並沒有一個作救濟善事的你，也沒有被你救濟的人，也沒有所作的救濟這回事情，所以三輪都空，這樣布施的人就是「有布施，也有波羅蜜多」。因爲布施這件事在事相上雖然有，可是從五蘊、十八界緣起性空的二乘菩提上面來看，以及從大乘般若所證悟的如來藏的眞如法性來看，都沒有眞實常住的我、人、布施行；所以在悟後，不論是二乘菩提或者大乘菩提上面來現觀，都是三輪體空的。因爲現觀三輪體空，所以才有布施到彼岸的功德。

在禪三裏面，破參之後正在整理別相智的過程中，常常有人一時改不過來，入了小參室再作詳細的整理之後，我問他說：「你結過婚沒有？」「有啊！」我說：「你騙我！你根本沒有結婚。」「對！對！對！我從來都沒有結婚。」我蕭平實是不是神經病？明明他有結婚卻說他沒有結婚，到底是結婚了沒有？根本就沒有嘛！你說：「有啊！我把身份證掏給你看。」我說：「其實你沒有結婚！」結婚是怎麼樣結的？不是單由色身就可以結婚，而是你這個色身加上你的覺知心的意識、處處作主的末那識、了別五塵的前五識，和合起來才能與別人結婚。可是單有你的色身和你的七識心就能與別人結婚嗎？不行！因爲還得要靠你的眞如心，才能跟別人結婚。

可是，從實際理地來看，你的眞如心又是從來不曾跟人家結過婚的。如果你的眞如心眞的跟人家結婚了，那你就死定了。因爲眞如心是不生不滅的，祂如果跟某一個人結婚以後，那就表示兩個眞如心被綁在一起了（除非眞如心可以又離婚），如果另一個人是很懈怠的眞如心，那你就完了！你既不能跟她離婚，那你要怎麼辦？當然死定了！但是實際上，眞如心從來都沒有與人結過婚的，眞如心——如來藏——無形無相，能跟人家結什麼婚？話說回來：「你的七轉識又能和別人結什麼婚？」你的七轉識也是無形無相的，又怎能跟人家結什麼婚？所以只有肉體跟人家結了婚。而肉體結了婚以後，其實是您的七轉識與人結婚；能覺能知、能作主的七識覺得說：「我跟人家結婚了，這個人是我的先生（我的太太）。」肉體絕對不會這樣說：「這是我的先生（我的太太）！」而是由七轉識的你來主張對於配偶的認知。可是你在說某個人是你的配偶時，那個配偶卻往往是指肉體上的配偶；而肉體上的配偶又不能沒有七轉識的和合運作，肉體和合七轉識以後也不能沒有眞如心的和合運作，說穿了，其實根源還是第八識眞如心，可是眞如心又沒跟任何人結婚；這樣看來，到底你結了婚沒有？所以你其實從來就沒有結過婚。當他弄清楚了這件事以後，等一下我又換個題目問他說：「你吃過飯了沒有？」「我吃過了！」我說：「你騙人！」「啊！對！對！對！我從來都沒吃過飯。」終於又想起來了。這樣子歷緣對境的考問，才終於漸漸的開始轉依眞如法性。從這個悟後當天的整理過程中，就顯示出一個人剛才證悟的時候，多數是還沒有如實的轉依如來藏的眞如法性；都得要經過很長時間的悟後觀行、經歷多劫一次又一次的觀察返思而不斷轉依以後，才能確實的轉依眞如法性，才能眞的進入初地，完成第一大無量數劫。

所以，你看：經過深入的現觀以後，你從眞如心無形無色而離見聞覺知體性的般若智慧來看，以及從二乘菩提的**蘊處界緣起性空**的立場來看，結果是：「**沒有我在布施，沒有被我布施的人，也沒有布施這回事。**」當你悟後以這樣的現觀去布施的時候，現觀被你布施的那位窮人，他其實也是沒有所得啊！表面上看來他是有所得，但是，到底是他的眞如心得了呢？還是他的妄心得了呢？還是他的身體得了呢？結果是：沒有！他沒有所得，你也沒有所失。只是和合八識心王所運作的種種事相，而暫時現有布施這回事；從第八識自己所住的實際理地來看，完全無得亦無失。既然他無得、你無失，哪裏還有「布施」這件事情？這樣現觀以後，錢還是爽快的掏出去。到這個現觀布施三輪體空的地步，我們就說：「**你現在既有布施，也有波羅蜜多。**」這樣才是眞正的證得布施波羅蜜多了啊！波羅蜜多就是「到彼岸」的意思。

假使你的布施是不能到彼岸的布施，那就是還沒有證悟般若的人，就會這樣想：「我對你有恩情，所以你將來得要聽我的話。」這就是有爲法、有爲善業，這樣哪裏可以稱爲「布施波羅蜜多」？這樣子叫作：「有布施，沒有波羅蜜多。」所以菩薩有布施、也有波羅蜜多，凡夫有布施而沒有波羅蜜多。初悟的菩薩知道：「我在布施的時候，我的眞如心絕不會知道：『我這麼多錢掏出去了，好可惜！』」但是初悟菩薩的意識覺知心有時候會這樣想的。當他掏出小錢布施時不會這樣想，但是掏出五十萬、一百萬、兩百萬的時候，初悟的菩薩們有時候想起來：「這兩百萬拿出去，也是蠻可惜的；這兩百萬元，可以買一部很好的進口車來開了呢！」意識有時候會這樣子一念閃過，對不對？如果是新學菩薩，那可不止是捐出去以後常常會這樣想；說句老實話，他根本就捐不出去。

久學菩薩有時候在路上看見人家開過去一輛賓士車，他說：「這部賓士一九〇大概值多少錢？不會超過兩百萬吧！我那筆錢假使不花出去、不捐給正法的話，還不是跟你一樣開賓士車？」久學菩薩初悟不久，意識心還沒有完全適應轉依境界的時期，有時會有這樣一念出現，但是很快就過去了；可是，對不起！我說你這個心行就是還沒有完全遠離慳貪相。可是這位久學菩薩接著轉念又想：「我雖然捐出去了，我的眞如心根本就沒有想說：『我這筆錢捐出去，好可惜。』」他從眞如心來看這件事情的時候，就轉依如來藏的眞如法性了，這個慳貪相當下就不存在了。正因爲你常常在歷緣對境時，這樣觀行而轉依眞如法性，所以就漸漸的把慳貪相的習氣種子分分斷除，就可以永遠的「離慳貪相」，那你的布施度就變清淨了，就這樣子繼續以布施來修集入地所需的福德資糧；這就是 馬鳴菩薩講的「此菩薩知法性離慳貪相是清淨施度，隨順修行檀那波羅蜜。」

外面有的道教寺廟常常會這麼標榜說：「這支龍柱是某某人捐的！這片牆壁又是某某人捐的！」就貼上一個大理石刻的名牌，寫明是某某人所捐。有一段時間勸募善款很難，聽說法鼓山他們也有人建議這樣子做，後來不曉得有沒有眞的這樣子做？我想他們是佛教的道場，應該是不會這樣子做。我認爲在家的三寶弟子們應該有正確的觀念：「捐了就捐了，不要求名。」從世俗法來講，把名字刻在寺廟的牆壁上面，那面刻著名字的大理石牌子永遠在那邊，人家來寺廟禮佛的時候，都會看到這個名牌，有越多的人知道的時候，捐款者的名聲就越來越廣大；得了名聲以後，福德就漸漸損減了，因爲名聲也是福德中的一種，那你未來世的世間福德不就日日損減了嗎？如果一天一千個人來拜你，你就損掉一千個名聲福德，有智慧的人可眞覺得受不了欸！

請問：這樣子是有慳貪相？還是無慳貪相？（大眾回答：有！）有！因爲他想：「我希望大家都知道我捐出了這一大筆錢。」這就是慳貪相了嘛！這就會使得福德損減掉一部份。可是當你知道這個道理的時候，如果已經證得眞如了，你轉念一想：「別人在那邊拜他的名字，或者知道那是他捐款所造的，那也跟他無關嘛！福德！福德損減就損減吧！再種福田就有了嘛！再布施修集就又有了嘛！可是修來的種種福德，其實他也沒有眞的得到啊！未來世的眞如心得到現在所修集的福德了嗎？未來世的眞如心其實也沒得到！未來世的肉身得到了嗎？其實肉身也沒得到任何的福德，而是七轉識在那邊說：『我得到上一輩子修集的福德，所以有富裕生活的果報了。』可是他的七轉識眞的有得到嗎？也沒有啊！都是肉身在受用這些福德；可是肉身又感覺不到這些福德的受用，因爲肉身自己沒有任何的覺知，覺知的還是他的七識心。所以，觀察到後來，結果他還是沒有得、沒有失。」你就依這個智慧來觀行，就離開了慳貪相，這樣來修學布施、來廣行布施時，我們就說：「你既有布施，也有波羅蜜。」這樣布施的菩薩，心行清淨，就叫作布施波羅蜜的清淨施度，而不是有染著的不淨施度。久學的證悟菩薩都是這樣子來隨順修行檀那波羅蜜（檀那就是布施）。

接下來 馬鳴菩薩說：「知法性離五欲境無破戒相是清淨戒度，隨順修行尸羅波羅蜜。」菩薩眞的證悟以後，知道法性一向都是離開五欲境界的，因爲恆顯眞如法性的如來藏，從無始劫以來就沒有破戒相；能這樣子現觀而嚴持戒法，就叫作清淨戒度；一切證悟的菩薩們，都得要這樣子來隨順修行尸羅波羅蜜（尸羅就是持戒）。如何是「法性離五欲境、無破戒相」？當你找到眞如心如來藏的時候，你去觀察祂：人在世間受持五戒、解脫戒或別解脫戒（菩薩戒），受了這些戒以後，戒師說：「從來都不破菩薩戒、不犯菩薩戒的人，那些人都是外道，因爲他們從來都不受菩薩戒；有時會犯戒、有時會破戒的人，才是眞正的菩薩。」因爲外道根本就不持菩薩戒，不持戒時哪裡有戒可犯？

有一些一貫道的點傳師私下會這樣對佛弟子們說：「你們佛教法師還不是常常破戒，都不清淨……。」那你就反問他：「你受過戒沒有？」他會回答：「沒有！我們一貫道裡沒有戒可傳，所以也就沒有人受戒。」那你就問他：「那你連戒都不持，怎麼可能勝過持了戒而不小心破戒的佛門法師？」所以 佛說：「無戒可犯是外道，有戒可犯才是菩薩。」又說：「有戒而破，勝於無戒可犯。」

那麼菩薩證得這個眞如心（如來藏）之後，他從眞如法性來看，眞如心從來離五蘊六塵中的見聞覺知，根本無戒可犯呀！因爲要在五蘊當中的色、聲、香、味、觸、法上面去貪著的話，是必須有六塵中的見聞知覺性的，必須是能夠在見聞知覺性當中起分別的，必須是有六識心的見聞知覺性而能離語言文字直接了知六塵的：「嗯！這個味道不錯！」能直接享受那個韻味嘛！你喜歡某一法，是因爲那個法有一種韻味讓你去體會領受它，讓你覺得領受那個法的韻味可以讓你很歡喜。譬如看見人家插一盆花出來：「這盆花眞是漂亮！這是哪一門的流派啊？」你就研究起來：「漂亮！眞漂亮！嗯！這個風格是……流。」你領受了它的韻味了。爲什麼能領受呢？因爲你有分別——在看見的當下就已經分別完成了。所以你說：「這個門派的風格眞雅緻！我學一學，回家時也去買一些花來插。」這都是七識心在領受六塵的法味。可是眞如心從來都不會思量，因爲無始以來就離六塵中的見聞知覺性；祂也不會作主說：「待會兒下課以後，決定去買花材回家插！」祂絕不會爲你思量、作主。所以祂的體性就是在五欲境當中永遠都不會起貪，不起貪心就沒有破戒相。

在五欲境界當中，你也許偶然看見地上有一顆寶石，心想：「誰掉了一顆紅寶石？誰掉了一顆鑽戒？哇！這顆可能有兩克拉吧？兩克拉可值不少錢哩！我如果把它拿去賣了，拿來護持正覺同修會，那也是功德一樁。」我告訴你：「你已經在五欲境界中犯了破戒相了。」已經有破戒相了，因爲心中有慳貪相了嘛！那不是從自己所有的財物中拿出來的，而是想要藉別人所遺失的錢財來修集福德，這就是破戒相；除非送到警察局招領一段時間，一直都沒有失主去領回，所以變成無主物，歸你所有，再取來護持正法。如果確定是無主物而取來護持正法，那才算是沒有破戒相。

此外，從如來藏心體的眞如法性上看，你以自己所證得如來藏的眞如法性，你去看眞如心如來藏有沒有這種五欲境界當中的破戒相呢？絕對沒有！祂從無量劫以來就不曾有一剎那起念破戒，何況去做？祂從來沒有！可是我告訴你：「造作破戒重業的都是眞如心喔！」當你從禪三明心回來，你就懂我這句話。可是破戒的事情卻根本不是眞如心造的，都是七識心造的，都是色身幹的。所以，我怎麼講都對；如果你明心了，怎麼說就怎麼對，這只是從不同的方向來說而有差別，所說的都對：對一切同樣明心了的人來說，他們聽起來都對。但是沒有明心的人聽起來，就會覺得很奇怪，就會覺得這些不同的說法中，一定有一種說錯了。譬如陸老師如果說：「破戒的事情都是眞如心幹的。」張老師聽了卻說：「破戒的事都是身體幹的。」我聽了卻又說：「破戒的事情都是覺知心幹的。」別的親教師聽了卻又說：「破戒的事情都是作主的意根末那識幹的。」沒悟的人以及悟錯的人就會說：「啊！你們幾個人都開悟了，怎麼講的法都不一樣？」可是來到這裏問我，我跟你說：「完全一樣！都沒有差別，只是你不懂各人所說的眞正意涵。」這也就是說，佛菩提的難修難證就在這個地方，想從證悟祖師的公案中去領悟到眞如法性的密意，往往都會誤會；因爲宗門眞悟的祖師們，常常會從不同的面向來說正理，你如果是從言語文字的表相上面去理解的話，一定不免錯會，就說他們講的個個不同，其實是完全相同的。這意思是說：你必須要親隨眞善知識修學，在他的幫助下親證如來藏的眞如法性；等你證得眞如法性的時候，你怎麼說就怎麼通；雖然說出來的法語看來跟別的證悟者所講的似乎正是顚倒的說法，但是表面看來似乎顚倒的說法，其實本質是互相符合的，只是圈外人不瞭解裏面的密意而已。

如果你知道如來藏一直都是眞如法性，一直都是遠離五欲境，所以就沒有破戒相。因爲祂不在六塵上面做任何分別，祂永遠都不住在五欲境界當中的，所以祂永遠不會有破戒相。會有破戒相的，一定是因爲有這個色身、有見聞覺知心、有作主執取五欲的心，也有第八識眞如心，所以在五欲當中起了貪著，才會有種種不如法的身口意行，這樣才是破戒相。可是第八識如來藏永遠都是顯示出眞如法性，永遠不住在五欲境界中，永遠離五欲的境界，所以從來沒有破戒相。你能夠這樣子如實的現觀而作轉依，這就是清淨的戒度；也就是說你的持戒算是清淨的，六度中的第二度也算是清淨了。菩薩就是像這樣的隨順眞心的眞如法性而離於五欲境的貪愛，證實諸法的法性都無破戒相，這樣子來隨順、來修行持戒的波羅蜜，我們就說：「**像你這樣子的菩薩是既有持戒，又有波羅蜜多。**」

如果你不能從如來藏的眞如法性上這樣子去現觀的話，那你雖然持戒很嚴謹，乃至小小戒都不敢犯，但是我會告訴你：「**你是『有持戒而無波羅蜜』。**」如果你也證得了如來藏，從如來藏的眞如法性來現觀持戒的三輪體空，也從二乘菩提的蘊處界無我、無我所來現觀一切法空（因爲你證得眞如法性以後，更具有能力從二乘菩提一一來加以現觀），有了如理作意的現觀，我們就說：「**你既有持戒，也有波羅蜜多。**」不然的話，你永遠都將是只有持戒，而沒有波羅蜜多。

接下來　馬鳴菩薩又開示說：「知法性無有苦惱離瞋害相，是清淨忍度，隨順修行羼提波羅蜜。」知道一切法的法性都沒有苦惱、都離瞋害相，而能夠安住其心（對於法性沒有苦惱，對於法性的離瞋害相，能夠安住、安忍），這樣就叫做清淨的忍度。也就是說，你能夠眞實的修行忍波羅蜜多。法性，在大乘法中是指眞如法性，是說我們的五陰…等法性都沒有苦惱、都離瞋害相。這是怎麼說的呢？從二乘菩提來講：二乘法中就是專講蘊處界緣起性空，也就是說五蘊、十二處、十八界都是因緣所生起的法，所以一定會滅、一定可以滅，所以並無常住不壞性，所以說蘊處界都是緣起性空的法相；因爲是緣起性空，不能常住，所以就有生死苦惱的存在，這就是二乘法的菩提道。

但是在大乘法中，卻說一切法本來不滅，卻說蘊處界本來涅槃、常住不滅。一般人聽了會質疑道：「這個色身明明有苦惱啊！怎麼你說沒有苦惱？你蕭平實跌上一跤以後，今天走路不也是得要一拐、一拐的嗎？」我說：「對呀！我得一拐一拐的走路，痛還是照痛呀！可是這個痛是無常，明天我又減輕一分，後天又減一分，也許大後天就全好了。」都是無常嘛！既然痛苦是無常，我苦惱它幹什麼？所以我從禪三跌跤回來，雖然腳很痛，可是到現在還沒有起過一念的瞋呀！就這樣安忍下來也就過來了，所以還是離苦惱的，這就是從二乘菩提的緣起性空來現觀，而能獲得的受用。

我們從二乘菩提的緣起性空來觀照，也可以這樣的受用，不是只有大乘菩提的般若智慧才能有受用。那麼這個腳痛是誰在痛？到底是誰在痛？你的色身有沒有痛？如果色身有痛，你拿刀子把那個屍體劃一刀，它也應該會哀哀大叫；可是它不叫啊！可見色身不會痛。這絕對不是歪理！色身本來就不會痛，如果色身會痛，那屍體被人解剖時應該會爬起來抗議的，可見他是不痛的啊！那麼應該是心在痛囉？那到底是不是覺知心在痛？可是覺知心無形無色，與色身無干，祂幹嘛會痛？這也沒有道理呀！有沒有人反對？如果有，請你說出個道理來！

我們總是認爲覺知心才會感覺到痛覺，可是覺知心究竟會不會痛呢？覺知心既然無形無色，不是物質的法，祂怎麼會痛？一定是有個物質的色身去割到、撞到、扎到……等等，才會有痛覺；覺知心又不是物質，祂爲什麼會領受到色身碰觸的痛覺？所以覺知心應該是不痛的嘛！所以，痛覺其實是聚集種種因緣而生起的，是由很多的因緣聚集而成就痛覺的。講到目前，這也還只是講到痛的助緣而已，還沒有講到痛覺的根本因啊！

假使只有覺知心、只有末那識意根、只有色身，你都不會知道痛的，都無法領受痛覺。得要同時有根本因——也就是眞如心如來藏——眞如心藉著自己所生的色身來接觸外境，才能依照外境的碰觸受傷而顯現出痛的相分；被人家撞到了，一般人都以爲是在撞到的處所顯現出痛的相分，誤以爲是手上撞到的地方在痛，然而其實是在你的腦筋裡面痛。不信的話，請醫學家弄一個實驗，把一種痛的訊號從你的頭部或者頭部輸入，那個神經是通到手上來的，結果你就會以爲手在痛；訊號加強的時候可就痛得要死！其實你的手哪有痛？手根本就沒有受傷，哪來的痛覺？都是你的腦筋在領受痛覺。可是腦筋怎麼會痛？腦筋其實是不痛的，還是你的覺知心在領受痛覺。可是覺知心又不是色法，怎會接觸色法的傷痕而有痛覺？其實是眞心如來藏，在頭腦中顯現出你痛的相分在手腳碰傷的地方，所以你覺得手或腳在痛嘛！其實手腳本身都不痛，覺知心也不痛，其實都沒有誰在痛；但是現象界中確實是有痛，那又是誰在痛？結果，歸結到最後又變成眞如心在痛了。可是眞如心從來都是離見聞覺知的，祂又不領受六塵中的痛覺啊！祂怎麼會痛？沒有痛覺啊！這樣子看來，明明是手痛，可是手痛又不是手在痛；明明是覺知心感覺痛，可是覺知心又不能接觸痛覺，那麼到底是誰在痛？原來是沒有人痛（眾笑），是沒有人在痛嘛！

所以，痛覺是因緣和合而從如來藏中出生的緣起法，是從如來藏心體中流注出來的融通妄想而產生的法相，不是眞實常住法；所以菩薩正在痛的時候就忍，不起瞋、不起貪、不怨天尤人，痛就痛嘛！如果眞的忍不下去了，那也是很簡單的：只要把覺知心昏過去，覺知心的顯境名言斷滅了，就能暫時使痛覺斷滅了，也就解決了嘛！（眾笑）。這就解決了啊！菩薩就是這樣世世在人間接受種種苦痛而利益有情，也這樣子地地進修佛菩提道，永不退心！面對世世生活上的苦痛，菩薩就是這樣去應對的。如果傷還沒有好，但是必須要做事，不得不走路時，那就一瘸一拐的走啊、走啊！就這樣拐著走，可是絕不怨天尤人，不會因爲痛覺而起煩惱。雖然菩薩還是要去治療它，但一定會耐心的治療它而不怨天尤人。

當然也許會有人這樣想：「你蕭平實就是因爲用那隻腳去踏人，禪三時把人踏倒，所以你擔了人家的業！才會跌倒受傷……。」但是我絕不後悔踏倒那幾個人。我說：「以後如果有機會，禪三期間覺得某些人被我踏倒時，會有五成的機會可以悟的話，我還是照樣踏！即使踏了以後會跌倒受傷，那也沒關係！我就接受跌跤的苦痛！」還是照樣做。菩薩本來就應該這樣做，這是我們的觀念，一向就是這樣，所以禪三回來以後，我並沒有起過一念說：「哎呀！早知如此，我當初不要踏他就好了。」不！我以後還是會照踏不誤！下次有機會幫他開悟的話，我還是照樣會把他當眾踏倒。這就是說你已經如實的現觀一切法了，不管是現象界中的五陰法性，或者實相法界中的眞如法性，它們其實都沒有苦惱，它們其實都是離瞋害相的；因爲眞如心本身既然離見聞覺知，怎麼可能會有苦惱相呢？祂既然離見聞覺知而不受一切痛苦，祂又怎麼會起瞋呢？既然是離見聞覺知性，當然更不會因瞋而生起害心。而五陰所起的苦惱以及瞋害相，從二乘菩提上來現觀，那也是無常相，也是緣起法，本質上仍然是無常性的空相，如實現觀以後，又怎麼會生起瞋害相呢？

能夠這樣分別從三乘菩提上來現觀的話，你就能夠安忍，因爲你親自現前觀察之後，就會隨順這樣的法性去修忍辱行，你就能夠安住下來，不再去懷疑諸佛菩薩所說的道理；這樣子隨順修行羼提波羅蜜，我們就說你這個人眞正的在修忍，這樣你就是「**既有忍，也有波羅蜜多**」；如果你不能從一切法性上現觀二乘菩提的緣起性空，又不能從實相如來藏的眞如法性去現觀一切法本來無瞋害相的話，那你就只能夠修忍而沒有波羅蜜多。有的人因爲還沒有悟入二乘菩提，也沒有悟入大乘佛菩提，他也能夠不怨天尤人，可是他會在心裏面這樣想：「**這個傢伙害我跌了一跤！**」雖然他嘴上不會講出來的，臉上也仍然是笑嘻嘻的，可是我們會說他

「有忍而無波羅蜜」。因為他是用意志的力量把它強壓下來的，不是眞的以三乘菩提的智慧生起了忍法。菩薩則是現前觀察，自然而然的變成這樣，所以絕不會在心中生起瞋心害心而故意強壓下來，裝作絕不生氣的樣子。這樣就是隨順修行羼提波羅蜜，這個人就是「有忍也有波羅蜜多」。

馬鳴菩薩又說：「知法性離身心相無有懈怠，是清淨進度，隨順修行毘梨耶波羅蜜。」一切法性都是離身心相的，一切法性也都沒有懈怠。眞如心，你說祂有身嗎？（大眾同答：沒有。）沒有身！因為祂無形無色嘛！那你說：「**眞如既然是眞心，當然一定是有『心相』的，你怎麼說祂沒有心相？**」但是我告訴你：「**祂沒有心相！**」有些人學般若、參禪，一直不能破參，就是因為不懂這個道理。這個正知正見必須要先建立，不然去到禪三道場時，你一定會找不到眞如心。《大品般若》、《小品般若》都已經跟我們詳細的說明：「眞心就是非心心、無心相心、不念心、不住心」；《金剛經》講：「無住心、菩薩心」，其實都已經跟你明講了。

「非心心」就是在說這個**不是心的心**，祂跟眾生所知道的心截然不同，所以祂不是心，名為非心之心；但你又不能說祂不是心，因為所有的覺知心、作主心都從祂而來，祂是確實存在著的；祂既然能生萬法，確實存在著，當然一定也有心的體性，但是祂自己的體性，跟見聞覺知心絕對不是同一種的體性——截然不同於眾生所知的心性，所以名爲**非心心**。因爲祂是所有心的根源，能出生一切心，當然也不能說祂不是心；既不能說祂不是心，又完全不同於眾生所知道的心性，那就只好說祂是**非心之心**。般若系的經典中又說祂是**無心相心**，因爲祂沒有眾生所知道的覺知心、作主心的相貌。眾生所知道的心的相貌是什麼樣子？都是有見聞嗅嚐、有知覺性、會處處作主、處處了知五塵、時時刻刻都在思量、起貪、起瞋⋯等等，又被無明所籠罩。但是眞心如來藏沒有這種心性，那種見聞覺知心所顯現出來的法性祂都沒有，完全沒有覺知心的心相，所以祂又叫作**無心相心**。

既然祂是這樣的心，你說：這種心會有什麼懈怠可說？有懈怠的心一定是見聞覺知心，見聞覺知心會覺得累、會覺得苦惱、會覺得眾生難度、會覺得佛道難修，才會產生懈怠心啊！所以只有**有心相**的心才會懈怠啊！眞如心有沒有累的感覺？有沒有其他種種的心相？都沒有！所以才叫作無心相之心。《般若經》中又講「無住心」，《金剛經》中也講「菩薩應無所住而生其心」，祂雖然無所住，從來不住於六塵中的喜怒哀樂等相中，可是祂從來不曾一剎那休息過，不斷的在生起其心而運作個不停。祂如果一剎那休息，覺知心的你可就要抗議了；祂如果休息一分鐘，你就得要進醫院了。祂哪有懈怠過？所以祂從來沒有懈怠相，即使你因爲意外事件而進了醫院，或者因爲年紀大了、衰老了，腑臟功能退化而有時不得不進醫院躺在病床上休息時，祂也還是從不休息的。

祂這個實相心，既然是離見聞覺知性的非心心，當然就不會住於六塵相中。人之所以會懈怠，就是因爲人在六塵裏面產生貪著或厭惡；譬如說工作一會兒以後，才不過做個五分鐘、十分鐘，有人就大叫說：「哇！好累！好累！我不要再做了！我要休息了！」就懈怠了，不精進了。他說：「我想要休息了。你說什麼？打坐？我不坐了，累死了！晚上的課誦也不誦了，書也不讀了。什麼？參禪？我今天也不參了，累死人了！」這就是懈怠了，這就是覺知心的心相啊！可是眞如心從來沒有懈怠過啊！因爲祂離見聞覺知，祂根本不苦也不樂，怎麼會懈怠呢？怎麼會貪著呢？所以說祂離開懈怠相。眞如心，永遠不在身相中、不在心相中，所以永遠都沒有懈怠相。你能夠這樣去現觀，轉依祂的無懈怠相，那就說你有清淨的精進度了，從此時開始，你是「有精進也有波羅蜜多」，不是邪精進了。

因爲有親證如來藏而現觀祂的眞如法性，所以才能發起般若慧；發起般若慧，就是對般若起勝解了；因爲起勝解，所以才能夠有勝行；有了勝解和勝行的緣故，才能夠進入內門來廣修六度萬行。前面講到：「知法性離身心相、無有懈怠，是清淨進度，隨順修行毘梨耶波羅蜜。」眞正證得如來藏以後，才能證得眞如法性，才能夠知道有情法界一切法的法性，全部都是離身相、離心相；因爲一眞法界的如來藏即是一切法，一切法即是一眞法界的如來藏相；而如來藏離身相、離心相，所以一切法離身相、離心相。能夠這樣如實了知一切法性離身相、離心相，就能了知究竟成佛是可能的，不是虛構的謊言；這樣的人就能夠心無染著而無有懈怠的勤修菩薩行，這樣才叫做清淨的精進度。能夠有這種清淨的精進度，才能夠說你是隨順毘梨耶波羅蜜的人，才能說你是眞正修行毘梨耶波羅蜜。

如果不知道一切法性離身相、離心相的實相正理，那就不可能眞正的隨順修行精進波羅蜜，始終都會有懷疑；這是因爲他「只有精進而沒有波羅蜜」；有精進心、精進行，而無波羅蜜，就不叫作精進波羅蜜多，就只能叫作精進。一切法的法性爲何是離身心相的？因爲一切法都不離眾生的清淨心——如來藏，而眾生這個清淨心不是修來的，祂是本來就有；祂的心性也是本來就如是的清淨，不是經由禪定的修行、經由去除慳貪的修行等等而變成清淨，而是祂本來就已經是清淨性的。那你能夠隨順這個清淨心，依六度法門而精進、清淨的修菩薩行，就說你既有精進、也有波羅蜜多。

正因這一個清淨心出生一切法，而一切法都附屬這個自性清淨心，所以一切的法性就屬於這個清淨心的法性了，假使離開了這一個清淨心，就沒有一切法的法性可言了。所以一切法的法性，不是在指被出生的一切法自身，而是指一切法的根源，就是講這一個清淨心如來藏識；但這一個清淨心，絕對不是「我在這裡說法的這一念心」，也絕對不是「你們在那裡聽法的那一念心」，因爲那不是清淨心，那是有時清淨、有時染污的心。「你聽法的這一念心」，如果我等一下開口說到你師父惟覺法師那個法不對，那是意識生滅心，你立刻會想：「**我師父這個法是眞正開悟的法，你竟然敢說他不對！**」你立刻就起瞋心了，立刻就成爲不清淨心了；但是往往自己還不能警覺到這個事實，結果還是不肯認知他師父所說的法錯了，也沒有能力判別他師父的法錯在哪裡，這就是被無明所籠罩的非清淨心。

稍後，我也許又褒獎說他師父接引初機人數很多，有大功德，他又起歡喜了；這個歡喜心生起了就是被順心境界所轉了，所以這個歡喜心也是有染污的心啊！正是不離瞋喜兩邊的生滅心、常動心啊！眞正的清淨心是永遠都離於喜、離於瞋的，永遠都不在喜與瞋兩邊之中，永遠都不動心的，這才是眞正的清淨心嘛！我們的第八識如來藏——阿賴耶識心體自身——祂永遠都是這樣不落兩邊的，永遠都不會對六塵起心動念的。當你的自心會有喜歡的心行時，就表示你這個心一定也會有生起厭惡心行的時候；如果你喜歡這邊境界的時候，就一定會厭惡那邊的境界；當你喜歡這盆花的時候，你的同一個覺知心就一定會討厭地上那一坨狗屎。這是必然的：只要有喜也就必定會有厭。因爲有喜的心是意識心，而意識心一定會與討厭、喜樂連在一起，因爲那本來就是祂的心所有法。換句話說，喜樂以及厭惡本來就是意識心的體性，既然是這樣的話，有時會生起厭惡心、瞋恨心，那就不可能是清淨心了。

如果你找到了自己的第八識如來藏，就可以現前領納、現前體驗這一個第八阿賴耶識心體自身，祂根本沒有所謂的清淨、染污，也沒有所謂的喜樂以及厭惡，從來沒有起過這種落在兩邊的心行！離兩邊的境界，絕不是你的覺知心在那邊克制自己不起喜怒哀樂，而是覺知心意識本來就一定會與喜怒哀樂相應，而是第八識心體從來都不起喜怒哀樂，所以第八識如來藏是和你的第六意識覺知心並行存在、並行運作的，這個與覺知心的你本來就一直並行存在、不斷運作的心，才是眞心。佛法的修行決定不是教你把第六意識妄心修行轉變爲第八識清淨的眞心，而是教你去找到本來自性清淨涅槃的第八識心，然後轉依祂的眞實性、如如性，名爲轉依眞如；轉依之後，覺知心的你自己就開始漸漸的轉變，漸漸的遠離染污性，最後成爲佛地究竟清淨的意識覺知心，但是卻仍然是第六意識，仍然和佛地的第八無垢識共同存在、共同運作。當你證得第八識心的時候，你將會發覺：第八識如來藏是**離衆生心相**的。爲什麼說祂離心相呢？因爲這一個心離六塵中的一切見聞覺知，離見聞覺知的第八識如來藏，怎麼會有衆生所知道的覺知心的法相？衆生所知的心相就是具有能見之性、能聞之性……乃至能知覺性的六識心嘛！這就是衆生所知心的法相。可是你證得第八識眞如心的時候，你將會發覺這個第八識心沒有覺知心了知六塵的法相，所以 馬鳴菩薩說法性**離心相**。

眞正開悟以後，你又親眼看到：一般衆生所知道的心，以及我們悟前所知道的心，祂永遠都是有喜怒哀樂的心，永遠都是會有瞋恨怨惱的心；所以，世間法中有俠義心腸的人，有感恩心的人，他們常常這樣說：「受人點滴之恩，當思湧泉以報。」同樣是這個心，受人欺凌時，有時忍不住了，就會起瞋心、破口大罵。這就顯示：覺知心既會有喜心，就一定會有瞋心，是一體兩面的。所以有的人對我說：「老師！謝謝您幫我明心開悟了，您是我法身慧命的父母；以後就算是要我的命，我也給您了。」我說：「我是幫助你出生法身慧命，這點當然沒有疑問，但是也沒有要命那麼嚴重啦！」這意思就是說，雖然開悟了，但是你仍然是原來的你；你證得另一個眞實心第八識了，可是原來覺知心的你仍然沒有轉變啊！仍然是原來的同一個覺知心啊！只是你的見解轉變了，所以身口意的行爲轉變而更清淨了，所以禪宗祖師常常會講說：「還是舊時人，不是舊行履。」因爲以前那個覺知心的我，現在悟了以後還是原來覺知心這個我——同樣是原來這個見聞覺知心的我——可是現在的身口意行開始轉變了，因爲現前證明了一件事實：原來覺知心的我是虛假的，原來背後那個第八識的祂才是眞實不二的。可是背後那個第八識的祂，根本就沒有所謂的染污與清淨可言，祂從遠古以來，直到現在，一直都是中道性、涅槃性的，是那樣的清淨性，從來也沒有改變過。所以如果我起了染污的心，我就覺得慚愧、羞於見人，因此身口意行就開始轉變爲比以前清淨了。因此說你悟後的行履，也就是說你悟後的行爲都會跟以前不同，所以說「不是舊行履」；但是覺知心仍然還是原來悟前的同一個覺知心，所以說「還是舊時人」：還是原來的那個人。

這就是說，當你證得這個清淨心之後，結果你會發覺祂完全沒有眾生覺知心的種種心相。見聞覺知的心老是處處思量、處處分別、處處作主、處處了知。有的人不相信，跟我唱反調說：「哪兒有？當我看見色塵的時候我都不起分別嘛！」所以他認爲：當他看見色塵的時候，在眼見的當下不起分別，這樣就是發起無分別心、證得無分別心了。可是到禪三時，破參後集體進了小參室，我跟你們做一個試驗，我把本子一翻開來，大家都笑了，爲什麼呢？因爲一見的當下，分別就完成了嘛！所以我翻開之後一刹那間，立刻又蓋起來，在這麼短的一刹那間，你們都已經知道本子下面是什麼東西了；這就是說，在見的當下，在一刹那間，分別就已經完成了。所以，見的當下、見的本身就是分別嘛！只要你有見聞覺知存在，那就是分別、了知，分別、了知就是六識心的心相。可是如來藏祂從來都不作分別、從來不了知的；並不是你把第八識心故意壓著讓祂不分別、不了知，祂是無始以來就不曾起分別性、了知性的；這樣的清淨心，不是修行壓抑之後才不起分別、不了知的，而是無始以來就不起分別、也不了知六塵的，所以說祂沒有眾生覺知心的心相。

你叫祂作主，祂也不會作主。你說：「我授權給你，你幫我作主一次。」祂仍然不作主，祂就是不作主；有的人也許就開罵：「你這麼笨！我叫你作主，你還不會作主！」祂也不會跟你說：「我就是這麼笨！我不會作主！」祂連跟你答應一句都不會，就是完全由著你去作主，完全的隨緣，祂就是這樣的體性啊！所以你說：「我要生天享福去了」，你有那個善業。好！祂就跟著你去，祂對這個事情沒有意見；你在那邊快樂的不得了，祂也沒意見。你說：「日子很難過，從懸崖跳下去吧！自殺算了！」祂也不會跟你抗議說：「唉呀！跳下去好痛苦欸！」祂也不會！你說要跳嘛，祂就跟著你下去！祂都沒有意見，祂是自始至終都離開這種心相的。

那麼一切諸法，包括見聞覺知的我們自己，既然是從祂而來，也算是祂的一部分體性。一切諸法都是間接或直接從祂而來，所以一切諸法的法性都攝歸於祂；因為一切諸法都只是在眞心的表面上幻起幻滅、幻起幻滅，本來就是如來藏心所擁有的許多法性之一，只是這樣而已；而如來藏永遠離眾生心相，從來不落在眾生所知的覺知心相裡面，所以說一切諸法離心相。

一切諸法的法性，不單是離心相，也是離身相的啊！如果說，一切諸法的法性，由如來藏生起之後而有身相的話，那一切諸法滅謝以後，累積起來應該會比須彌山還要廣大。可是一切諸法，過了就沒了，它只是回到你的如來藏種子裡面去，以後應緣時它們又再出現；如此不斷的出現、不斷的回去，它們哪有身相？

沒有啊！一切諸法的法性既然離身相，那你就知道說，我們應當依如來藏而安住，因爲祂才是常住而眞實的眞心。從此以後，從你的能見之性、能聞之性……乃至你的能知覺性，於六塵萬法當中，這樣去轉依而修行。在這種修行的過程當中，於現前觀察到一切法的法性都離身相、離心相，其實都是如來藏的法相之一；祂既然是這樣子，而你又發覺到一切法的法性，也就是如來藏性，祂是恆不生滅的，祂是過去無量劫前一切法性之所依，也是未來無量劫後（你成佛以及成佛後的無量無數劫、無有窮盡）仍然是一切法的所依；那你轉依了這個第八識自心眞如的清淨性，你就知道應該要怎麼走完成佛之道！就把你的染污意識、染污末那的不好的心所有法——貪等種種煩惱——都修除掉，轉變成清淨意識、清淨末那。

這樣去修行，你將會成爲一個無私、無我的人，心心念念想的就是爲佛法、爲佛教、爲眾生，想的就是這些事情；除了三寶和眾生的道業以外，沒有什麼是你所掛念的，這樣子你就必定會**無有懈怠**的**精進修行**。這樣精進的修行，是從知道法性離身相、離心相而沒有懈怠的，不是由於覺知心去勉強自己精進的，這樣就說你是清淨的精進度了。如此的清淨精進度，才能夠拍胸脯說：「我如今是隨順於精進波羅蜜多，我如今是精進的修行波羅蜜多。」因爲你有精進，你也有波羅蜜多，所以不同於初機學人「有精進而無波羅密多」。這樣的修行才是可以到彼岸的，不這樣修行就無法到彼岸。無上正等正覺的彼岸不是那麼容易到的，你要到無上正等正覺的彼岸，必須要先親證自心藏識——也就是禪宗的明心——然後一步一步去現前觀察，看自己有沒有如實的做到？以這個精進的修行波羅密多，作爲你的證量；有了這個證量，你就可以說：「**我如今已經隨順精進波羅蜜多。**」是眞正的在修行精進的波羅蜜多。因爲你這時既有精進，也有波羅蜜多了，這才能夠叫做精進到彼岸。

「知法性無動無亂是清淨禪度，隨順修行禪那波羅蜜」：法性怎麼叫做無動、無亂呢？眾生修學禪定，證得四禪八定，這四禪八定也是佛子應當修學的；但是外道也修學啊！也有外道能證得四禪八定的，所以禪定是共外道、共凡夫也共二乘的；所以菩薩修學這個法，和外道共，和凡夫、二乘共。有的凡夫也可以修成四禪八定，並不是只有佛門的凡夫能修得啊！但是他們修學禪定並不是清淨禪度，所以說他們不能隨順**禪那波羅蜜**，所以說他們不能修行「禪定到彼岸」。這意思是說，你得要證得自心眞如，知道能證禪定的心和所證的禪定境界，這一些法性統統是由自心眞如第八識心體而來；而自心眞如本來無動無亂，以自心眞如來觀待四禪八定，這樣證得四禪八定，就不會落入四禪八定等世間境界的執著中，這才是清淨修行禪度，才是清淨隨順禪度。

一般而言，眾生都不瞭解這個道理，凡夫修行者總是想：「由於我們心散亂的緣故，就會產生許多的煩惱。」所以就想要安住不動。想要安住不動的人就得要把意識用個繩子綁住；繩子則有很多種：數息、隨息、止、觀、還、淨，以及不淨觀和因緣觀、念佛觀、四念處、七覺支……等等。種種的修行方法，都是那一根繩子，就是要把你的意識心綁住，不讓祂一直攀緣。這個方法的作用，就好像一隻猿猴本來是無法定下心來的，牠始終是到處攀緣、跳個不停的。你如果用根繩子把牠綁在木樁上，剛開始牠暴跳如雷，過了十天、半個月，牠不氣了，只是不停的走來走去；再過十天、半個月以後，牠想：「反正哪兒也去不了，好嘛！在那邊掙扎也是白痛苦的！不斷的走來走去也只有增加勞累而已。」最後牠認清了，祂就只好安住下來，乖乖地蹲在木樁上不動了，除非你逗弄牠，拿東西給牠吃。心如猿、意似馬，道理也是這樣的。

所以，禪定的行門就叫做**制心一處**。禪定對於我們會裡的同修們來講，發起初禪的機會不算小，所以我們會找機會來說初禪的境界，後面看看有沒有機會再次的講一講，因爲這對於我們會裡的同修們來講，這是很有可能遇見、發起、修成的。會外要找人能修得初禪、二禪的，那就像末法之世、亂世之中你想要尋覓到鳳毛麟角一樣，很困難的，但是在本會並不困難。可是我們目前沒有開這個課程，所以得要找機會跟諸位說。我想可以在三十三頁的「不依形色」這裡來說一說初禪的狀況。因爲有許多人悟後可能會遇到初禪境界的突然發起，所以這個地方可以來講，現在暫時表過、不說它。制心一處並不是針對你的如來藏、不是針對眞心來說的，制心一處是針對你的意識覺知心來說的，所以一念不生、離念靈知的打坐功夫，都是妄心的事情，都是妄心的修行方法，與眞心無關。因爲眾生的意識心總是到處攀緣，從來沒有停息過的；就算你的禪定功夫很好，已經證得第四禪了，所以你說：「我可以一直都不起妄想啊！」好！你不起妄想，但是睡著時爲什麼又作夢？原來還是有妄想！因爲夢就是妄想，夢是從妄想來的。

有的人會說：「我夢中也在打坐一念不生啊！」那你夢中打坐時應當不會出定的，那就永遠都會睡在夢中的定裡而醒不過來了！可是爲什麼夢中的打坐又會出定了？爲何又會醒過來呢？所以那也是妄想！因爲妄想，所以才會在夢中出定嘛！也許有這種說法：「我夢中也沒有出定啊！我是被嚇醒了，是醒過來的啊！」

可是說句老實話，睡覺時會作夢，就是還有妄想；就表示思惑縱使斷盡，但是仍有思惑上的習氣種子尚未斷盡，只是斷思惑的現行而已，所以仍然有夢，所以睡著時仍會作夢。又請問你在二禪中，爲什麼突然一念心動，就退回初禪去了？所以還是有妄想嘛！只是那個妄想沒有語言文字而已，終究還是妄想嘛！

也許有人說：「我在二禪中不會起妄想呀！我在二禪安住得很好啊！因爲我有更高的定力。」那我問說：「你入了第四禪了，是嗎？」你說：「對啊！我眞的是捨念清淨定啊！」那我問你：「爲什麼你在四禪當中無法永遠安住？爲什麼突然間一念心動，連那個念頭是什麼你都不知道，忽然間已經使心跳又現起了、呼吸又現起了，爲什麼呢？」因爲還是有妄想的緣故！眞正沒有妄想，那是諸佛的境界，因爲一切妄想都已滅盡，一切極微細煩惱習氣種子都已滅盡，才可能無夢。所以道家有一句話說：「至人無夢。」只有諸佛才是至人。所以密宗上師說他們成佛了，可是卻還有夢，那都是大妄語，根本就沒有成佛！所以你看：妄想是有很多層次差別不等的，它有很多種層次的差別，但這卻是唯證乃知的事，你們不曉得。不過這個妄想主要是在什麼心上面起作用呢？在意識覺知心上！但也是在意根的遍計執上。

你的自心眞如則是常住於「不住定」中的，永遠都沒有妄想；所以自心眞如所住的定境並不是四禪八定的定，是「那伽大定」！爲什麼呢？因爲自心眞如才是眞正的大龍嘛！當你有一天修行到究竟佛地，把祂的所有功能全部發起的時候，那你就叫做「那伽」了，也就是「大龍」啦！這不是世間卵胎濕化的四種龍。這個心祂常在定，爲什麼？因爲那叫做不住的大定！而這種大定是不出不入的，是無所住的，永遠如此而不改變，所以是不住定；世間的定總是有出有入，不能相提並論的。

所以菩薩去跟一個人講——因爲那個人禪定功夫很好——菩薩就去問他說：「請問你在這邊打坐作什麼？」他說：「我在修定！」「你修定能夠一心不亂嗎？」他說：「可以！」「你入定了能夠住幾天？」他說：「我可以住於定中三天到三十天。」菩薩就講：「你這個定太小了，不夠瞧！」可是其實那位菩薩並不一定能入定幾天，可是他說：「你這個定不夠看。」這個人覺得很奇怪：「我這樣的定是很不得了的，大家崇拜得要死，入定三天、一個月我才出定，你們這一些人也沒有辦法這樣子做，竟然來笑我。」那個人就反問：「你那個叫什麼定？」他說：「我這個叫做那伽大定！」好！既然講出定的名稱了，那就要比較了，人家不服氣就反問：「爲什麼你那個定勝過我這個定？」菩薩就跟他講：「你那個定有出、有入，我這個定是永遠不出定、也不入定的。」這個打坐修定的這個大修行者一聽，傻眼了：「哪有什麼定可以不出、不入的？連聽都沒聽過。」這下傻眼了，終於才死心踏地跟著菩薩學；學了之後才知道以前修學的那些禪定都是世間定，斷不了生死的。

這意思就是說「法性無動無亂」，你在修行禪定的過程當中，得要了知禪定是意識心之所修證，而這個意識心是從你的如來藏生出來的；這個意識覺知心是以意法為緣，並以如來藏為因，這樣一因、二緣，還要再加上個俱有依——你的五色根——才能夠產生你的意識覺知心，不然你就沒有覺知心了；你如果沒有覺知心，又怎麼能修定呢？因為住於定中的就是覺知心嘛！能與定境相應的就是覺知心意識嘛！你這個意識心入住於定中，那個定境法塵又是從哪裡來的？還是得要靠你的如來藏作因、你的五根和意根作為俱有依，然後如來藏來顯現定中的境界法塵作為覺知心的你在定中安住的所緣嘛！你看，能住於定中的你、讓你住於定中的定境法塵，都是由如來藏生出來的。好！現在請你來觀察：這個能住在定境中的覺知心的法性，以及所住定境法塵的法性，這兩個法性既然都是從如來藏來，使得今天能夠入定，明天出於定外；後天又入定，大後天又出定，你反反覆覆看來，表面上覺知心不斷的有動與靜的差別，所以有時入定離語言妄念，有時又出定而與語言妄念相應；但是從所轉依的如來藏看來，其實眞心根本就沒有動過；因爲如果有動的話，祂就會跟著出定；祂如果能出定，你以後就將會完全無法再入定了；因爲必須是祂從來不出定、也不入定的配合運作，才能使你入定或出定的；祂如果會動心而出定或入定，那你就得等待祂可以讓你入定的時候或狀況出現時，你才有可能重新再入定或出定。但是覺知心如果已經修成了定力，根本就不用等待祂，隨時可以入定或出定，祂是完全沒有意見的；既然明天後天隨時還可以再入定、再出定，由覺知心自己決定，而不必等待自心眞如的入定出定的時節，顯然自心眞如是從來都不動的嘛！祂既然從來不動、從來不落入散亂中，那就是定；可是祂又從來不在四禪八定的定外，永遠都不出定；也永遠都不在四禪八定的定境中，永遠如是安住而不對定境動心、不對妄想動心，所以是既不入定、也不出定的，那才是那伽大定；這是證得四禪八定的二乘聖人、凡夫與外道們永遠都想不通的大定。

對那些求證般若的人，你得告訴他們：覺知心的入定與出定境界，都是有**境界分段差別**的法，都是**境界分段入出**的法，所以覺知心虛妄；因爲 佛在《楞伽經》

中早就說過：「意識者，境界分段計著生。」所以能證入定境中一念不生的覺知心，正是意識心，因爲永遠不離入定出定的境界分段法。對於已經證悟的人，應該讓他更深入的了知意識應該攝歸如來藏；告訴他：一切法與法性既然都是從如來藏來，可是如來藏從來離開動亂二邊啊！所以如來藏無動、無亂，因爲如來藏於三界六塵萬法當中從來不曾動過心！從來都沒有動過的心，又怎麼會有亂呢？所以祂從來無動無亂；由此反觀而證實覺知心有入定、有出定，那就是不離動、亂囉！可是有動、有亂的意識覺知心卻是從如來藏生，攝歸如來藏一心，只是依附在如來藏的表面上顯現而已，那就是「幻起定境而又幻滅定境，幻入定境而又幻出定境」，祇是這樣而已啊！所以攝歸如來藏的時候，禪定的法性還是無動無亂的！既然法界實相本來就無動無亂，我爲什麼要在那上面妄起分別而把自己綁得死死的呢？我只需消除煩惱就好了，心清淨了以後我就不必辛苦的修定，到時候我自然就不起妄想而定住了嘛！定境自然就會漸次的生起了！

所以，我以前也跟諸位報告過：我這一世剛破參的那幾年也很努力，爲了修二禪，很怕吵，所以鄰居的狗叫，我當時眞是氣得要死；因爲剛剛進入一下子，還沒有安穩，「汪！汪！」這麼一吵，又被拉出二禪等至位了。眞是沒辦法啦！可是又不能生氣啊！因爲生氣會更加障礙二禪的修證，那該怎麼辦呢？對面的笨狗又老是叫，只好拿昨天供佛而今天已經枯黃的玉蘭花，把牠丟一丟；牠看到花落了下來，覺得奇怪，所以靜了下來，我就回座繼續坐，才剛靜個幾分鐘，剛剛要進去二禪的等至位中，「汪！汪！」又來了！眞沒辦法！結果一盤玉蘭花，不過兩三個鐘頭就丟完了，變成牠們家香、我們家不香了。這就是說，當時不曉得清淨心可以自然安住，而要用修定的方法去降伏意識心、去壓制意識心。

可是後來我根本沒時間修定了，就是爲眾生在忙、忙、忙；但是後來我發覺無我無私的去做以後，都沒爲自己的利益著想，後來變成自己的心清淨了！心淨了以後，隨便往沙發上一靠也可以入定。因爲已經沒有煩惱了！所以修定最好的法門就是修除煩惱，使你能夠依於如來藏的體性去安住；雖然你一天到晚很忙，爲眾生忙碌，但是你的世俗煩惱已經消除掉了（人會打妄想都是因於煩惱，煩惱消除掉以後，你不必再去用那一些修定的方法；不管是六妙門也好，因緣觀、念佛觀、數息觀都好，都不管它），你就隨便安住下來，自然就不會起妄想了。像這樣子來修定，可就事半功倍了，因爲根本就不用與妄想對抗。

因此說，一定要在證悟眞如之後，轉依眞如的體性。你可以現前觀察這個法性：能夠入住定境的覺知心，能夠讓覺知心安住的法塵定境，這能住與所住的法性都是無動無亂的，因爲能住與所住都是如來藏的種子在心體表面所幻生幻滅的。既然這樣的話，如來藏本來是無動無亂的，爲什麼我們要去動亂？爲什麼我們還要起心再去壓制那個動亂？不需要了！你只要把煩惱除掉，自然而然心就定下來了，不修止而自然得止；然後你就可以現前觀察到：「**原來法性無動無亂**」，你如此現前觀察法性無動無亂的時候，你就可以說：「**我如今能夠隨順禪那波羅蜜，我如今已經能夠修行禪定到彼岸了！**」這意思就是說，到這個地步你是「有禪定、也有波羅蜜」，你已經有禪定也有到彼岸的功德了！如果沒有這樣的般若證量，那只能夠說：你有禪定、沒有波羅蜜；你有禪定，你沒有到彼岸。就算是修得非想非非想定，能夠在非想非非想天安住八萬大劫，一直都一念不生，可是八萬大劫後依舊還是下墮，仍舊是凡夫的境界。雖然你可以一入定三年、五載炫異惑眾，終究還是不離生死，與凡夫沒有差別。

接下來說：「知法性離諸癡闇是清淨慧度，隨順修行般若波羅蜜。」一切法性離諸癡闇，因爲一切法的法性無非就是如來藏性。以前有很多人一直在跟我們爭辯：「**你們都把人家否定，說人家有見聞知覺性在，就說人家是落在意識裡頭，你**

們都這樣把人家破斥，可是明明《楞嚴經》告訴我們說能見之性乃至能知覺性，本非因緣、非自然性，皆是如來藏妙眞如性啊！所以能見之性乃至能知覺性那就是如來藏嘛！而且，應該**性是體**、**心是用**才對，你們卻反過來說心是體，性是用，不同經中所說，你們錯了。」這一些人眞是斷章取義，把《楞嚴經》割取一段下來這樣講；但是《楞嚴經》前面講的與後面講的，他都丟掉不講，就光講這一段。可是人家《楞嚴經》說的是：「能見之性乃至能知覺性都是虛妄法，都是假藉因緣才能從如來藏中自然出生，所以不是外於如來藏的自然生，也不是外於如來藏的因緣生。」見聞知覺性都是由如來藏藉各種外面的因緣而自然出生的，不是單憑因緣而不需如來藏心體的運作，就能自然出生六識心體的能見之性、能聞之性……乃至能知覺性；不是這樣的！

而且，能見之性是眼識的自性，以眼識爲體；能聞之性是耳識的自性，以耳識爲體；……能覺之性是身識的自性，以身識爲體；乃至能知之性是意識的自性，以意識爲體；若離心體就不可能會有見性、聞性…乃至知覺性，所以絕對是**心爲體**，**性是心之用**，因爲六識心的這些自性，都是由六識的五遍行與五別境心所法的運作才出現的，所以應當以心爲體——六種自性是從六識心體出生的——怎可顛倒的講呢？但是，不管是眼識能見之性，或者乃至意識能知之性，以及能見乃至能知覺的六識心體，都是從如來藏中出生的，都不是外於如來藏阿賴耶識心體而能單憑因緣就出生的，所以說見性乃至知覺性都不是因緣生、不是自然生，而是從如來藏中出生的；所以見性乃至知覺性，都不可還歸於一切因緣法中，都只能還歸於如來藏心中，所以楞嚴才說六識自性「非自然生、非因緣生，本如來藏妙眞如性。」不可斷章取義、亂講一通。

那就好比說有人跟你講：「陽光本是太陽之性，非自然、非因緣。」誤會這個意思的人就說：「那麼陽光的熱性、光性就是體，太陽就是用。而且我曾經聽過某某智者說：陽光非自然生、非因緣生，所以陽光的熱性與光性是體，所以太陽當然是以陽光爲體，所以太陽也一樣以熱性、光性爲體。」你剛聽的時候覺得好像有道理，但其實大錯特錯！這就是說，他被浮雲所遮障，從來都看不到太陽，只感覺到陽光的光明與熱度，就憑著聽聞臆解而說：「這個陽光就是太陽嘛！哪裡有太陽？你看！沒有太陽啊！只有熱性與光性啊！」其實太陽是在雲上面，他被無明的雲所遮障了！然後終於有個智者告訴他說：「你要是不信呢，我帶你去看，這個光與熱是從哪裡來的？」於就拉著他坐上直昇機，一飛飛過山頂，到了雲層上面一看，原來光是從那顆太陽來的，原來光不等於是太陽！原來熱不等於太陽，終於明白了！

同樣的道理，有智者帶領著眾生說：「你跟著我這條路走！」走到後來，找到了如來藏了。結果去現前觀察：「我睡著的時候祂怎麼樣？我醒著的時候祂又怎麼樣？我這一些見聞覺知又都是從哪裡來的？哎呀！原本都是從這個如來藏來的喲！」終於瞭解：「原來我的這個見聞知覺性，不是自然有的，祂也不是靠父母因緣就能有的，而是要靠種種因緣才能從如來藏中自然的生出來，所以非單憑自然而出生，也非單憑因緣而出生，本質上是如來藏藉著種種因緣而自然生出來的，是從我自己的如來藏藉那一些因緣才能生出我的見聞知覺性啊！」終於證實了，終於知道：「原來陽光和太陽非一非異，原來我這個見聞知覺性和如來藏是非一非異的！原來我的見聞覺知性都是如來藏所生，都是以如來藏爲體。」終於明白了！

那麼學般若就是應當如是，你學般若的時候，能夠親自現前觀察、現前證驗一切諸法的法性——三界六道所有諸法的法性——統統是離開癡闇的。爲什麼離開癡闇？因爲它就是從如來藏生起的嘛！本就應該攝歸如來藏的。可是如來藏從來不在癡闇裡面啊！如來藏如果有癡闇，那祂就會有無明；祂如果有無明就會攀緣六塵、攀緣種種善染諸法，因此祂就會墮落！因爲墮落的原因，如來藏就會在三界六道當中受種種的生死苦樂！可是如來藏從來沒有受苦樂、也沒有癡闇啊！「癡」就是於實相不了知，如來藏於實相能不能了知？祂不了知！爲什麼？因爲祂本身就是實相，祂本身就住在實相當中，祂就是實相。既然祂是實相，你怎麼說祂是無明所罩？因此說祂離開癡闇。

可是有時候呢，經論上卻又講：「無明實性即佛性！」爲什麼又說無明的眞實體性就是成佛之性？那麼實相不就是無明了嗎？不！因爲實相就是如來藏，因爲有如來藏的存在與運作，所以產生了七識心相應的許多無明！所以這些無明的眞實體性都是從如來藏的種子中來的，所以無明其實就是如來藏的體性之一啦！換句話說祂自己就是實相。可是，那種清淨性裡面卻含藏著種種的無明，所以會使得眾生的六識、七識攀緣三界六塵諸法，無明就是這樣來的。那你證得如來藏之後，你發覺說：「原來是這個見聞覺知的我、處處作主的我，有各種的愚癡闇鈍，所以我常常會做錯事、想錯了事情，對於所知障沒有辦法徹底的弄清楚，所以我常常會於六塵有所貪著；但是如來藏從來不會這樣啊！」這樣一來，你就瞭解：「原來愚癡闇鈍的都是『我』，如果不是『我』，根本就用不著睡眠嘛！因爲『我』有闇鈍嘛！有這個闇鈍障，所以我每天得要睡一回；我若不睡個幾個鐘頭，身體就支撐不了。」那我爲什麼有闇鈍呢？因爲我這個意識依附於這個五根身嘛！那五根身必須要睡覺、必須要休息嘛！所以我這個意識就必須要跟著休息，所以我的意識覺知心一定會有闇鈍。可是你發覺：「你睡著的時候，你的如來藏沒有睡欸！祂根本不睡覺。」

那你證得如來藏而確實了知這個道理，你現前觀察到確實是這樣，你就知道見聞覺知心的我其實只是如來藏的一部分體性嘛！換句話說，我自身應該也是可以離開癡闇的，那就無妨說：「啊！我每天睡覺還是照樣睡覺，癡闇照樣癡闇；但是我也可以無妨是沒有癡闇的、沒有睡覺的，所以睡覺即是不睡覺，所以睡了等於沒有睡。」就這樣啊！因爲「有個人睡，有個人不睡。」就看你從哪一個方面來講中道實相！你就知道，一切諸法的法性包括覺知心的我自己，都是離開癡闇的啊！爲什麼離開癡闇呢？因爲我知道自己是癡闇的，而如來藏是離癡闇的！我自己雖然有癡闇，卻依那個無癡闇的自性心而安住！那麼這樣就叫做「知法性離諸癡闇。」雖然這麼說，但並不是叫你修行般若證悟之後就不必睡覺，不是這個道理！可是有的善知識就誤會了！就說：「啊！那既然證得般若，就是沒有無明啦！沒有無明所以就是永遠不必睡覺啦！所以，你如果開悟了以後還要睡覺的話，你就不是眞的開悟了！」哎！就是有善知識這麼說呀！

好！這就好像有人開示說：「初禪就是離生喜樂定，因爲它的境界就是離欲界欲。那麼既然是離欲，這個人從此就是離開欲界了嘛！離開欲界了，那他就沒有辦法再作性行爲了！」這說法對不對呢？（大眾答：不對！）當然不對！你們眞有智慧！如果對，那 釋迦佛爲什麼還來人間娶妻生子呢？爲什麼祂來人間即將成佛時還娶妻生子呢？祂無量無數劫之前早就得四禪八定了！所以證得禪定的人，並不是喪失了那個能力，而是他的心離欲！一切都在心性上面修，而不是在身行上面修。所以心離欲了自然就清淨了，但是無妨對配偶繼續履行人倫義務；所以不是要你清淨身體！因爲身體永遠是髒的，永遠淨不了的。想求證初禪，是要你的心清淨——不再有欲界愛——才能發起初禪。

所以有個比丘因爲欲心不能斷，想要自宮，佛不允許，佛說：「你應當淨心，不應當淨身。」淨身就變成太監，淨心卻可以變成聖者！你看淨身與淨心之間差這麼多！你淨了身以後就不許成爲比丘啦！ 佛就不允許你出家、不准保有比丘身分！你想要出家的話，得要具足本來的丈夫相、具足一個正常人本來的功能性。

不然人家會輕視的說：「他就是因爲沒有辦法娶妻生子啦！所以他才要出家。」結果僧寶就變得一文不值了！所以一定得要完全具足了人的全部功德、福德，而且是爲了求取自證聖智，或者爲了求解脫而去出家的；不是因爲在世間法上有缺陷，也不是想要逃避世間法上的不如意而出家，這樣的僧寶才是令人尊敬的。所以，黃門與二根都是不允許出家的，原因就在這裡。因爲僧寶是要讓人家非常恭敬來親近的，不可以讓人家起下劣想。所以想證初禪的人，不是與配偶分房睡，可是心中卻放不下細滑觸的欲想，那是永遠證不到的；如果心已離欲，卻又無妨在緣熟時，身行繼續履行敦睦人倫的義務；所以應當在心行上修，而不是在身行上修，否則即使出家而永離欲行了，也一樣證不到初禪境界的。

那麼癡闇是什麼？癡闇是意識心、末那心。意識心與末那心無妨有癡闇，但是，無妨這個癡闇的意識心與末那心去轉依所證得第八識的眞如法性，這樣而說自己本身也是離開癡闇的。因爲你已經轉依而變清淨了、依如來藏性而安住了，這樣你就可以說：「我是清淨慧度，我現在修學般若波羅蜜，我現在隨順般若波羅蜜。」因爲你有般若，你也有到彼岸的功德；如果你悟了，不能眞實的信受，不能轉變自己原來認定靈知心是眞心的邪見，不能依第八識自性心的眞如法性安住的話，就是還沒離諸癡闇的人，就是還沒有成功轉依第八識心體眞如法性的人；這時候的你，仍然會有一些般若的初分智慧，但是不可能輾轉發起更深妙的般若智慧，我見也還是斷不了，因爲心不決定故，那你只能夠說：「我有少分般若，但是還沒有波羅蜜。」都是因爲還沒有轉依的緣故，所以不可能有波羅蜜；還沒有轉依的人，就不是大乘般若眞悟的人；所以，知道如來藏阿賴耶識心體的所在，不代表已經發起般若智慧了；因爲我見還斷不了，因爲阿賴耶識心體是不是眞實常住的眞心，他還不能決定；不決定的緣故，般若智慧就無法生起，所以知道阿賴耶識心體所在的不一定就是眞悟者，還得決定不移的轉依了以後，才可能發起般若實相智慧，才可斷除我見，才算是眞悟者。

既然證得第八識心體了，爲什麼還會沒有波羅蜜？這意思是說，隨著各人的因緣，有的人快，有的人慢。有的人證悟後，很快的就有般若、有波羅蜜；有的人是比較慢一點，先有般若，然後一分一分慢慢的才有波羅蜜，這就是因各人性障習性的深淺、我見的厚薄、往世久學或新學的種種不同，而有各種的差別不等，但是到這個地步而心得決定時，你就知道自己「有般若、也有波羅蜜」；如果你沒有證得第八識自性清淨心，那你就沒有辦法如實現觀「一切法性離諸癡闇」；你不能如此現觀的時候，那你所得的般若就都只是表相的般若，或者只是文字般若，或者只是觀照般若，絕不會是實相般若。因此，那樣的般若一定只有初分、少分般若而沒有波羅蜜，因爲所得到的是表相般若的緣故。接下來　馬鳴菩薩又說：

論文：【證發心者，從淨心地乃至菩薩究竟地證何境界？所謂眞如。以依轉識說爲境界，而實證中無境界相。此菩薩以無分別智、證離言說眞如法身故，能於一念遍往十方一切世界，供養諸佛請轉法輪；唯爲衆生而作利益，不求聽受美妙音詞。】

講解　「證發心」是說菩薩因爲證得阿賴耶識心體而生起勝解與勝行之後，經由內門廣修六度萬行，發起五分法身。五分法身是指：戒身、定身、慧身、解脫身、解脫知見身。發起五分法身，是講這個菩薩已經得到了初地入地心的道種智了，所以又稱爲「始入初地」，這是增上慧學的初分成就；以解脫及增上慧學妙法等五法爲身，故名法身。

另外，也因爲悟後經由十行、十迴向位的修除性障，心清淨了，所以他於增上戒學也會有一分的修證；因爲有了增上戒的一分修證，從此以後可以歷緣對境之中修除習氣種子，所以稱為增上戒學；進入初地以後的菩薩們都不以蘊處界為身，而以阿賴耶識心體為根本來轉依增上戒法，他們的第八識以增上戒為身，故名法身。增上定學是說：他因為增上慧學的緣故，使得自心不再動轉了，誰也無法轉變他而使他退轉見地與修行成佛之道，心中已得決定而必定能夠安住了，絕對不會再有任何的動搖，由此**心得決定**而有了增上定學。他的第八識以這個增上定學的妙法為身，故名法身。

至於解脫果，戒慧直往的初地滿心菩薩如果捨報的話，他是可以在捨報時斷盡願力所留的思惑而證得中般涅槃的，他是可以在中陰境界斷盡思惑而取無餘涅槃的，所以他有解脫的證量。雖然他終究不取無餘涅槃，繼續保留最後一分覺知心的自我執著，對覺知心的最微細自我執著不全部斷除，以此而潤未來世再度受生，叫做留惑潤生——留一分思惑以潤未來世再出生——因此他是有解脫證量的，他是因願力而故意留惑的，是可以證解脫而不取證的；他的第八識以這個能證涅槃解脫而不取無餘涅槃的證境為身，故名法身。

正因為他有增上慧學，也有增上戒學、增上定學，又加上親證解脫的證量，所以他具有**如何取證解脫**的具足知見，具有如何取證無餘涅槃的知見，所以一定是具足解脫知見的；他的第八識就同時以解脫知見的種種妙法爲身，故名法身。如此以第八識心體爲根本，而具足了戒身、定身、慧身、解脫身、解脫知見身等五法，因此說他的第八識有了五分法身，所以說他的阿賴耶識名爲法身，這就是馬鳴菩薩所說的「證發心」。這個證發心與七住位的明心、與十住位的眼見佛性是有所不同的；七住菩薩與十住菩薩還沒有完全的轉依成功，還沒有完全的修除所知障中見道所斷的異生性障，仍然可能因爲惡知識的邪教導而退失，不能確實轉依眞如（編案：平實導師此說完全正確，詳見《燈影、辨唯識性相、假如來藏、眞假開悟、略說八九識並存等種種過失》共四書一文，及《識蘊眞義》一書連載諸文所說明心之後退轉者之事實與法義辨正），所以五法還沒有具足的發起，還不能具足的以五法爲身，所以還沒有發起五分法身，所以就不能具足見道的功德；也就是他的相見道的功德還沒有具足，仍未通達，所以他的第八識還不能以五法爲身，所以還不是法身菩薩，就不能稱之爲**證發心**，而稱爲「勝解、勝行」的菩薩，名爲勝解行位菩薩，只是位不退而不是行不退的菩薩。

發起五分法身以後，在佛法上的修證可以說第一大無量數劫已經過去了！現在進入「行不退」的精進修行過程，正式開始修行十地菩薩所修的十度波羅蜜了，這時就說他是「淨心地」的菩薩，也就是到達初地的修證啦！初地的修證者，一定是無私的、無我的、爲眾生奉獻的，從來都不會想到自己世間法上的利益，也不會只爲了自己在佛法修證上的利益，就眼看眾生處於邪見中而置之不顧。一定會先救眾生離開邪見、先救眾生離開大妄語業，然後才考慮自己道業上的利益。有這樣修證境界的人，就說他是淨心地的菩薩了。

從淨心地，也就是初地開始；**乃至菩薩究竟地**，也就是第十地爲止。這一段文中有兩個字：「乃至」。「乃至」的意思是說：包含了初地到十地中間的諸地修行過程都在裡頭。這個**證發心**是說從初地的入地心開始，一直到第十地滿心爲止，都是證發心的菩薩。可是，由於親證而發菩提心，那麼這十地的菩薩們，他們是證得什麼境界呢：「所謂眞如」，也就是證得佛法上所說的眞如啦！他已經親證第八識心體的眞如法性了！依所證的第八識心體眞如法性而發起實相菩提心，願意自利利他，一直到究竟成佛。

眞如，在第三轉法輪經典裡面，佛曾說有十眞如、又說有七眞如。以後有機會時，也許我們會重講《解深密經》，那個時候再來說。以前我們宣講《解深密經》的目的，是爲了做功德給故郭理事長，迴向他在西方極樂世界可以很快證得八地，目的是在這裡；所以當時我們講得很快，一直開快車，每逢一七就講，每一次都講解將近三個鐘頭；可以說是開快車一樣的講，結果還是講了九個七、或是十個七才講完。當時是在故郭理事長家中宣講的，因爲場所很小，所以只有極少數的人聽到；我們考慮再重講一遍，因爲那部經太好了。《解深密經》和《楞伽經》是唯識系的增上慧學經典裡面最重要的兩部。如果要指定爲一切種智中最重要的兩部，一定是《楞伽經》和《解深密經》。

那麼眞如法性，有十眞如的說法，也有七眞如的說法；但是大家都不要被名相所迷惑，七眞如也是同一個眞如心，十眞如也是同一個眞如心，只是依著修證層次的不同而有差異；都是在說明眾生身中、二乘聖者直到菩薩身中，都同樣有眞如法性存在與示現著，但是顯現出來的五蘊身卻有種種不同的法相，因此而說第八識有七眞如、十眞如的法相。換句話說，由於修證，證入般若而發起菩提心的、發起成佛之心的這種「證發心」，從初地到十地所證的都是同一個心——眞如法性的第八識如來藏。可是眞如心自住境界，其實沒有境界；佛法中雖然說有許多種菩薩證悟的境界，但這其實是依七轉識而說有境界，可是在實際上的般若證量之中，其實都沒有境界相啊！

佛門中有很多人不懂，把開悟境界想得好玄好玄、想得好妙好妙。可是，實際上開悟境界中既沒有玄、也沒有妙。「沒有玄」，是說你證悟的時候，第八識的眞如法性是很清楚顯現出來的，絕對明明白白、清清楚楚的顯現出來；但不是指意識所住的明明白白、清清楚楚的覺知境界。因爲明明白白、清清楚楚的覺知，那是你的意識心在六塵中的境界相啊！可是你證得眞如心的時候，你可以明明白白、清清楚楚的去體驗祂、領受祂，可是祂不住在六塵中的明明白白、清清楚楚覺知的境界。這說法，好像是在繞口令一樣，可是當你眞正證得眞如心的時候：「祂果然就是這樣嘛！哪兒有什麼玄呢？蕭老師講得再清楚不過啦！」眞的一點兒都不玄。還沒有證得的時候：「嘿！話怎麼這麼講呢？」弄不清楚啦！

那就是說，證得第八識眞如心如來藏的時候，依你這個七轉識——依你的意識與意根而說：「哎呀！我現在一直在體驗眞如心怎麼運作的，我現在可以清楚明白的觀照眞如法性啊！我現在住在眞如法性的境界裡面了！」可是我告訴你，那也是爲眾生而方便說的，實際上你的意識永遠無法住在眞如心的境界中。爲什麼呢？因爲眞如心一直都是離三界六塵的見聞覺知嘛！而能夠證悟眞如心的意識心的你，始終沒有辦法在那種離六塵見聞覺知的狀態中安住啊！因爲意識如果離六塵中的見聞覺知，那就是意識心斷滅了！斷滅了怎麼可以說是住呢！可是眞如心一直都是離六塵中的見聞覺知，卻永遠不曾有一剎那的斷滅！所以證悟實相就是意識覺知心證得眞如心的自住境界，而轉變自己原有的邪見，改爲依止第八識眞如心的自住境界，而仍然保留意識覺知心自己本有的境界，只是不再認定覺知心意識自己是眞實法了；就是以意識心所證得的這種智慧而說有一個眞如心的境界，但是眞如心自己是不住在六塵的一切境界相中的，眞如心也不返觀自己是否安住在自己離六塵見聞覺知的境界中；所以 馬鳴菩薩說，依轉識而說這是證眞如的境界，不是以第八識自己來返觀自己住在眞如境界中。

其實當你證得眞如的時候，跟沒有證得眞如以前，並沒有差別啊！哪兒有什麼境界可說？根本沒有境界！只是生起實相智慧而了知萬法從第八識生起。但是眼見佛性是有境界的，眼見佛性的時候，發覺第八識眞如心竟然是同時有另一種面貌呈現出來，這時所見的整個山河大地全部改觀了，遍處都是自己的佛性啊！哪裡沒有佛性？看到牆壁，牆壁上有自己的佛性；看到山河大地，山河大地上也有自己的佛性；但是沒有親自眼見的人，聽了就誤會佛性在山河大地上。又如見性的人看到虛空，遍虛空也都有自己的佛性；可是不知道的人——譬如月溪法師—

—聽到見性的人這樣說，就誤會說：「佛性遍滿虛空！」其實不是那樣的；見性的人雖然可以遍虛空界中看到自己的佛性，但是自己的佛性其實並沒有在虛空中；沒有親眼證得這個境界的人，即使眞正的明心了，也還是絕對無法體會這種境界的。因此說，眼見佛性是有境界的。可是，也可以說是無境界的啊！因爲當你不想在山河大地上看到自己的佛性時，山河大地上面就不會顯現出自己的佛性來，那時山河大地就不會有所見的佛性境界啊！要看的時候就有，不看的時候就沒有，所以也可以跟凡人一樣的只看山河大地而不看見佛性，也可以正在看山河大地的當下而同時從山河大地上面看見自己的佛性。這是眞正明心而不見佛性的人，或是解悟佛性的人所看不見的；如果說明心就是眼見佛性，那他應該可以在山河大地上面看見自己的如來藏眞心；但是明心的人終究不能在山河大地上面看見自己的如來藏心，所以明心不等於見性，所以如來藏心與佛性是有異也有同的。這也就是說，明心與見性這兩關的層次是完全不一樣的。

所以從親證的人來說，禪宗宗門的破初參與破重關，確實是大不相同的。當你明心而沒有見性以前，會懷疑我是不是在籠罩你；但是當你明心一段時間以後，終於親證眼見佛性境界時，你一定會跟別人說：「**蕭老師自從出來弘法以來，沒有**

騙過我們，不但可以眞正的明心，也是眞的可以眼見佛性。」初關的明心境界，與重關眼見佛性的境界，是截然不同的；重關的見性，是可以有境界相的，但是初參明心則沒有絲毫六塵上的境界，只是你的實相般若的智慧開始出現而已。智慧出現以後，方便說你有智慧的境界；但是這個智慧境界並沒有與六塵相應的境界可說，只是依轉識的發起般若智慧而說它是一個境界。但是眼見佛性時，卻可以在山河大地等六塵上面看見自己的佛性，所以見性的境界有六塵相應的境界相。當你眞實證得這一個眞如心時，第八識眞如心仍然是原來的祂，開悟了的覺知心的你還是原來的你，並沒有任何改變，只是覺知心的你開始有般若智慧了，但其實是沒有六塵境界相的。但是眼見佛性時，卻可以從山河大地、虛空上面，清楚的看見自己的佛性，雖然佛性的境界也不是六塵中的境界，但是和明心相比，可以說它是有境界相的，因爲可以從山河大地上面看見自己的佛性，而且是以肉眼伴隨著慧眼或法眼來看見的；所以明心與見性，是完全不同的兩關，不可以說明心就是見性；除非他講的見性是指看見眞如心的成佛之性，那其實仍然是明心的境界，不是過重關的見性智慧境界。

「此菩薩」就是說，像這樣證得五分法身的菩薩們，講的就是從淨心地的初地乃至菩薩究竟地的第十地菩薩，都是以他們的無分別智而證得「恆離言說的眞如法身」。由於這個緣故，所以他可以在一念之間遍往十方一切世界供養諸佛、請轉法輪。換句話說，天界的初地菩薩，因爲有報得可愛異熟果，可以化身到百佛世界供養諸佛、請轉法輪；或者人間的三明六通大阿羅漢迴心而明心以後進入初地者，以及三地滿心的戒慧直往菩薩，都可以化身到諸佛世界供養諸佛、請轉法輪。乃至菩薩究竟地的人間十地菩薩（就是第十地的法王）可以一念之間化身無數，同時去到諸佛國土、供養諸佛、懇請諸佛轉大法輪，他們都可以這樣做。那他們這樣子做，對自己有什麼利益呢？都沒有啊！因爲請諸 佛轉法輪，不是爲他而轉的，而是爲眾生轉的。諸 佛爲眾生而轉的法，他都聽過了、都會了，他根本就不需要再聽了！所以他不是爲自己的法利而請諸 佛爲眾生轉法輪。也就是說，他只是爲了眾生而作利益，不是爲了利益自己；所以諸地菩薩都是沒有私心的，如果是有私心、爲自己謀利的人，那一定不是入地菩薩。

這些地上菩薩們去到諸佛世界請 佛轉法輪時，不是爲了求聽美妙音詞而來的。有些人是新學菩薩，所以喜歡聽某些居士或法師的幽默說法，講起法來大家呵呵大笑，可是笑過以後學到了什麼？其實什麼都沒學到，只是歡喜的聽一些表相佛法而已。這些人，佛菩提道增進了嗎？沒有！解脫道增進了嗎？也沒有！所聽來的都是和世間法上的勸善一樣。那種聽起來似乎很美妙的演講，只是美妙音詞的聽受，與佛法的修證無關。但是老修行者不一樣，他來和你相聚時不想聽你講笑話，他來就是要聽你從眞如實相的體性上一直跟他宣說，他想要在了義法的修證上面建立這個知見。他知道說：「如果建立了這個知見，我就很容易可以破參、可以親證法界萬法的實相。」他懂這個道理，這才是老修行人，不會喜歡在表相佛法上面用心。

那你們來這裡聽講，只要安得下心來聽過兩、三個月，你去到外面道場時就聽不進別人講的法了。就好像你請了一位名廚在家裡面，三餐都是吃那位美食家做的美食，你以後再出去到外面一般的飯店，叫你坐下來吃飯，你就吃不下去了！爲什麼呢？因爲精細的美食吃慣了嘛！粗糙的飯食你就吃不下去了！同樣的道理，你來這裡聞法，勝妙的法義一直聽聞熏習，聞熏到後來，知見層次大幅度的提高了，你再去到外面時：「哎呀！講這些都跟解脫道、佛菩提道的法義無關嘛！我來這裡聞法眞是浪費我的生命嘛！」你會這樣想。假使不信的話，等這《大乘起信論》講完了以後（再過兩三個月就會講完了，到後邊這裡就會講得比較快了），你去把以前從別的道場拿到的，不管是哪個大師的書，你拿來翻翻看；你會發覺：以前看不懂他們的書中在講什麼，但是現在不但看懂，而且還可以正確的挑出他們的毛病。因爲你的知見已經建立起來了：山珍海味吃過了，沒有更好的山珍海味可以讓你稱讚了！那你看看那些人端上來的只是一盤粗鹽、一盤老薑，就說是山珍海味，你還能吃得下嗎？當然吃不下啦！

這就是說，美妙音詞一直都是初學者所喜歡的。但我們不是排斥那些專講初機佛法的大師們，他們也有他們的功能性；因爲一般的新學菩薩們，你如果一開始就叫他來聽這個深妙法，他們聽不下去的。因爲他們根本就聽不懂！相差太遠了！相差太遠的時候，聽不懂時他就會很痛苦啊！心裡痛苦時就想：「啊！既然來了，既來之則安之，半途走了也不好意思啦！」但是心裡面想：「我不要聽，反正我再怎麼聽也還是不懂。」結果漸漸就開始打瞌睡了，下一回就不來囉！對不對？正是這樣的！所以你來這裡你要能夠聽得下去，也不容易啦！你得要是那個根性。但是，反過來說：如果能夠安得下心來，反覆聽上幾次以後，一定會漸漸的懂得我在說什麼，知見就可以在短時間內大幅度的提升。

久學菩薩們在別的道場聽一些較深的法，老是聽不懂；但是同一個深妙法，他們來到我這裡，一聽就懂了。這是因為說法的人自己也不懂，只是依文解義，或者只是臆想猜測的說法；連他自己都不懂，說出來的法，你當然也會聽不懂。但是來到這裡，才剛剛一聽過，立刻就懂了，就覺得：「那個法好像並不很深，為什麼別的大師那麼認眞的講解老半天，我還是聽不懂呢？」那就是講的人自己也不懂，所以一定無法運用種種方便善巧加以細說，只是用一些語言文字和佛法名相加以組織，自己也不太懂，聽的人當然更無法聽懂了。

還有一個狀況，一般人來正覺同修會聽了一晚講經，心裡想：「唉呀！那蕭平實都在說這個居士錯、那個法師錯。」他就起煩惱了、聽不下去了，就永遠都沒有機會提升自己的知見，當然就永遠無法見道了。但是他們都沒有想到過：「我學佛的目的在哪裡？如果蕭老師只說正知見，我可能會誤解，可能不容易理解眞正的意思，也將會分不清楚了義正見與表相正見之間的差別；如果蕭老師舉證當代大師的錯誤知見來講解，我就可以更迅速的修正自己原有的邪見，就可以更迅速的離開被誤導的邪見，就可以更具足的瞭解了義佛法的眞實義，將來一定可以因此更迅速的悟入。」他們不曾在這上面思惟過，只看我評論諸方大師錯說佛法這個表相。

也有一些人出家了，但心態不像我們會中的法師們一樣，他們心中總是這樣想：「蕭平實專門在批評法師。」又想：「我是三寶之一，你蕭平實只不過是個居士，怎麼可以批評我們法師！」其實我所批評的居士數目比法師還要多欸！他們都不注意這一點；他們其實是因為執著身分表相的緣故，而對被我評論法義的法師們感同身受，所以就從出家相上面生起了煩惱。可是他們沒有想清楚：「出家所為何事？」出家的目的就是為了探究法界眞理呀！他們卻在身分的表相上面用心，而不去探究蕭平實所說的法義正確或不正確？有沒有冤枉出家法師？所說部分出家法師的邪見是不是眞的錯誤了？他們有些人從來沒有在這上面用心，只是一味的主張出家法師所說的法都不可被評論，不管他們說的法有沒有扭曲　佛的本意，不管他們說出來的法有沒有嚴重的誤導眾生，不管他們說的法是不是與　佛相反。所以出了家，而能到這裡來修學，這都不是簡單的人！因為他們已經不在出家的表相上面用心了，這眞是不簡單！眞令人讚歎！他們有能力去簡擇法義，並且能夠抗拒會外某些出家法師們所給與的壓力。

一般說來，出了家以後，去跟一個居士學，一般初出家的法師們都會指指點點的：「你出家了，怎麼還會去跟一個居士學？」一般的初機法師大多會這樣想的，這是因為他們在受三壇大戒時，被戒師們捧得太高了，從此就以三寶中的僧寶自居而輕視一切眞修實證的在家菩薩們。可是我們會中的法師們能夠安住下來深修，這很不簡單、很不容易啊！這表示說，你有智慧去簡擇，還要有那一種勇氣去抗拒人家的指指點點，這個確實很不簡單。但是出家與在家的眞義，又有多少人能夠眞正的理解清楚呢？七大等覺菩薩中的六大菩薩們，都留長髮而且穿著天衣，頭戴天冠、胸佩瓔珞、臂掛寶釧、腳踩輪寶，都示現在家相，他們算不算是僧寶呢？ 善財大士五十三參中的所有地上菩薩也都是在家身，沒有一個人是出家身，這也得有人稍微提醒一下，免得生起高慢、我慢來。

可是居士們也一樣，你們來到這裡，能夠聽得下去、不起煩惱，是因為你知道：「**我學佛的目的是要學眞正的眞理呀！我學佛的目的是要學眞正的解脫道、眞正的佛菩提道。**」但是眞正的法界眞理並不在表相上，而在說法者所宣說的法是不是眞正的實相？是不是符合 佛的本來意旨？這都得要去探究它！如果人家說某一個法是有錯誤的，那麼我們就去探究：「**為什麼它是錯誤的？是不是眞的錯了？**」應該二方面都加以探討，不要看那個說法者是不是法師、是不是居士？只看那位善知識對法的評論與講解是不是正確的？要把先入為主的觀念以及鴕鳥心態丟開，專心的去探究：「到底人家對某法師、某居士的評論是不是正確的？」

如果你能夠這樣子，就有機會深入的探討；深入探討之後，知見一步一步地建立起來了，以後人家講什麼美妙的音詞，你都將聽不進去了，你所要聽的一定只是眞實義。凡是說法不能講到解脫果的實證、不能講到第一義諦的實證，你就聽不進去了；雖然說法者很風趣、很活潑，你也將完全聽不進去了，因爲你知道那個人所說的法都是「言不及義」；他所說的法都沒有辦法觸及正確的解脫知見，都不能觸及第一義諦，都是離第一義諦很遠，都是永遠只能使人一直在佛菩提道的外圍打轉的表相佛法。

然而，當你聽到某一個善知識說法，所說的都是在第一義諦上面直接宣講，從來都不跟你說故事、講笑話、說世間法，所說純是了義佛法，那你就會接受。因爲你的層次已經不屬於初機的學佛者，而是久學菩薩了！所以，諸位新來的菩薩們再過一、二個月，我們講完這部《起信論》之後，請諸位回家以後，把以前看不懂的外面善知識的書，拿來再重翻一遍，你會發覺：「雖然還沒有破參，但我還是跟以前大大的不一樣了！那些大法師、大居士們的落處，我如今已經很清楚的看出來了，他們的落處再也瞞不得我了。」這就是你們來聽《大乘起信論》這幾個月中，聞熏了義佛法的大收穫啦！這就是你不樂聽聞美妙音詞，而在會中專聽了義的第一義諦妙法所得到的自受用功德。

上面這一段論文是說，從初地菩薩到十地法王，他們如果到諸方世界供養諸佛、請轉法輪時，目的都是爲了利益眾生，不是爲自己；也不是爲了想要聽受美妙音詞而請轉法輪的。就好像有的愚人去學拳法時，專學花拳繡腿，只求好看，遇到壞人時就派不上用場了，他們不像有些聰明人選擇實用的拳法；聰明人不學漂亮的花拳繡腿，專學實用而不能拿來表演獲取掌聲的拳法，到了危急的時候，可以眞的派上用場，這才是聰明人；所以學法時不該樂聞美妙音詞，而應該尋求嚴肅而眞實的義理。接下來說，還有一種證發心，是與前面所說不同的：

論文：【或爲怯弱衆生故，示大精進，超無量劫速成正覺。或爲懈怠衆生故，經於無量阿僧祇劫，久修苦行方始成佛。如是示現無數方便，皆爲饒益一切衆生。】

講解　這裡又說第二種的證發心：有一類菩薩證得眞如心之後，過了勝解、勝行位，入了初地而發起迅速成佛之心，示現急速成佛；這是爲了某些膽怯、虛弱的眾生才這樣作啊！讓他們覺得：**成佛不是不可能的，成佛不一定是遙遙無期**

的。所以這位初地菩薩顯示出大精進的修行過程，超劫精進而在很短的時間裡就超過無量劫，很迅速地成爲無上正等正覺。也就是說，在人間示現的佛，有時候並不是眞正的究竟佛；有時候是地上菩薩來方便示現；有時候是諸佛化生來人間示現成佛，並不一定。有時候則是眞正的最後身菩薩，降神母胎來人間成佛。

所以也有十地以內的菩薩，因爲看見有一些眾生的心性比較膽怯，心量比較小，他們聽到說修學佛道成佛得要三大無量數劫，非常辛苦、非常遙遠，心裡一聽就害怕了。因爲這一生修學佛道都這麼困苦，找尋眞正的善知識也是非常困難；後來終於找到眞的善知識了，但是想要聽懂他所說的妙法意旨仍然很困難；就算聽懂他的意旨、了知法義，也不容易跟他共住而繼續修行。譬如你們禪三跟我共住四天三夜，稱爲同參，這已經很不容易了，何況要跟菩薩共住一生、跟在身邊修學，那也眞的是很困難；就算能與菩薩共住了，要得到他眞正的法義妙旨，想要究竟了知他的意旨也是很困難的。所以有時候想一想：「追隨菩薩一世就這麼困難了，那麼修行成佛要三大無量數劫，這還得了？」一聽成佛要三大無量數劫，腳底都涼了，就退心了。

這就是心性比較膽怯、比較虛弱的人，他們沒有菩薩的雄猛大志。所有的大菩薩們都是很雄猛的，因爲諸地菩薩一定都有金剛心，沒有金剛心就發不起雄猛心，就無法持續不斷的進修成佛之道。所以，諸佛都以這種金剛心、雄猛心究竟成佛以後，來爲眾生轉法輪；沒有雄猛心，就永遠無法進入諸地，更別說是成佛了；佛弟子們就因爲這個緣故，就把爲供養諸佛而建立的大殿叫做「大雄寶殿」，「大雄」這兩個字可不是講著好玩的欸！

當菩薩看見有的眾生善根淳熟，可是又心性怯弱，那該怎麼辦呢？他想：「我就爲眾生來人間示現成佛，讓他們知道人身經由修行是可以成佛的，這樣來鼓舞這些人努力精進吧！」這個示現成佛並不是妄語，而是爲了救度眾生所作的權變，這個是善巧方便的示現，因爲祂們都在佛前請示過了。所以祂們就來示現大精進：「你看我在人間和眾生一樣的出生，從凡夫地努力修行，一生就成佛啦！你們看：成佛就是這麼快嘛！爲什麼我一生就能成就呢？」祂就說：「我就是把大劫轉化爲短劫，甚至於把一大劫縮短成一秒、一剎那；我把長劫縮爲短劫，就這樣很快的過完三大無量數劫；你們看！我已經成佛了嘛！所以你們都不要妄自菲薄呀！應該好好修行啊！」眾生一看：「果然可以這樣迅速成佛！」好！大家就發起勇猛心了，結果就被菩薩給騙了；雖然眾生後來在這一生之中並沒有成佛，這一生眞的被菩薩騙了，但是最少也有明心見道的智慧功德受用嘛！有的人甚至於也有見性的功德啊！這樣子，第一大阿僧祇劫就過完三分之一了，這不就是長劫入短劫了嗎？甚至於有少數人可以跟著菩薩走到初地的入地心中，那也未嘗不可能啊！所以像這樣子被菩薩騙了，那也是心甘情願，也是很歡喜的受騙嘛！那眞的是：騙人者歡喜，被騙者也大歡喜。所以祂要這樣子「示大精進，超無量劫速成正覺。」《解深密經》不就是這樣講嗎？「以劫、半劫、年、月、日、時、刹那、刹那爲一大劫」，就這樣過三大無量數劫，就這樣成佛啊！

「或爲懈怠眾生故，經於無量阿僧祇劫，久修苦行方始成佛」：有時候或者爲了懈怠的眾生，所以菩薩又故意示現要經無量的阿僧祇劫才成就佛道。阿僧祇劫就是無數劫的意思。阿僧祇劫已經是不可數的無量劫了，還要是無量的阿僧祇劫，要像這樣久修菩薩行才能夠成佛。菩薩爲了警覺這一些懈怠的眾生們，示現這樣的實證而發菩提心，希望眾生可以努力精進的修行，永遠都不會對諸佛生起「輕易就可以成佛，所以諸佛並不可貴」的輕心。

菩薩爲什麼要這樣作呢？這就得瞭解那些眾生的心性了！你如果告訴他們說：「像我這樣子努力精進，一生就可以成佛了！」他們將會覺得沒意思，認爲成佛絕不稀奇，就不想追求成佛的境界了。你們大家可能會想：「我不會認爲這樣子成佛不稀奇，我正想要一生成佛哩！」可是我告訴你，他們那種人一定覺得這樣子沒意思。他們的看法是說：「沒有迅速成佛的方法，一定得要三大阿僧祇劫；既然佛道久遠，我就不必急著成佛，所以我應該在人間多多享受，只有閒著無聊時才稍微修行一下就好。既然人間有那麼多的五欲世間法可以享受，我爲什麼不享受？我急著成佛要幹什麼？成佛的時間又急不來，成佛以後又不可以享受，看見冰淇淋也不可以說：『哎！多來一杯！』那眞是好可惜啊！所以我還是慢慢修行，三大阿僧祇劫慢慢成佛就好了，我不必那麼急啦！」

可是有的人想法又不一樣，他說：「唉呀！快快樂樂的修行會成佛，打死我，我也不信。成佛都是很困難的，都一定要修苦行，而且要無量數劫修苦行，受盡種種苦以後才可以成就的。」菩薩說：「好！你既然喜歡這樣，我就示現這樣給你看好啦！」果然是無量無量數劫，這樣修苦行，最後終於成佛了。他們一看，就相信他了：「本來成佛就應該這樣嘛！我就這樣子辛苦的長劫修行吧！如果沒有經過長時間的苦行就說成佛了，那一定是虛妄的。」所以他就喜歡走頭陀行的苦行路啊！菩薩看他是這樣的心性，所以就用這個方式來示現實證而發起眾生的菩提心，然後才在因緣成熟時，幫他們見道以及進修諸地功德。可是菩薩這樣子長時間示現爲凡夫而修苦行，他其實卻是早已證道的人，早就是證得五分法身的人！他卻是故意這樣示現發菩提心，這也是**證發心**的一種啊！

「如是示現無數方便，皆爲饒益一切眾生」：這樣子示現種種的無數方便，目的其實都只是想要饒益一切眾生的緣故。在這一小段中講的證發心就有兩種了：第一種是很快成佛、輕輕鬆鬆而很快的一生成佛，未來的 彌勒菩薩將會如此示現成佛，晚上出家，當晚成佛；還有就是久修苦行無量無數劫之後，才很勉強的成佛；就像 釋迦世尊一樣經過六年苦行而不能成佛以後，才拋棄苦行而成佛。這表示說兩個極端中間還有很多種不同狀況可以示現，因此說，像這樣示現無數方便的諸地菩薩們，可以在很久都無佛出現人間時，作出很多種成佛證道的事相，來激發眾生發起菩提心，都是爲了眾生而作的示現；特別是十地究竟菩薩地做這樣的示現時，其實也都是爲了饒益一切的眾生，而示現這一種證發心。

論文：【而實菩薩種性諸根發心作證，皆悉同等，無超過法，決定皆經三無數劫成正覺故。但隨眾生世界不同，所見所聞根欲性異，示所修行種種差別。】

講解　前面講的是菩薩的證發心，祂是為眾生而發心的，不是為自己而發菩提心。雖然示現這一種發菩提心的時候，會有種種表相上面的差別不同。但是其實菩薩的種性都一樣！菩薩的種性就只有一種，叫做「菩薩種性」。沒有說菩薩分為聲聞種性、或者什麼種性的，經中有時說「菩薩聲聞」，那是方便說的，是純從他所接觸到、所修學的法上面來說的；如果因緣成熟而遇到佛菩提道時，他就會修學佛菩提道，但仍然是菩薩聲聞，因為他還是得從善知識處聞法修學，所以仍是聲聞，但這是從聞法上面來說的，所以歸根結柢還是菩薩種性！因為有些人是由聲聞法而悟入解脫道佛法，所以成為通教菩薩而證得解脫果，可是他們永遠都不會入無餘涅槃！既然永遠不入涅槃，那就是菩薩種性了嘛！決定性的阿羅漢們哪有不入涅槃的？好不容易逮到捨壽入涅槃的機會，他們還會不入涅槃嗎？一定會入涅槃！絕不放棄。

菩薩就不然了，他就是想：「我應該要不斷的利益眾生啊！」雖然他在法上的福德不很好，都只遇到聲聞佛法、緣覺佛法，可是他究竟仍是菩薩的種性。這樣永遠不入涅槃而不斷教授聲聞緣覺佛法給眾生，經過很長一段時間以後，終有一世會遇到眞正的菩薩法門。這個時候，他就可以依照佛菩提道的內容和次第，一步一步進修，就走上成佛之道了。這就是說菩薩的種性有各種的根器、各種的發心、各種所修行的證量，其實種性都是同樣的：都同樣是菩薩種性。而且所有佛法也都不超出三乘菩提正法，沒有一個人可以這樣子說：「**我這個法是超過菩薩法、超過諸佛所說的法。**」或者說：「**我這個佛法與佛的經典所說的不同，但仍然是佛法。**」不可能這樣的！所有菩薩的法都是一樣的，沒有人能說他的法可以超過菩薩們所修的法，更不可能有人能說出高過諸 佛層次的佛法。即使是諸 佛的法，也沒有超過菩薩所修的法啊！因為諸 佛的成佛，也都是由菩薩所修的佛法而成佛的，所以只要是成佛之法，一定和經典中 佛所說的法完全一樣。

如果有人告訴你說：「**我這個妙法可以超過菩薩的法、超過諸佛的法，但是和經中的佛法不相同。**」那一定不是佛法，因為他「超過」諸佛了嘛！既然超過諸佛的法，當然就不是佛法了，而是另一種法了。然而 佛是無上正等正覺的，無上就是沒有人可以超越，竟然有人說他超過了佛，那就表示他的腦筋有問題！那一定不是佛法，一定是外道法。若是真正的佛法，一定會與諸 佛、諸大菩薩所說的法完全相同；他的法既然不同於諸 佛菩薩，那一定是打妄想來的虛妄法嘛！你如果不是打妄想，而是真正證得佛菩提，當你漸次修到初地時，你一定會發覺：除了佛菩提道——菩薩的修行法門——以外沒有別的法可以讓你成佛。而成佛以後你會發覺：原來成佛的境界，三界十方一切有情，都沒有人能夠超過諸 佛！所以說諸 佛是三界中無上正等正覺的聖人！不可能有人超過諸 佛。

因此說，菩薩的種性、菩薩的根器、菩薩的發心、菩薩的修證，其實都是同樣的內容，只有修證過程中的法義有深淺廣狹差異，全部內容則是沒有差別的，同樣都是這個眞如心，不可能超過這個眞如心——阿賴耶識心體——而另外還有眞如心的根源。以前有個人，我們告訴他：「**一切諸法的實相，就是這個第八識心體，就是這個阿賴耶識眞如心。**」他卻頭上安頭說：「**這個眞如心是從哪裡來的呢？你得要知道這個眞如心是從哪裡來的，還得要知道這個眞如心的所依，那才是眞正的開悟。**」所以才會有《生命的實相》書裡那些法義的辨正。如果眞如心還會有來處、還會有所依，那這樣的眞如心當然就不是實相囉！結果他所謂的眞如的所依是什麼呢？原來他們其實是退轉於無生忍，而去改學月溪法師的邪法，他們所說眞如心的所依，原來是指月溪法師所說的意識心！仍然還是離念靈知心！這其實是把最低層次的常見外道法，拿來放到人家最高層次的如來藏正法之上，想要壓過別人。像這樣子頭上安頭而妄說是更高層次的佛法！那這個就不叫佛法囉！應該叫作妄想。

因此 馬鳴菩薩說：「而實菩薩種性諸根發心作證，皆悉同等，無超過法，決定皆經三無數劫成正覺故。」所以在實際上，沒有哪一個菩薩有什麼法是可以超過佛菩提道的法！而一切菩薩的修行、成佛，決定都是要經過三大無量數劫，才能成就正等正覺的；至於劫的長短，就由各人的福德、慧力、性障…等差異而有所不同了，但都是三大無量數劫而成佛的。可是，隨著眾生世界的不同，因此所看見的、所聽見的法就會有種種的不同；你也會聽見、會看見某個世界菩薩的根器、他們的欲想（也就是想要成佛的那個心念）、他的根性，似乎有所不同；而且你所見所聞的這個世界和那個世界，看來似乎有所不同，但是諸世界菩薩們的根性其實都是一樣的。

有的人一天到晚抱怨：「唉呀！我們這個世界眞難修行哪！五濁惡世啊！哪裡好修行？你看：去極樂世界多愉快呢？去那邊都是諸上善人在一起呀！沒有人會來給我討厭的境界啦！也沒有人一天到晚來誹謗我，也沒有人一天到晚想要來把我謀殺或者欺騙我的錢財，什麼討厭的境界都不會有，你看！那樣子多好修行！」這種人一天到晚埋怨：「唉唷！這裡眞的是五濁惡世，所謂見濁、命濁、眾生濁、……，眞的很難修行。」講了一大堆抱怨。是不是有這種人？是啊！但是你以爲極樂世界跟這裡有差別嗎？其實沒有差別欸！極樂世界有地上菩薩，這邊也有啊！這邊有凡夫眾生，極樂世界也有凡夫啊！不然你去看一看、去求證一下啊！

當然你會說：「我沒有辦法去呀！那要怎麼求證你所說的一定正確呢？」那也有辦法嘛！你求　阿彌陀佛，每天求：「阿彌陀佛呀！拜託您帶我去看看，在夢中也可以，帶我去極樂世界看一看啊！我想看看那邊的眾生是怎麼一回事啊？」我告訴你，極樂世界你眞的去得了，　阿彌陀佛就藉著你的定境、夢境帶你去看，先讓你看實報莊嚴土和地上菩薩們；哎呀！眞的是其樂融融。再來看看中品往生的方便有餘土，那些人都是娑婆世界的凡夫往生而成爲阿羅漢，也很不錯啦！雖然沒有般若慧，至少有解脫慧；他們都正在聞熏般若，看未來會不會發起菩薩性來。然後再帶你去看看極樂世界的凡聖同居土中的初地菩薩和凡夫眾生們，也看看七寶池中的那一些蓮花，還在裡面待的、特別是下品三生蓮花中的眾生讓你好好的瞧一瞧。但是三種淨土，其實是合在一起的，並不是分開三個地方的；這個就要等到你明心了以後，再來思惟才會懂得。

那些下品下生的眾生們，住在七寶池中的廣大蓮花裡面，有好多人都是必須一天到晚在那邊苦惱的；因爲他們的見惑、思惑煩惱，以及我所上面的煩惱都還沒有斷除啊！正因爲他們一天到晚都有苦惱，所以 佛才要用八功德水，順著那些蓮花上上下下，就弄出聲音來讓他們聽：「苦、空、無常、無我、布施、持戒、忍辱、精進、禪定、般若波羅密多……」，讓他們不斷的聽這一些法。下品下生的佛弟子在那朵廣大的蓮花裡面要待多久呢？是那邊的十二大劫啊！那邊的一天是這裡的一個大劫，那你把它換算成這個世界的劫，換算看看，要待多久？長得不得了啊！

下品下生的人，在蓮花裡面都像是我們每天不斷的在聽錄音帶一樣的過日子呀！請問你長年聽下來煩不煩呢？他們有時候也會煩哪！所以 阿彌陀佛才施設八功德水，讓他們消除煩熱的心情，讓他們繼續的聽下去。因爲他們的我所煩惱都還沒有斷除，心還很不清淨，當然沒辦法讓他們離開蓮苞呀！否則極樂世界就會有貪、瞋、惡口、殺人⋯等事件出現了，那就不叫極樂世界了。他們所住的那個蓮苞雖然廣大如宮殿，但畢竟還是關在那裡面嘛！那其實是什麼呢？是活犯人！就好像有人犯罪而被限制居住地區、不許離開一樣；只是生活好得不得了，享受得很。這些得要一直熏習、熏習、熏習……，熏習到他們的根性轉變了、知見提升了之後，蓮花才會開敷。蓮花開了以後，他們才能出來見佛。但是下品往生的人出離蓮苞時就只能見到 觀世音菩薩的化身而已。乃至下品下生的人，出了蓮花以後，也只能聽到菩薩的聲音，還見不到 觀世音菩薩的本尊，甚至於連化身都看不到的。既然不斷的聞熏大乘佛法，從蓮苞出來之後，當然就成爲菩薩的根性了！因爲他的菩薩根性已經熏習完成了！可是還沒有熏習完成之前，在那個蓮苞裡面的時候，他們的心性，跟我們這裡眾生在那邊吃牛肉、吃羊肉的心性還是一樣的嘛！並沒有什麼差別。下品生的人們縱使花開而出來了，住在極樂世界的凡聖同居土中，什麼時候才能見道？也是遙遙無期的呀！《觀經》裡面也沒說他們何時可以見道，當然是很久、很久以後的事了。

所以大家不要抱怨這個娑婆世界的五濁惡世呀！你們應該歡喜的說：「這裡也不錯啦！有正覺講堂可以讓我們聽這個法、親證實相。」對不對？（大眾用力鼓掌）因爲你們將來去到極樂世界，蓮花開了以後，你所聽到的法，跟我們講過的經典，以及《成唯識論》《大乘起信論》所講的法，都是差不了多少的！因爲，你如果修證不到那個層次，你去到極樂世界所能吸收的法要，跟在這裡所吸收到的法要是一樣的。如果你修證的智慧更高了，我所講的很多細膩的法義，以及隱藏密意而說的法義，你也都可以具足吸收，將來去到極樂世界，阿彌陀佛見了你就歡喜：「欸！這個人好教！這是從蕭平實那裡來的。」（大眾大笑）佛一定會這樣說：「唉！這蕭平實以後也要來到我這裡的。他倒是先幫我度一些人來了！眞好啊！他在娑婆世界先幫我這些未來的徒弟們講一點法，將來我就容易教導了，那也很好啊！」大家都歡喜呀！既然是這樣子的話，關於明心、見性和三賢位的法，你們如果去到那邊用長劫來修，但是在這邊以短劫就可以修成，那你爲什麼不在這裡先修成？然後去那邊再由 阿彌陀佛加持，超劫精進，不久就證得八地無生法忍，再迅速的回到娑婆世界來度眾生；佛法能夠像這樣子修得爽爽快快的，迅速的修成，眞是太妙了！這樣好的路爲什麼大家不走呢？爲什麼要去走彎彎曲曲而且是很長遠、很辛苦的路呢？所以應該要走這樣的路才對！

但是，菩薩的示現雖然有種種，十地法王們來人間的示現也有種種不同，可是，實際上都是三大無量數劫而成等正覺的。那這個三大無量數劫你要怎麼安排，那就完全在你個人怎麼決定啦！你如果有好的福德因緣，如果有慧力，你可以把一個大劫濃縮成一秒鐘在娑婆世界過掉。第一無量數劫所要完成的，你在這裡——在娑婆世界——一世之中就把它過完。去到那邊 阿彌陀佛加持，第二無量數劫不必多久又完成啦！回來娑婆世界時已經是八地入地心的菩薩啦！依照我們安排的這種方法來修行，沒多久就過完第一、第二大無量數劫了！這是多麼暢快的事情啊！所以，同樣是三大無量數劫！但是這三大無量數劫你要怎麼安排？那就看你個人怎麼修行了。

如果心性怯弱，你說：「沒有辦法啦！一定是以一大劫作為一大劫的，哪有可能把一劫變成一年、一月、一日、一秒去過的？不可能啊！」如果你認為不可能，認為一定要歷經三大阿僧祇劫才能成佛，認為這樣子成佛才是尊貴的，那麼菩薩就示現久修苦行，經歷三大無量數劫才成佛給你看！讓你對佛道生起具足的尊崇心與信心，因為你就是這個根性啊！

但你如果是另一種根性，那就無妨一個大劫濃縮成一天或一秒鐘，這樣在這個娑婆世界，一世當中一大無量數劫就完成了；你如果相信有這種法，那你修這種法的緣就成熟了，將來就會遇到這樣示現的菩薩，來教你這樣的法門。所以你會遇到什麼樣的菩薩，其實也是要看你的根性的。你如果不是這樣的根性，我跟你說：「三大無量數劫，我們在這裡一世就可以過一大無量數劫。」你一定會說：「騙人！」會認為我是大妄語，轉身就走啦！因為你不是那個根性嘛！那你就得要換另一個菩薩來度，他一天到晚的建寺廟、做苦工，這樣修功德，此世當中根本沒有辦法聽聞到眞正的般若，這樣一世一世的、辛辛苦苦的去修，見道的時間可就得要很長久了；心性既然如此，你就只好遇到那樣專修苦行的菩薩法師啊！而那樣示現的菩薩，他度眾也將度得很辛苦，而你也會學得很辛苦，大家都辛苦，這眞是何苦？

所以，有智慧的人應該要有知見去判斷：「我們學佛的過程應該怎麼樣？」然後在親近善知識的過程當中，去檢驗善知識所說的是不是眞實可行之道？有沒有聖教根據？他是不是眞的有這種證境？絕對不能聽人家片面之詞你就信了，一定要透過他所說的內容、他所列出來的次第，把佛所說的聖教量拿來比對、檢驗，然後看他們所說的那個佛法修證以及弘法過程當中，有沒有人確實能證？那麼，你這樣去求證之後，如果發覺是眞實如此的，那就是你所要去走的路、就是你所要跟隨的善知識。如果講得天花亂墜，說他證得佛地的眞如啦！結果檢驗的結果卻仍然只是凡夫意識的離念靈知心，這就不是你所要跟隨的對象、不是你要修學的法門。這就是當代學佛人首要的任務，要先建立這樣的知見。

因此說，其實種種眾生世界，由於穢土、淨土、淨穢土的種種差異非常的多，因爲十方世界無量無數，因此眾生的根性、狀況、環境也都有無量無數的差別，必然會導致所見、所聞、熏習根性的種種不同；既然是**所見所聞根異**、**性異**，當然菩薩也就隨著他所見的這一些眾生的種種差別，而示現種種不同成佛的狀態和過程，但是，本質上仍然是三大無量數劫而成佛。

換句話說，每一個塵沙惑你得要去斷；解脫道的見惑與思惑你得要去斷，解脫道的種子習氣你得要去斷，見惑是一個大劫，思惑也是一個大劫，每一個煩惱障中的習氣種子也是一個大劫；所知障裡面所有的塵沙惑的隨眠你要一一去斷，每一個塵沙惑隨眠正是一個大劫，每斷一個隨眠就是過一個大劫。你如果一世中能夠把它們斷盡，你就是一世中過完三大無量數劫。如果塵沙惑必須要歷經三大無量數劫才能斷盡，那你就得整整過完三大無量數劫以後才能成佛。就看你斷煩惱障的現行和習氣種子隨眠的速度快與慢，就看你斷所知障的塵沙惑隨眠的速度快與慢，來決定你成佛的速度，以及決定你成佛過程的艱辛或者輕易，都是由這裡來決定的。所以龍女轉身成佛，快逾他人；所以有人遲遲成佛，歷盡長劫的三大阿僧祇劫。

只要這兩大障能夠如實的斷盡，無妨一生成爲究竟佛；如果不能斷盡，那也無妨以一大劫為一大劫，這樣遲緩的過完三大無量數劫才成佛；都看各人的福德因緣以及根性的差異，而有如是種種的差別。既然是根性不同，有的人是一世、三世乃至五世過三大無量數劫，是時時刻刻都在斷除二障的人，那他的心性與修行法門就必定迴異於那些要修三大無量數劫的苦行才能成佛的人，心性與修行法門是絕對會有不同的，那就看大家怎麼樣去修

論文：【此證發心中有三種心：一、眞心，無有分別故。二、方便心，任運利他故。三、業識心，微細起滅故。】

講解 接下來說，由於親證菩提而發菩提心，就是證得佛菩提果而發菩提心的。這裡面發心的內容之中，其實還是不離方廣唯識增上慧學中所說的三種能變識，因此馬鳴菩薩說有三種心。如果不是八識心王都具足親證，而說他已經證得佛果，那一定是騙人的。

在凡夫地求證眞如、求證眼見佛性境界的過程當中，也是一樣有這三種心，這就是唯識一切種智裡面所說的**三種能變識**。能變的法（能變的心）與所變的法，互有異同；能變與所變二法，多多少少會有一些相同的地方。但在本質上祂們之

間有很大的差異存在，這個差異，到將來重講《成唯識論》的時候會再度加以宣說，在這裡不先說明。但是我們也許還要選一些別的論來講，目前還沒有想到要講什麼論。但是譬如像《瑜伽師地論》，或者《顯揚聖教論、釋量論》……等等，這些也都很不錯。但是這一些是比較偏向於已經證道的人來說的。因為講這一些深妙法的時候啊，還沒有明心的人一定聽不懂；因為我們講解時一定是深入解說的，不可能依文解義而說的，所以未悟的人一定會聽不懂。如果已經明心的人來聽，很多地方的深妙法我們都可以明講；這樣講起來也有很多法義可以方便明講，聽的人也容易聽得懂，不必像公開講經時遮遮掩掩、拐彎抹角的隱說，所以對已經證道以及尚未證道的聽講者，我們講法的時候一定會有差別。但是這一些宣講妙法的構想，等以後慢慢再來作，明年有空的時候再來斟酌看看，今年比較忙、沒時間（編案：後來已選定《瑜伽師地論》為已明心者宣講）。

這個證發心裡面說有三種心，一定得要具足三種心才有可能發心的；沒有辦法離開其中一心而發起眞菩提心的親證！證發心中的三種心，第一個叫做眞心——眞實心。為什麼說祂叫做眞實心呢？馬鳴菩薩說：「**因為祂沒有分別的緣故！**」也就是說，從來都沒有分別性、本來就沒有分別性的心，才是佛法中講的眞心。

有很多人說：「我們這個覺知心，我只要打坐入定，不再起語言文字上的分別，那就變成無分別心了。因爲我這個時候都沒有語言妄想！也不想花的美醜，也不想人家有沒有欠我錢，我也不會思想兒子女兒書讀得好不好、職業順利不順利。我什麼都不思想，也不想我將來會不會成佛、別人能不能見道？我根本都不想，那些都與我無關，所以我的心是一念不生的。因爲一念不生，那麼當然就沒有分別，那就是無分別心嘛！」有的密宗上師教導弟子們：「必須每天打坐，一座是兩個鐘頭！」並且規定最少要連續坐六百座，才算是禪定成就了，就說是開悟者了。如果有一天間斷了，又要從頭再開始。

對一般人來講，這個修行似乎很困難；他們所說的一座最少是兩個鐘頭，連續坐六百座就是將近兩年連續不斷的每天靜坐；逢年過節還得要抽出時間去打坐。你如果回南部去看你老爹、老媽，也得要打坐，不能暫停一天；假使有一天暫停了，那又要從頭開始算起了，那你這個密宗「禪定」就永遠沒有成就的時候啦！因爲他這樣規定：「你如果中斷了，沒有連續坐滿六百座，禪定就不成就，就不算是開悟。」他們認爲：將來你只要連續六百座完成了，就能夠一念不生，那你就是證得佛地眞如啦！這樣叫做即身成佛，而且是究竟佛！可是你到那時將會發覺：「原來這一念不生的覺知心、靈知心，其實還是分別心，不是眞的無分別心。」

他們認爲說這樣坐完時一念不生就是無分別心，這樣就是證眞如啦！可是你問他：「你坐到第六百座的時候，眞的一念不生嗎？兩個鐘頭之內眞的完全一念不生？請問你在第六百座的時候，這一坐當中，你有沒有昏沉？」他一定跟你說：「沒有！我清清楚楚、明明白白！」「請問你有沒有妄想？」他一定說：「沒有！我一念不生。」那你問他：「你這時候一念不生，有沒有分別？」他一定說：「沒有！」很篤定跟你答：「沒有！」那你再回頭問他同一個題目：「那你最後一座住在一念不生的境界時，你有沒有清楚分明、了了而知？」他如果很聰明，就不敢答啦！他如果不夠聰明，他就說：「我仍然很清楚分明、了了而知的。」那你就問他：「那你清楚分明、了了而知時，是不是有分別？」「沒有！沒有分別啊！」「如果沒有分別，你怎麼知道自己是清楚分明的？」所以清楚分明顯然是有分別性的。對呀！你是對於定中的法塵境清楚分明啊！既然清楚分明，那你就是已經分別完成了，所以你知道你在定中一念不生嘛！如果你沒有這樣的清楚分別，你怎麼知道你定中是一念不生呢？既然你很清楚，清楚就是分別了嘛！

譬如母親告訴你說：「去幫我買一瓶醬油回來。買醬油，知道嗎？」「知道！」

爲什麼回答「知道」？因你對母親的話已經分別完成了嘛！父母告訴你的是醬油，你不會去買成花生油、大豆油嘛！也不會去買沙拉油，你一定會買醬油。因爲對父母所講的話，你聽的時候雖然沒有打妄想，但你的分別已經完成了，就這麼單純的完成分別了。所以這個離念靈知心還是分別心啊！這絕對不是眞心！眞心是本來就不分別的心，從無始劫以來一直到現在，祂始終都沒有分別過。本來就是不分別、從來不曾分別過的心，才叫做眞實的無分別心。不是把有分別的覺知心去修定，然後變成有時分別、有時不分別。這是最重要的觀念，如果這個觀念不建立起來，想要和佛菩提道相應，那就沒有可能啦！

因此 馬鳴菩薩說：證發心中，一定有第一種心，第一種心就是眞心。這個眞心從**無始以來**祂就沒有分別性；沒有分別是說祂於六塵萬法從來都不起分別。如果沒有證得這個無分別心，就不能稱之爲證發心，那你所發的菩提心，其實只是跟凡夫發菩提心一樣，沒有差別；那是屬於外門六度萬行的事相上的發菩提心，不是 馬鳴菩薩在這裡所說的證發心啊！

接下來說「二、方便心，任運利他故。三、業識心，微細起滅故。」在證發心上面爲什麼說有三種心？當然這三種心絕不是同一個心在不同的時空換來換去、變來變去的，而是本來就有這三種心同時存在、並行運作的。從古到今，學禪的人、或者說修學佛法的人，一向都有一個盲點，就是知見不具足，總是想要將意識妄心變成眞心眞如；也就是說，大部分的人都以爲心只有一個——覺知心，然後又因爲誤解《楞嚴經》中的佛意，所以就主張說：「心本來只有一個，再把祂分成六個而成爲六識，而有六識的見性、聞性、嗅性、嚐性、覺性、了知性。」一直都有人是這樣想的，所以他們認爲實際上只有一個心，那就是意識覺知心。但是，楞嚴中明明說有第八識如來藏，明明說六識的自性都是如來藏所含藏的本有自性，是從如來藏中藉緣而自然出生的；祖師們也常說「一心說唯通八識」，也就是說：如果要講眾生心只有一個的話，那就是一定是指阿賴耶識這個心；如果要細分而說這個一心的話，那就是眼識、耳識、鼻識、舌識、身識、意識、意根、如來藏（阿賴耶識心體自身，不包含所生的前七識，名爲如來藏）。如果合爲一心而說的話，那個眾生唯一的心一定只能說是阿賴耶識。

但是有許多人被大法師錯誤的邪見誤導以後，認定心只有六識（從眼識到意識），如果要說眾生都只有一個心的話，那就一定是指意識心。當我們告訴他有八個心時，他們反而不信了，都是相信只有六個識，所以他們都想要把這個意識心修行無念而轉變成眞心、眞如。但其實在三乘經典裡面，都已經很明確的告訴我們：眾生唯有一心的心，就是指阿賴耶識；如果將一心細分而說的話，那就一定有八個識；這八個識可以再分析成爲三大種類的心。在這一段論文中所講的就是分析爲三大類的心：眞心、方便心、業識心。

第一個眞相心——也就是眞心——這個眞實相的第八識心，從無始劫以來，不曾一刹那間斷過，始終如是，盡未來際也將是如是；因爲未來際無盡，又沒有任何一法可滅除祂，所以這個心也稱爲無盡心。這第一個眞心在第三轉法輪的唯識方廣經典裡面，說祂叫做眞相識，也就是我們諸位去禪三共修明心時所證得的那個心，那個心叫做非心心——不是心的心。以後當人家罵你說：「你不是人！」那你得要高興的說：「對啊！我不是人，因爲我本來就不是人。」如來藏自住境界無我亦無人，亦無貪瞋痴慢疑等煩惱，當然不是人。

那人家罵你說：「你這個人眞絕情！」你說：「我本來就無情。」因爲眞我如來藏從來不貪眷屬，怎會有情？他說：「那你無情就跟石頭一樣，跟木頭一樣。」你說：「又跟石頭、木頭不同，故非無情，所以我非有情、非無情。」眞相識就是這個樣子，所以才叫妙。這個眞相識叫作第八識，佛曾以很多很多的名詞來說這一個心。這個心雖然一直都存在，但是眾生從無始劫以來，一直都不知道祂的存在；乃至聞熏佛法已經好多好多劫以後，還是找不到祂。後來慢慢信了：「確實有這個心。」因為如果沒有這個心，就一定不會有五蘊我、六入我、十二處我、十八界我的存在。從　佛所說的經典理論上來求證，確實是這樣，可是凡夫們就是找不到啊！因為找不到，所以就進不了見道位，就是沒有理證的人。

你們去禪三參禪時找到了眞心，找到這個眞心之後：「奇怪！怎麼蕭老師的書以前老是看不懂，現在竟然讀懂了；以前讀不懂般若經、讀不懂禪宗悟道的公案，現在竟然讀懂了！眞的好奇怪！」就差這麼一念相應，悟前與悟後就是不一樣了，智慧就出生了。這就是說，眞相識就是佛法的根本，由於證得這個心，所以你就在佛法的般若大海裡面，可以七通八達、觸類旁通，妙就是妙在這個地方。但是這個心，你不能稱祂為有情，因為祂跟眾生的心不一樣，所以也叫作非有情；所以有時候人家辱罵你：「你不是人！」你就向對方說：「恭喜你，你終於有正確的知見了。」對方仍然聽不懂你在說什麼道理，但是我卻說你已經懂得什麼叫作無情、什麼叫作不是人了。所以那個眞心就叫作非心之心，小品般若經裡面說祂叫作「非心心、無心相心」，就是這個意思。

眞心是眾生從來都不知道的心，眾生所知道的心就是這第二個心，也就是馬鳴菩薩所說的方便心。方便心就是能夠在三界六道種種六塵萬法當中很伶俐運作的心，因爲對六塵萬法很伶俐，所以能夠在六塵萬法中做各種方便，來利益眾生的世間利益或出世間法上的利益。但是對於剛悟的人來講，他以這個方便心能夠利他，但不能**任運**的利他；只有當你到了證發心以後，才能夠任運的利益眾生。「證發心」在前面已經講過了，馬鳴菩薩所說的證發心是指已經通達般若而入了初地；到了這個地步的人，隨便打你一掌也好，踹你一腳也好，把你踏倒也好，都可能讓你獲益，因爲他的神來一掌、一腳、一踏，都可能讓你一念相應而悟到眞如心如來藏，可是也得要你本身的見道因緣和正知正見具足。

這一回禪三最後一天，看看有些人實在參不出來，所以我下了猛藥，抬腳踏倒三個人：兩個男眾，一個女眾。他們三個人被我踏倒了，可是仍然沒有破參。我因此也在後來因爲幾乎滑倒而撞傷了腳，到今天才能盤腿，整整痛了兩週。但是將來如果有機會能助人悟入的話，我還是會照樣再踏倒人，踏了人以後再跌傷腳也沒關係，只要能幫助別人悟入就好。這就是說，如果你眞的想要利樂學人的話，那你就得要有那種智慧：一舉手、一投足，都可以成爲助人的機鋒；隨便一句話，都可以成爲一個機鋒，這樣才能夠任運的利益他人。

剛破初參回來的人，如果想要利益他人，大多須要構想一下，看怎麼樣能幫助他人；但是到了證發心的初地智慧以後，不需要先作任何的構思，隨時隨地都可以任運的利他，很自然、很輕鬆、很活潑的幫助人；有時候則視因緣而很凶狠的利他，不被侷限，這叫作任運利他，這都是因爲有第二種方便心的緣故。爲什麼第二種心又叫做方便心？因爲祂有深利智慧而且善於觀察而作施設，能隨順不同的種種因緣而做，所以才叫作任運利他，這個就是在唯識一切種智裡面所說的第三能變識。這個第三能變識就是意識覺知心，祂和別境五個心所有法相應，所以祂善能觀察六度萬法，也善能觀察眾生的因緣。

唯識一切種智中所說的第一能變識就是眞心第八識，祂是善能觀察眾生心行，而不於六塵萬法了知及生起貪厭的如來藏，所以祂是第一義心；但是因爲祂不觀察六塵萬法，也不貪厭六塵萬法，又能變生三界世間，變生六根界、六識界、六塵界等法，所以才能有第三能變識輾轉變生萬法，所以說第八識如來藏是第一能變識。可是這個第二種心的方便心，祂就是意識覺知心，祂能任運的觀察分別六塵萬法；這就是說，只要祂觸及六塵萬法，在語言文字出現之前，這個覺知心就已經分別完成了；所以不必用語言文字來作種種分別，只要一見就已經分別完成了，所以說祂是方便心。也因爲祂能廣作思惟與分別、深入的細細分別，所以能夠廣設方便而利益眾生，所以 馬鳴菩薩稱之爲方便心。

但是能不能任運的利益眾生，那就得看你的修證層次高低了；到了證發心以後，就開始可以任運利益眾生了。你如果想要迅速的在悟後到達任運利他的地步，最好就是自己一步一腳印，辛苦一點去參禪，不要去問答案、求人明說，也不要希望人家以太淺白的機鋒，很容易的把證悟的境界送給你；不然的話，你悟後要到達將來任運利他的證發心境界，可得要多走很長的一段路。現在參禪時多辛苦一分鐘，悟後起修時就可以快一百倍，爲什麼不要自己辛苦一點去實地參究呢？所以應該自己實地參禪，不要求人明講，否則悟後智慧很難生起，悟後起修也會很不順利，所以說我們這個法很平等。

有的老菩薩說：「我又不識字，又不會讀書，我要怎麼參禪？」但是我們以往都有不識字的老菩薩們明心，一向都有。有的老菩薩不會寫字，他們的見道報告不是用寫的，而是用講的，所以就用錄音帶錄下來給我，這也是很好的事。但是如果你是問來的，或人家跟你明講的，你一進了小參室，我東問一句、西問一句，你就會亂掉而弄不清楚。但你如果是自己參出來的，這麼經過東問一句，西問一句，南來北往考問過以後，你就會更清楚般若的眞義，就可以在短時間內迅速的提升見地。這就是說，如果想要讓自己的分別心迅速到達任運利他的地步——進入初地心中——還是得要自己辛苦的參究，禪門、佛門絕對沒有白吃的午餐。如果有白吃的午餐，你吃了就變成白痴了；因爲你在般若智慧上面將不容易通透，在證道的菩薩裡面，你就好像一個白痴一樣，人家講得很細膩的地方，你往往會聽不懂。所以大家都應該記住：如果人家準備要跟你明講密意的時候，就趕快把耳朵塞起來，絕對不要聽，轉頭立刻就走。明心這一關應該如此，第二關的眼見佛性更是這樣，見性這一關特別是這樣，解悟後是很難補救成功的。大家都得記住，免得被人害了。

證發心的第三種心是講業識心，爲什麼 馬鳴菩薩說祂是業識心？因爲這個心是造業的根本，也是受業者，這就是唯識增上慧學所說的第二能變識；這個第二能變識又叫作意根，又叫作末那識，又叫作我執識， 馬鳴菩薩在前面又說祂是現識，祂才是眞正的業識心。因爲一般眾生都對祂產生誤會，不瞭解這個道理，所以就不知離念靈知心、意識覺知心其實正是依附於這個現識意根才能運作的。一般眾生都以爲能夠分別、能夠思惟的這個覺知心就是造業心，其實都錯了；能分別、能思惟應該如何造善惡業的心，祂的功能只是了知六塵、分別與思惟萬法，但是祂自己作不了主，都得要由意根末那識來作主。就好像工程部經理、業務部經理、企劃部經理、生產部經理等等，他們統統分析計劃好了，可是沒有決策權，得要等總經理作出決策而批准了，他們才能動作實行。

這個末那識意根，祂就好像總經理一樣；總經理只是給出一個方向，接下來就由企劃部經理作企劃；如果總經理不同意，企劃案又要從重新再作，一直等到總經理核可了，才能付諸於實行，才能交到業務部或其他部的經理那邊，才能付諸實行。總經理看來好像沒有做什麼事，他一天到晚坐在辦公室裡抽煙、看報紙、喝茶，似乎沒作什麼事，但其實他才是造業者，因爲一切的事都由他來決定，他決定要怎麼做，各部位的經理都要遵照他的意思去執行。同樣的道理，六識覺知心很會企劃、很會觀察、很會分別思惟，能夠計劃種種事情的進行過程以及將會得到什麼樣的結果；但是最後仍然得由末那識來作決定——由你的意根來決定。既然一切的業行，都是由末那識意根作決定的，當然祂一定就是業識心；所以未來世的果報，也一定是由祂來承受，所以就稱爲業識心。意識覺知心去不到未來世，世世的覺知心都是只有一世，所以不能承受業果；意根可以去到未來世，並且會藉來世的覺知心而承受善惡果報，所以是業識心。

那你也許這麼說：「既是這樣，我應該可以騙騙祂。」覺知心的你就想：「實際上是應該如此做，但是我故意騙祂說：『我們應該要如彼做，不應該如此做。』」結果祂所作的決定，絕對不會是你想騙祂的那個樣子，你絕對瞞不了祂。換句話說，經理——意識覺知心——都在意根總經理的掌控之下；你在想什麼，祂都知道，你瞞不了祂。如果你知道第一個構想才是正確的，第二個構想是不正確的。但是你自己實際上的衡量：「第二個構想雖然是不對的，但是第二個構想會有不正當的大利益可以得到，所以我想應該用第二個構想來做才對；雖然第一個構想有正當性，但是沒什麼利益可得，第二個構想可以獲取大利益，雖然有一點不正當，從利益考量上來說，應該要實行第二個方案。但是因爲不太正當，所以我應該請祂決定實行第一個構想。」但是因爲你認爲實行第二個構想是比較有大利的，而且心裡也想：「目前是以獲取大利最爲重要，違法或不違法，不是目前最重要的考量。」縱使你告訴祂應該實行第一個構想，祂仍然不會依照你的想法決定實行第一個構想，祂會決定實行第二個構想，來獲取最大的利益。

如果覺知心的你考量的結果，認爲目前還是以合法爲最重要的考量，縱使想要騙祂來採取第二方案，祂也不會接受。這就是說，祂很伶俐，你想什麼事情，都在祂的掌控之下，你絕對騙不了祂的。所以眞正決定善惡業行的心其實就是意根，所以意根末那識才是業相識，祂不肯讓自己處處作主的心性滅失，不肯讓已被自己據爲己有的前六識自性滅失，所以業種就不斷的現行，就不斷的輪迴生死，所以祂才是促使如來藏現起一切業種的心，所以稱爲現識，所以 馬鳴菩薩說祂是業識心。

譬如有的人說：「我下一輩子不要再來人間，我要去欲界天享福去。」他雖然這麼想，可是看見眼前有不正當利益、有不正當五欲的時候，意識覺知心很清楚的知道這是不對的；明知道這件事情做了以後，下輩子一定沒辦法往生欲界天，可是末那隨著自己的貪著與無明習性，祂就決定先做了再講。意識覺知心很清楚不應該做，可是結果意根還是決定做了；爲什麼明知不該做卻又決定而做？正是因爲末那識隨從自己的習性而下了決定，所以終究還是去做了不好的事情。這就是說，並不是覺知心認爲對的，就一定往對的方向去做，常常會被末那識的貪著習性所掌控，而使得業行造作完成，而使得業種不斷現行，所以意根是現識。

又如有人明知某件事情是正確的，但是眼前實行時會覺得痛苦；譬如出門準備作個小布施，心中又想：「錢這麼難賺，把錢布施出去，眞的很可惜，我不如去圓環吃滷肉飯算了。」這麼一想，結果看見那個乞丐時，不肯把錢給他了，留起來買好吃的食物自己享受去了。爲什麼會這樣呢？明明意識知道應該布施才正確：「這五十塊錢布施給乞丐，優婆塞戒經說來世可以得千倍之報；多做幾次布施，多行十善業，來世就可以生六欲天享福去了。」可是末那貪著眼前的口味，還是把錢留下來給自己去圓環吃滷肉飯。這就是說，末那識才是眞正的造業者，祂是作決定、作主的心；祂一直不斷的在思量著，「思量」的意思就是時時刻刻作主宰，所以處處作主的心就是恆審思量的末那識、意根。

可是當代學佛的人，不論是大師或小師，一樣都弄錯了，總是開示徒弟們說：「我們時時刻刻都要能作主。死的時候也要能作主。」但是我告訴你：「你如果時時刻刻作主，你就輪迴生死。」絕對逃不掉生死的。只有絕對不作主，願意使作主的自己滅失掉，滅掉十八界的一一界，才能脫離生死。假使能夠什麼都不作主，連自己都願意消失掉，那就表示你的我見我執都斷盡了，斷盡的結果就是在捨報時入無餘涅槃而出三界了。可是當代大師們總是想要死後自己能作主，但是死了以後作主想要去何處，或是作主想要自己獨存而不去何處、不去受生，那都是在三界裡面的境界，當然都是有作主的我繼續存在的，當然是出不了三界生死的；所以說這個作決定的末那識意根，祂就是業相識，所以叫作業識心。

意識覺知心是在這一世處胎六月滿足的前後，最早是在四月滿足時，祂才開始少分的現起；出生後經由學習，漸漸成長，甚至於能對甚深的微妙法加以深入證驗；但是每天晚上睡著時祂雖然中斷了，第二天早上因爲識種流注的等無間緣和因緣，又可以重新生起而與昨天的意識覺知心連續起來；像這樣夜夜斷滅、死後斷滅而一直延續到中陰身去。可是到了中陰境界之後，一旦入胎受生，此世的意識覺知心就永遠斷了，下一世又改換爲另一個全新的意識，與今生的意識心完全無關。你今生在這裡受苦，並不是由過去世的意識來受果報；如果是過去世的意識來住胎、來出生的話，那就一定會與過去世的一切事情都能連續，猶如睡眠後醒來能清楚昨天所作的事情一般，一定能記得前世的多數事情；那就應該很清楚的住胎與出胎，可是爲什麼你竟然完全不清楚？那你也應該知道過去世的種種事情，可是眼前所見的事實，顯然你都不知道往世的所有事情，可見這個意識覺知心不是從過去世來的。

同樣的，意識覺知心既然不能從過去世來到這一世，當然這一世的意識離念靈知心也一定不能去到後世，這是一定的！既然每一世的意識覺知心都是只有一世，當然造了業以後就不可能去到未來世受報，因爲下一世是另一個全新的意識覺知心，不是由這一世的意識覺知心去到未來世。知道這個道理以後，就有人快樂、有人憂愁了：「那我造了善業，下一世又不是由我現在的意識覺知心來享受快樂的果報，那我這一世行善不就都白搭了的嗎？」他就憂愁了。也有人因此而感到快樂：「還好下一世不是這一世的覺知心這個我受報，那我以前造了那些惡業也沒關係。」他倒是覺得有些安慰了。但是因此就憂愁或快樂，都是不正確的。

《三乘唯識》裡面所載的《菩薩優婆塞戒經》，你們要是有空的話，可得要讀一讀，佛在那裡面曾講過「自作自受、異作異受」，就是講這個道理。自作自受，是從業識心的立場來說——從意根來講——是意根自己做的善惡業行嘛！上一輩子的意根決定了要做，今生就不要抱怨老是受到惡劣的正報與依報，所以是自作自受。阿賴耶識因爲是「非作、非不作」，所以祂今生也是「非受、非不受」。這個道理講起來又長了，現在且不談它。再從意識來講——從這個方便心來講——那又叫作「異作異受」：上一輩子的意識覺知心做的善事，讓這一輩子的覺知心意識我來享福。上輩子的意識覺知心很辛苦的參禪，所以這一輩子的另一個全新意識覺知心可以自己開悟；上一輩子的祂做的善事，由這一輩子的覺知心我來接受這個成果，就好像是前人種樹、後人乘涼。那就要像雲門禪師一樣的問你：「阿哪個是後人？」大家權且參一參吧！可別把這一世的意識靈知心，當作是可以去到後世的後人！

今生的你做了，不管是善行或是惡行，都是由未來世你的另一個意識靈知心在那邊受苦或是受樂！今生的意識覺知心所做下的因，由下輩子的另一個全新意識覺知心來受果報，所以叫作「異作異受」，《菩薩優婆塞戒經》就是講這個道理，可是有好多人讀到那裡時都死在句下，都不懂；不懂的原因，就是因為對這三個種類不同的識性，還沒有弄清楚。當你還沒有證得第八識眞如心的時候，你都弄不清楚這個第七識業識心；弄不清楚這個業識心的時候，就會把能分別、能了知的有念靈知心或者離念靈知心——方便心——當作是眞如心，這樣一來就變成前世的意識與此世的意識是同一個心，結果三轉法輪諸經以及四阿含諸經的眞義就完全誤會了。

業識心意根，除了能夠從過去世來到今生受報，除了祂是作主的、自作自受的心以外，也因爲祂作了種種異熟果報的因；因種下去之後，這個異熟果種子留存在第八識眞心裡面，未來就一定會受報，所以菩薩在沒有成佛之前都還有異熟果；所以大阿羅漢迴小向大之後，成爲菩薩而不入無餘涅槃了，他們照樣還有異熟果報，所以大阿羅漢或者初地以上、六地以上、八地以上的菩薩們，他們的第八識也都叫作異熟識。但是阿羅漢是已經斷了思惑，初地以上的菩薩則是未斷盡思惑，故意保留一分思惑不斷，所以他們的第八識又叫作阿賴耶，初地到七地菩薩都有能力斷除最後一分思惑而轉阿賴耶識成爲異熟識，但都不去斷除它，由願力而留惑潤生，所以七地心以下的菩薩們所有的第八識都叫作阿賴耶識，也稱爲異熟識，具足二名。

到了第六地滿心之時，不得不取證滅盡定的時候，那是強迫他成爲異熟識，因爲不這樣的話，六地心就無法滿足，再接下去的七地心無生法忍也就沒辦法修行；這就是說由於異熟果種未盡，所以一切菩薩乃至修學到了等覺位的時候，都還會有異熟果種的現行以及受報，所以他們都還沒有斷盡變易生死。而這個末那識會被叫作業識心，另外還有一個道理，是因爲微細起滅的緣故；微細起滅就是從祂的異熟果種子的起滅很微細來說的；眾生一向都以能知能覺的心作爲自我，認爲這個能覺能知六塵的覺知心自我是常恆不滅的，錯把這個意識心執取爲常住不壞的眞心，往往就忽略了第七識業識心意根；因爲這個業識心很微細，大部分的人都感覺不到祂的存在，所以就會將祂給忽略掉。你們要是出去隨便問哪一位大師：「**請問大師！你的意根在哪裡？**」結果通常是不知道。

現在知道意根的人算是多了一些，因爲我的書常常會寫出意根來；幾乎每一本書都有寫，他們讀久了也會懂。這就好像唐詩三百首，你要是背熟了，你就會吟詩了，就算不會做詩，至少也可以吟出幾首來。同樣的道理，讀過我的每一本書以後，大概就知道：意根原來是哪一個心。這樣你就瞭解哪一個心是你的業識心。當你知道這個業識心的時候，不斷的從這個業識心上面加以體驗，你會發覺祂非常的微細，微細到你非常難以覺察到祂的存在。你如果眞正想要用功，就得要時時刻刻去體驗祂的存在、祂怎麼樣去運作？祂是刹那刹那不斷的在運作，祂的思量性讓祂每一刹那都不斷的在作主，這個就要透過破參之後，給你題目去整理，你才容易體驗；不然，讀來的、聽來的，終究只是知道一個大概而已，終究無法發起深妙智慧的。

所以說這一個心，祂的現行運作是非常微細的；乃至你睡著了沒有夢，無覺無知時祂也在運作，祂也是不斷的剎那剎那作主，從來不曾間斷過；可是因爲你的見聞覺知心——意識——這個分別心、方便心間斷了，所以你就少了一個證自證分，就不知道意根的你自己正在睡覺。其實意根的你自己正在睡覺，但是沒有意識的證自證分存在運作而返觀，你就不知道自己正在睡覺。有的小孩子會說：「我知道！我知道！我正在睡覺。」可是你一定會跟他講：「當你知道自己正在睡覺時，你就是還沒有睡著。」因爲還有意識現行在運作，才會有證自證分的運作而知道自己在睡覺；可是意識存在而了知自己在睡覺時，那就不是睡覺；只有意識覺知心斷了而無覺知時，那才是睡覺。

所以正當睡著的時候，只剩下意根存在，而意根沒有證自證分，所以不能返觀自己正在睡覺；這意思就是說，業識心非常的微細，你得要透過證得眞如心之後，把眞如心和妄心意識釐清了，然後去詳細的體驗，祂們互相之間是如何的運作，了知二心之間必定有另一個心在聯繫及運作，才能配合完成一切業行；這樣子你才能夠如實的，很清楚的了知這一個業識心，在眞如心與妄心意識間的聯繫與運作中，才能眞正的現觀到業識心意根的微細運作，才會眞的知道 馬鳴菩薩所說「業識心微細起滅」的道理。證發心就講到這裡，接下來則爲我們講解究竟地。

論文：【又此菩薩福德智慧二種莊嚴悉圓滿已，於色究竟得一切世間最尊勝身，以一念相應慧，頓拔無明根，具一切種智，任運而有不思議業，於十方無量世界普化衆生。】

講解 這一段說菩薩的究竟地：十地滿心而進入等覺位了。爲什麼說這是菩薩的究竟地？因爲他的福德與智慧兩種莊嚴即將圓滿了。究竟地的菩薩，也就是說他將要成佛了，就是等覺位已經滿心了，這就是菩薩的究竟地了；菩薩的究竟地，要具足兩個莊嚴才能成佛：由於福德和智慧都具足圓滿了，所以叫作兩足尊。當然有人解釋說，兩足尊就是能夠站立行走，在兩隻腳的一切有情當中最尊貴的，這也可以說得通；因爲天、人都是兩隻腳，從來沒有天、人是四隻腳的；天、人之中最尊貴的就是佛，這也可以講得通；不過有些失掉「福慧兩足尊」的本意了。

修福，是一切習學大乘佛法者所不能忽略的，有的人是專修慧而不修福的，這樣的話，慧學就不容易成就；即使慧學可以很辛苦的成就了，到最後他還是得要補修福德才能成佛。但是現在也有一些人是專修福而不修慧的，他們到最後還是得要有一段時間來專門補修慧學。綜而言之，福慧兩法不得缺一，缺一就不能成佛。所以諸位你們來到這裡，如果有的人是還沒有修過福德的，那你在正覺同修會中，修福得要與修慧並進。如果現在都還在慈濟功德會當委員的，他們再修過一、二十年的福德以後，也得要修慧，那時得要趕快來修般若慧學。他們現在先修福也很好，我們絕不反對，所以我們也讚歎慈濟的會員、委員們；但是他們所修的福德到達某一個程度以後，也得要走這一條路，因爲他們如果不走這一條路，永遠都不能成佛。當然他們也可能說有在修慧，其實都是沒有修慧的，這是他們所應特別注意的一點，免得將來成了掛瓔珞的大象（2005年編案：慈濟的證嚴法師因爲常常有人說她修福不修慧，所以近年來她也說自己有在修慧，接著又開始以地上菩薩的身分在說法。但其實仍未斷我見、也未證得佛菩提的見道功德，仍然落在意識心中，卻在書中堅決主張意識心是不生滅的，公然違背 佛說**意識心是緣起生滅法**的聖教。將來會有正覺同修會的同修寫書舉證加以辨正，書名爲《眞假外道》。將會先在正覺電子報連載，連載完畢後將與辨正杜大威、慧廣謗法的文章結集爲同一冊而出版）。

有的人過去世是修聲聞法，專修解脫慧；這一世迴心來修大乘佛菩提道，因爲他們的解脫慧很好，性障的現行也斷除了，所以修起來快；可是他們如果想要證悟如來藏、眞如心，還是得要補修大乘見道所需的福德；如果想要成佛，還是得要補修更大的福德，不修福不行，所以二者不能缺一；一定要福慧並修而且具足了，才能夠成佛。究竟地的菩薩是福德與智慧兩種莊嚴都具足了，因此在色究竟天獲得了一切世間最尊勝身，「色究竟」是講四禪天之上的五不還天裡的第五天，也就是色界的第十八天，叫作色究竟天。

色究竟天名稱的由來，是因爲那裡是色界之頂，也是一切有色境界之頂，再過去就是無色界的境界了，所以稱爲色究竟天。究竟地菩薩於色究竟天獲得一切世間最尊貴、最殊勝之色身以後成佛，並不是隨著就在那裡成佛，而是說能夠住在色究竟天的境界中成佛。所以在本緣部的經典裡面，說人間有佛出世，天界不會有佛出世；又說一切諸佛都在人間成佛，可是諸佛在人間成佛時，卻又這麼說：「第四禪是諸佛的根本大定。」爲什麼呢？因爲：你如果沒有證得第四禪的境界，你就算有了一切種智，也不能夠進入色究竟天的境界（進入色究竟天的境界中，不是說去色究竟天中）。

爲什麼不說是在四空定（無色界）的境界中成佛？因爲：四空定中的了別慧很難現行運作，那就無法一念相應而悟入佛地眞如，就無法成佛；也無法眼見佛性而導致成所作智無法發起，就無法成佛。只有第四禪的境界中，定慧相等，不偏空寂，也不散亂，容易發起一切種智的證境智慧，所以諸佛都以第四禪等持位作爲最後身菩薩成佛時境界相。當最後身菩薩即將圓滿一切種智的時候，當然會具足色究竟天境界的功德，那才能夠獲得一切世間最究竟的、最尊勝的色身，然後才觀察眾生得度的因緣成熟時，降神母胎而有八相成道、利樂有情。

所以你一定要在人間住入第四禪等持位的色究竟天境界當中，才能成佛；也就是說，必須在人間具足色究竟天的功德，而以人身在人間成佛，不要誤會 馬鳴菩薩的意思是說在色究竟天成佛。馬鳴菩薩這個說法是有道理的，一者，當你成佛的時候必須要具足色究竟天的功德，色究竟天的功德不是二乘人所能到，因爲這必須有第一義諦的智慧才能到，只有地上菩薩具有無生法忍果，在捨報時發願往生的人，才可以往生色究竟天；二乘聖人和大乘賢位菩薩都只能生在五不還天的下四天中。二者，你在人間成佛之後，你的莊嚴報身要示現在色究竟天中，接引天界的諸地菩薩；你既然要有莊嚴報身示現在色究竟天，當然得要有色究竟天的境界，不然怎麼示現在色究竟天中？所以你得要有這個功德。

但是要有這個功德，第一個先決條件，就是先要證得第四禪，由於這個第四禪，使得你能夠藉著最深妙般若慧的一切種智，而能隨意的示現於色究竟天；不是像有些尚未證得第四禪的初地、二地菩薩，或者像某些還沒有證得第四禪和五神通境界的三地未滿心菩薩，沒有能力住入色究竟天的境界中，也沒有能力隨時去色究竟天中示現，必須等待捨報以後才能往生，作爲他的可愛異熟果。所以諸佛都一定具足四禪八定，但以第四禪作爲根本禪，而有莊嚴報身可以隨時示現在色究竟天中，讓天界的諸地菩薩覲見、請法，因此說成佛一定在色究竟天的境界中成佛。但是這是講色究竟天的功德境界，不是住在色究竟天中；所以成佛的示現都一定在人間，因爲人間是弘傳佛法的根本道場。

在天界，你想要度人學佛很不容易；欲界六天中，除了彌勒內院以外，其他地方你要找誰來跟你學佛呢？欲界六天的天人們都忙著享受欲界天的勝妙五欲，你想要請他聽你講一句佛法，他會這樣說：「我沒時間，我很忙。」他們忙著享樂。色界天的人們都是忙著修定，他們一天到晚都在靜坐修禪定，希望捨壽以後往生上一層次的色界天，大家都在定中增進定力，你能說佛法給誰聽？無色界既沒有色蘊，你能找得到誰來聽你說法？所以只有在人間時，你還可以強迫眾生有時聽幾句佛法，你跟他講苦、空、無我、無常，至少可以講上幾秒鐘、幾分鐘。但是到了欲界天、色界天就很難了，無色界天根本就沒有辦法爲人傳授佛法，只剩下色界天。而色界天的最高層次，就是色究竟天，這是超過第四禪境界的色界境界；

只有證得無生法忍果的地上菩薩們，當他們不想在人間住持正法時才可以往生的地方；二乘聖人及三賢位的菩薩們如果證得第四禪時，可以生到五不還天的下四天當中，進不了色究竟天，所以那裡又叫作密嚴淨土；這是人間的地上菩薩不想再來人間的時候，所往生去的地方，在那裡可以面見報身佛。

最後身菩薩既然示現成佛，就必須要有諸地菩薩所能親近修學的色界最莊嚴身，所以最後身菩薩當然要有能力示現色究竟天的功德；但是他卻必須在人間成佛，以人間的有情作爲度化眾生的第一目標。人間的人類境界是苦樂參半的，最容易修學佛法；不像欲界天人忙著享樂而不修學佛法，所以諸佛都一定在人間成佛。但是成佛不一定像 釋迦世尊那樣辛苦，祂成佛那樣的辛苦，是大悲憐憫短劫中的五濁眾生而示現的；多數菩薩在因地選擇成佛的時候，不會選在人壽百歲時來成佛，因爲這時的眾生善根最少，疑心最多，福德也最不足，所以最難度。所以 彌勒菩薩在什麼時候成佛呢？在人類的壽命八萬歲的時候，祂才會來人間成佛；而且祂不必苦行：今天晚上出家，夜半成佛，大家一樣會完全信受祂，不會因爲祂沒有六年的苦行就不信他的成佛境界。如果是現在短命、福薄的人們，晚上出家、明早成佛，將會有多數的人不信受，就會謗佛、謗法。

佛弟子們今天有這麼勝妙究竟的佛法可以學，都要感謝 釋迦世尊，這叫作飲水思源，我們時時刻刻都要想到佛，如果不是祂發了大悲願，肯在眾生具足五濁惡心的時間來成佛的話，我們今天就沒有最勝妙的佛法可以學了，所以要有這個感恩之念；縱使只是想要往生極樂世界而不曾想要見道，這個感恩之心也仍然不能夠沒有，因爲《阿彌陀經》也講：「不可以少善根、福德、因緣而生彼國。」如果你一毛不拔，從來不曾布施，從來都不孝順父母、師長，而想要往生彼國，那你就只能下品往生或者中品下生了，那可得要在花苞中待上很久、很久，那個時間可就不容易計算了。但這也是 釋迦世尊慈悲鈍根小心的眾生，而爲我們說出的往生善處之法，所以求生極樂的人還是得要感恩。

如果想要品位高一點，求個中品中生，或者上品中生、下生，那就得要有種種善根，還要有福德因緣。善根就是要有解脫慧、第一義智慧的熏習，福德因緣就是要修三福淨業：要供養三寶、禮敬師長、孝養父母。因此說，得要有善根福德因緣，才能往生彼國；除非你是想要獲得《觀經》講的下品往生，那就不在此限。往生極樂世界尚且如此，何況是成爲人天至尊？怎能不須福德？因此，想要成爲一切世間最尊勝身，就得要具備色究竟天的大功德。色究竟天爲什麼是可以成就世間最勝之身的境界？因爲世間有情之色身，最高的層次就是色界的第十八天，再上去就是無色界，無色界天都沒有色蘊；既沒有色蘊，怎麼可能成爲三界最勝身？所以得要在色究竟天的境界中成佛。

可是在色究竟天示現報身佛的時候，你還得要比色究竟天的諸地菩薩們還要尊勝，身量還要比他們廣大一點，莊嚴相還要比他們更勝妙一點，這樣才能夠成爲一切世間的最尊勝身。也許有人這麼想：「如果我成爲地上菩薩而住在色究竟天中，當我從這個無色界下來見 佛時，我的色身將會比 佛更尊勝。」其實不然！因爲你從無色界下來的時候，你的天人之身，最妙也不會超過色究竟天的天身——也就是菩薩身——絕不會超過菩薩身，怎麼可能會超過佛身的勝妙？縱使你以色究竟天身下來人間時，見到的佛身只是和人身一樣的渺小，但是 佛又不是去不了無色界、色界，早就超過色界境界了，又具足一切種智，隨時都可以示現色究竟天更廣大身的境界；諸佛無量百千三昧都具足了，怎麼可能去不了色究竟天？怎麼示現不出色究竟天的天人境界相？所以 佛不是去不了無色界、色界，也不是佛無法示現色究竟天身；諸佛都隨時可以在色究竟天中示現三界最勝妙身，而又無妨有渺小的人身繼續在人間利樂有情。

這意思是說，色界身的示現，最高層次就是在色究竟天。再上去既然無色，無色無身又如何能夠度眾說法？因此，諸佛就在色界最高層次的色究竟天示現莊嚴報身。既然與諸地菩薩同樣具有色界第十八天的勝妙境界，是一切世間最殊勝的五陰境界，但是 佛的色究竟天身又比那一些菩薩們更爲莊嚴，當然是一切世間的最尊勝身。但是成就一切世間最尊勝身的最後階段，並不是一點一滴累積起來的，而是在最後身菩薩位，以一念相應慧而頓拔最後一分無明根時才成就的。這個無明的根本，是說到了等覺滿心的時候，他的一切異熟種的果報已經現行轉易完畢了，也就是煩惱障上的一切習氣種子隨眠都斷盡了，所以他已經沒有異熟果種了；可是他還有最後一分最微細、極微細的所知障隨眠還沒有斷除，這最後一分的極微細所知障隨眠的斷除，就是像 釋迦世尊那樣示現：以一念相應慧而頓斷無餘。

什麼是一念相應慧？譬如 釋迦菩薩示現大神通成就，並且示現降魔之後，以手按地時明心了，此時大圓鏡智現前，只是一念相應而已，並不是漸漸累積起來的。接著東方將白，明星出時，看到很明亮的火星時，又看見了佛性（這個叫作諸佛隨順佛性），這時成所作智現前了，也一樣是一念相應；所以明心與見性時都是一念相應，都是頓悟。所以最後身菩薩成佛時，沒有漸悟的，都是只有頓悟。同理，七住菩薩初次見道的眞見道——明心的開悟——也一樣是一念相應而悟的，都沒有漸悟的事。

當你在我們禪三共修裡面明心的時候，那也是一念相應；當你被我引導而看見佛性的時候，也是一念相應；都是在一念之間相應到的，所以說一切的般若都是一念相應慧。因此，開悟絕不是漸悟，沒有漸悟這回事情，一定都是頓悟的。漸悟是方便說的，那是頓悟的菩薩們開始修學一切種智的時候，才可以叫作漸悟，也就是漸次深入體驗般若的別相智（體驗眞如心的種種體性），也就是想要通達別相智而修學禪宗的差別智，發起初地道種智初分之前的修習般若階段，都是漸悟；但仍然以眞見道頓悟時一念相應到的根本智爲基礎來進修的；初地以後進修一切種智而漸漸深入證驗眞如心所含藏的一切種子，也稱爲漸悟；所以在頓悟而親證如來藏之前——在頓悟之前——沒有漸悟這回事情。

頓悟的明心以及頓悟的見性，這兩者是截然不同的；明心而不見性的不退菩薩們，往往會偏空；眼見佛性的時候，那可眞的是生機澎湃、踴躍非常，所見整個世界全部改觀。你們還沒看見佛性的人，聽我說這句話，你會想：「講得太玄了吧？」但是等你看見了，你就會認同：你所看見的世界與見性前完全不一樣了。雖然還是同一個世界，還是同樣的你，但是看見佛性了，所見的世界將完全不一樣。但是這個見性的境界，也都不是點點滴滴累積起來的，都是在一念相應之下成就的，都是頓除無明的。所以說，到最後成佛的時候，也一樣是以一念相應慧來頓拔無明的根本，這最後一分的極微細的所知障隨眠拔盡了以後，就成爲究竟佛了，這時已經具足圓滿一切種智了。

一切種智的智慧——你對於眞心如來藏所含藏的一切種子都具足圓滿的了知——沒有一絲一毫的不知，就是你已經斷盡了所知障的最微細無明隨眠，塵沙惑都斷盡了。如果你還有一絲一毫的所知障隨眠存在的時候，那就一定不是成佛；這就是說，你這個時候只得到道種智，不是證得一切種智。換句話說，等覺菩薩所得到的一切種智，也只能稱爲道種智，跟初地菩薩的道種智同一個名稱；雖然智慧已經相差很遠了，還是叫作道種智；最後身菩薩還沒有在「菩提場」明心見性之前，還是叫作道種智，因爲還有最後一絲絲的無始無明的隨眠存在。到了最後一次的明心見性之後，最後一分極微細所知障的隨眠拔盡了，這時大圓鏡智與成所作智現前了，才能稱之爲一切種智。

所以十方諸佛，對於眞心如來藏的一切種子，也就是眞心的一切功能差別無有不知。如果有人像西藏密宗喇嘛大言不慚的自稱成佛了，可是你隨便拿粗淺的般若問他，他也不知；你隨便問他種智，他也不知，而說他們的法是最勝妙的即身成佛法，是超過顯教佛的證境而自稱爲已經成佛，那你就向他說：「對！你確實是成佛了，不過是理即佛、觀行即佛，不是相似即佛、分證即佛，更不是究竟成佛。」因爲他們都還在因地作觀行，都還不是禪宗證悟祖師們的相似即佛，也不是諸地菩薩的分證即佛，更不是究竟佛，因爲他們連第八識如來藏的所在都悟不出來，誤會如來藏是觀想中的明點，連七住位的粗淺般若智慧都還沒有證得，不論口才多好，說得多麼動聽、勝妙，都只是因地凡夫罷了！

有好多西藏密宗的喇嘛們宣說他們是活佛、是有佛法證量的人；甚至於有的喇嘛宣稱已經成就究竟佛果，那你請問他：「你的第八識眞如心在哪裡？」只問這一點就好，別的都不需要問；我跟你打包票，他們所有的「究竟佛、法王、活佛」一定都答不出來，一定都落在意識的變相上面，或者以明點當作如來藏而說他已經證得如來藏，正是牛頭不對馬嘴。西密喇嘛們有時又改變說法，而把意識住於無語言妄想的狀況中，把這種境界中的覺知心叫作眞如、如來藏，這都是意識的變相境界，他們沒有一個人能自外於此。他們連眞如心在哪裡都不懂，連明心的七住位菩薩般若智慧都沒有證得，還在博地凡夫位中，竟然敢說他們已經成佛了，膽子也眞夠大！像這樣子大膽的大妄語，我們永遠都學不來，永遠都沒辦法學會。

換句話說，佛地的一切種智完全不知，諸地菩薩的道種智也完全不知，連七住菩薩粗淺的般若總相智都不懂，就敢自稱成佛；遇到這種人，你就知道他們都是自欺欺人。如果你有慈悲心，你就要拉著他們到旁邊無人處去，私下告訴他，要他懺悔大妄語罪；這是幫他留著面子，但是一定要告訴他說：「你連自己的眞如心都還沒有證得，不應該說已經成佛；因爲就算是眞的證得眞如心了，也不過是七住位而已，接下去還有十行、十迴向、十地、等覺、妙覺的次第修證完成，才算成佛。你現在還差這麼遠，所以以後不要再說自己已經成佛了。」客氣的勸他，但是要爲他留著面子；千萬不要在眾人面前罵他，你用罵的，他一定會跟你翻臉；你私下客客氣氣的、很誠懇的告訴他，他當場也許不接受，回寺（家）以後，等他靜下心來，他會去想這個問題；有一天想通了，接受了，那你就救到他了。

因此說，十方諸佛於八識心王一切法無有不知的；全部具足了知以後，才能夠說具備了一切種智；這時可以「任運而有不思議業」，是連等覺菩薩都無法想像的。因爲等覺菩薩的第八識眞如心，還不能和別境五心所法相應，還不能和善十一心所法相應，所以等覺菩薩還是得用意識心、末那心來弘揚佛法。但是諸佛卻不一樣，可以意識心跟某甲說法，以末那跟某乙說法，祂們的眞如心又同時在跟某丙說另一種妙法，可以分別獨立去運作。這種境界相，等覺菩薩怎麼想也想不通，我們更不用想了；所以等覺菩薩見了諸佛，非常的恭敬，原因就在這裡。

一般人如果沒有大善知識攝受的話，當他剛才證悟時，他會想：「佛大概就是像我這樣子而已。如今我明心了，佛也是明心了；我現在看見佛性了，佛也是看見佛性了；佛的境界大概就跟我現在一樣。」一般人剛悟的時候大概都會這樣想，大多不會這樣子想：「我跟佛爲什麼距離這麼大？」到了初地時才會發覺：「怎麼我離佛地還那麼遠？」本來以爲自己的境界就是佛的境界，但是悟後越學越深，學到了初地時，才覺得自己與佛相差很遠。但是我告訴你：「到了等覺位的時候，你會發覺自己離佛地境界更遠。」所以那些西藏密宗喇嘛們，眞的是向諸天借來特大號的膽子，連明心都沒有，就說他們證悟了，就說他們修成究竟佛果了。

當第一批人退轉的時候，我一直努力的救他們，我說：「你們不要以爲月溪法師那個樣子就是成佛，不要這樣想。我明心了，我也見性了，但我知道自己還不是佛，我知道自己離佛地還很遠。但是我還在探究：爲什麼同樣是明心、同樣是見性了，我爲什麼仍然還不能成佛？我還在探究，你們別太早下定論。」有一次在承德路、錦西街口一起等人的時候，我向一位劉師兄這樣講，結果還是沒有用，攝受不了他，他們那一票人還是寧可相信自在居士所推崇的月溪法師邪見而退轉了。後來我探討清楚了，乾脆宣講《護法集》，向他們說明：明心之後不是就沒事了，還有很多事要做，還有很多法要學，無窮無盡的；月溪法師的法都是錯誤的知見，不可信受。但他們認爲自在居士的名氣比我大多了，他所說的月溪法師的意識境界才是眞正的開悟成佛了，所以就退轉而轉學月溪法師的邪見了，沒有辦法救回來。

這就是說，到了究竟佛地的時候，可以有眞如心直接跟別境心所法相應，也直接跟善十一心所相應，可以多了這十六個心所法作爲第八識眞如心的親所緣緣、作爲眞如心的助伴。所以，十方諸佛於一切世間的無記法，都能了知：譬如說下雨，下了幾滴雨都能知道，你沒辦法想像。阿難尊者就有一個智慧叫作等智，你們聽過他的等智沒有？他能在某一部分了知樹葉數目，聽過沒有？（大眾回答：沒聽過。）有個外道說：「阿難尊者！你不是開悟了嗎？我請問你，這顆樹有多少葉子？」阿難尊者說：「我不知道。」其實開悟與了知樹葉的數目無關，外道問他這一棵樹有多少葉子？阿難尊者說他不知道，但是說這顆樹有一個定數；說完就走了，去托缽了。托缽回來前，那個外道看他走了以後，就偷偷拔掉了六十片葉子藏起來，等阿難尊者回來時又問他：「阿難尊者！你說這棵樹有一個定數，那我問你，你剛才離開跟現在回來前後，樹葉有沒有相等？」阿難尊者說：「現在不等了，因爲差了六十片了。」這就叫作等智。

這個等智是怎麼修的？經上沒有記載，我們也不曉得；大概 佛看他很誠懇的辛苦當侍者，所以教給他這個法。那個外道聽了嚇一跳：「我偷摘了六十片葉子，他竟然會知道。」所以嚇了一跳。這就是說，諸地菩薩任運而有的種種不思議業，也是地地都不同的；但是等覺地和佛地的差距是非常大的，所以叫作不思議業，這一些都是諸佛任運而知的。由於諸佛都有這一種任運的不思議業，所以能夠在十方無量世界來普遍的化度眾生。但是你不要說：「諸佛既然都有任運的不思議業，並且一直都在十方世界普度眾生的，那我怎麼從來沒見過任何一佛？」那就得要看你的佛緣了。你過去世假使都沒有跟諸佛結過緣，憑什麼無緣無故就要見到佛？諸佛不是那麼隨便想見就見的，諸佛又不賺你的錢，又不貪你的供養，又不是變魔術的人，怎能隨隨便便的想見就見？你得要有緣才能見，沒有緣就不能見。接下來是 馬鳴菩薩答覆他人的問難：

論文：【問：「虛空無邊故世界無邊，世界無邊故衆生無邊，衆生無邊故心行差別亦復無邊；如是境界無有齊限，難知難解；若無明斷，永無心相，云何能了一切種？成一切種智？」】

講解 這個問答就好像喜饒根登假藉釋性圓的身分在罵我一樣，他罵我說：「你說意識是妄心，難道你不用意識，你就能夠寫書來護持正法嗎？你這個不是睜眼說瞎話嗎？」就好像這個提出問題質疑 馬鳴菩薩的道理一樣，都是誤會我們的意思了。換句話說，我們寫出來的書他讀不懂；讀不懂還敢寫文章登報公開的罵人，這個膽子眞大，我們倒是蠻佩服的；因爲這是無間地獄罪，他倒是完全不放在眼裡。但是他不懂：下墮無間地獄的人，十八地獄得要一一經歷而受，出地獄以後還要歷經餓鬼道與畜生道，經過百千劫以後才能回到人間來；並且初回人間時，前五百世盲聾瘖啞、不聞佛法；過了五百世以後，初聞甚深微妙正法時，因爲疑根未斷，又會再度謗法、謗賢聖，又重回無間地獄去，又再重覆百千劫受極大的痛苦。這樣輪轉，永無止期；一直到他的疑根斷除，未來世才不會一再的謗法、謗賢聖而輪轉三惡道中。

很多眾生都有這個疑問，都想：「無明斷了，意識就斷了。」有的人想：「那你把意識否定了，你意識就斷了，你就沒有意識了，還能寫書？還能為人說法？」這都是誤會，因為否定意識心，並不等於滅了意識心；就好像斷我見而否定意識的初果人，不等於斷了我執的四果人；而四果聖人否定意識心，也不等於已經住入無餘涅槃之中，但他們卻嚴重的誤會了。

同理，現在有人提出這個問題說：「虛空是無邊的，因此世界也是無邊的；世界無邊故眾生無邊，眾生無邊故心行當然也是無邊差別的；這樣一來，境界就不會只有一種而是無量種的，所以眞的是難知難解；如果無明斷了，那就永無心相存在了，又如何能了知如來藏心中的一切種子，又如何能成就一切種智？」

有沒有人認為虛空有邊的？請舉手！（無人舉手）沒有人舉手！那麼有沒有人認為虛空是無邊的？請舉手！（只有少數人舉手）怎麼只有這幾位？其他的人是「非有邊亦非無邊」嗎？（眾人都笑）我告訴你，虛空沒有所謂的非有邊非無邊可說，因為虛空是無法，無法怎麼可以是中道性的非有邊亦非無邊？虛空只是一個名相，是人爲施設的名相；既然是名相，是無法，當然無邊際可說；那你一定要選一個舉手的話，那就認定是無邊的！怎麼不舉手呢？如果有人跟你說虛空有邊，不管那個邊有多遠，即使是用光速或者超光速百倍，要跑上幾萬年，我們也可以不管；如果他說有邊，你問他：「請問你：『如果我們到了虛空邊際的時候，請問這個邊際的外面是什麼？』」他一定會想：「外面是不是另外還有一個邊？」那你再問：「到另外那個邊的外面又是什麼？總不可能是混凝土築起來密封著吧！」他只好正確的思考：「果然虛空還是無邊。」他還是得要承認你的話，邏輯才可以推得通；這不必你眞的用百倍的超光速跑上幾萬年去到那裡，才能證實虛空無邊，只要如理作意思惟就可以理解了。虛空既然無窮無盡，當然虛空中就有無窮無盡的宇宙世界，一定會有無窮無盡的星球，所以我們現在來讀《華嚴經》，以我們現在比較正確的天文學的知識來看《華嚴經》，特別是哈伯望遠鏡修理好之後，看到我們這個銀河系之外的許多銀河系，並不是像我們現在所看到的滿天星斗，而是只有那裡一撮、這裡一撮、那裡又一撮，每個銀河系之間都是空無星球的。我們所看見的滿天星斗，大多是我們這個銀河系的星星，是和我們同一個世界的星球；以現在這種天文學現觀所證實的天文虛空世間的智慧，再來讀《華嚴經》的世界海，可就親切多了。

學佛以前聽人講《華嚴經》時總是想：「印度人還眞會瞎編，竟然把這個華嚴世界講到這麼妙，是眞的、還是假的？又有誰看見了呢？」膽子大的人還會說：「可能是瞎掰的。」但是現在從哈伯望遠鏡所拍攝出來的虛空中的世界來看，你可以證實說：「哈伯望遠鏡所看見的，才只是《華嚴經》裡面所講的幾個大千世界而已，還無法看到世界海的全貌，何況是看到別的世界海？何況是看到無窮無盡的虛空世界的全部？」因爲虛空是無邊際的，世界當然也是無邊際的；因此，世界一定是無量無數的。因爲虛空是無邊際的，所以我們這個世界海外面，更遠更遠的地方一定還會有別的世界海，所以說世界無邊。世界既然是無量無邊，當然衆生也一定是無量無邊的。

且先不說別的世界，就說我們這個地球就好了，究竟有多少衆生呢？沒辦法算！你算不完的！即使只算人類數目，也沒有辦法算得清楚；因爲有的地方人口普查都還沒有作，或者作得不正確。如果你再加上昆蟲、動物、螞蟻、細菌的數目，根本就沒辦法計算，何況無盡的虛空中還有無量的世界呢？因此說：**世界無邊故衆生無邊**。既然衆生無量無邊，當然每一個衆生心裡的想法、心的行爲，也都一定會有種種的差別；這種種的差別，當然也是無量無邊的，當然也是每個人各有想法的。不說別的，光說我們每天在坐的椅子就好，一百個設計師所設計出來的椅子，就會有一百種不同，不可能完全一樣。同樣一個椅子，爲什麼會有那麼多種不同？因爲設計者的心不同，心的運作行爲過程是不一樣的，所以差別也是無量無邊的。

既然是這樣，眾生心的境界相，當然也是沒有齊限的。「齊」就是整齊，「限」就是侷限；眾生既然是這樣的話，眾生心裡面的境界，就不可能大家都是整齊、一樣的限制在某些想法之中，所以眾生心中所想以及所住的境界相，一定也不會完全相同，一定會有種種的不同，這不是眾生們所能完全清楚了知的，所以說「如是境界無有齊限、難知難解。」但是大家心裡面的境界，也都同樣是有範圍侷限的，雖仍不可能完全一樣，但卻是種種想法各各不同；只有大家都究竟成佛了，才會是完全一樣的心境；但是眾生都尚未成佛，所以不會都一樣。就像是同樣去到禪三才破參的，每一個人進了小參室，我考問下來，每一個人的答覆都不相同，都是互有差別的；雖然所證的眞如心是同一個，但是述說時都會因爲從不同的面向來宣說而有種種的差別，所顯示出來的智慧則互有出入，互有高低的差異，不會完全相同的。既然一定有差別，不會完全相同的話，爲人說法時也會有表相上的差別，聽的人就更難理解了：某甲悟者如此說，某乙悟者卻如彼說，某丙悟者又是另一種說法。雖然說的有所不同，但是眞悟者聽來是完全相同，可是未悟者和錯悟者聽來卻是各各不同，所以這個實相眞理當然是很難知難解的。

所以，眾生的種種心想都是世俗法，都已經很難知解了，何況是證悟大乘菩提之內容，當然更難知解了。同樣的道理，在佛法的般若證量上面，上地能知下地慧，下地不知上地慧，也就是這個道理。眾生的心既然無量無邊，差別一定也是無量無邊的，所以眾生心的種子也是無量無邊的；所以你想要完全瞭解眾生心當然是很困難的，質問者所提出的這個說法，倒也是正確的。

但是他們接著提出質問的焦點時，可就不如理了：「如果無明斷了的話，永遠就沒有心相存在了。」這眞是未悟者猜想出來的說法。他們說：「無明斷了的話，你就不再認定意識是眞心，那麼意識就會斷滅了；意識斷了的話，就沒有覺知心的心相；沒有了覺知心的心相存在，就沒有覺知了，那又是誰能夠了知一切種子的智慧呢？又是誰能成就一切種智呢？」未悟而且信不具足的人聽了，還沒有詳細思惟以前，心裡會這麼想：「問得好！這一下可就把你問倒了。」其實不然！佛法就是妙在這個地方。

如果你說意識覺知心是虛妄的——因爲你認定意識覺知心是虛妄的——所以意識就會因此而死掉、而滅失的話，那麼：世間哪來的阿羅漢？哪來的初果聖人？應該阿羅漢或初果人否定意識心的常住性時，就同時死掉而入無餘涅槃了！因爲他們認爲「否定意識就會導致意識滅掉」，可是阿羅漢們否定了意識心以後，意識心還是照樣存在而能了別佛法、世間法，那些質問的人卻都沒有想到這一點。又譬如 世尊成佛以後，是完全的、徹底的否定意識覺知心的，可是 祂還是有意識繼續存在，所以才能觀察眾生的根器，來利樂有情啊！ 祂並不是把意識變成眞如心而使意識的覺知性滅掉啊！ 祂除了有第八識心眞如，照樣還有第六意識繼續存在，八識並行不違，這才是眞正的佛法。不但 世尊如此，諸大阿羅漢未入無餘涅槃之前，在世時也都是八識心王具足的，意識心也都還是繼續存在運作的。

我們印行的全部書中，從來都說：「想入無餘涅槃的話，一定要把十八界法，包括意識覺知心全部滅掉。」但是卻一直都這麼說：「想要證悟般若的話，得要以具有定力的覺知心意識，來證得另一個從來都不打妄想的第八識眞如心，是眞心如來藏與意識覺知心並存運作。」從來不曾主張過「要滅掉意識心才能證得眞如心」，也不曾說過「將意識覺知心轉變成眞如心」的說法，並且將大法師們教人「把意識離念而變成眞如心，使意識覺知心不存在」的說法，加以破斥，如今書籍都還繼續在發行流通，誰也無法狡辯；所以喜饒根登、義雲高……那些人，眞的是不懂佛法！眞的是無根無據的亂誣賴人！

意識覺知心從來都是煩惱心，佛菩提的眞心第八識卻一直都不是煩惱心；但是你想要證得佛菩提的眞實心，卻得要不斷意識煩惱心而去證得實相菩提心；你如果離開了意識心的煩惱境界——把意識滅了——或者把意識心住在不動、不了知的境界中，你就證不了實相菩提心第八識。

如何是離開煩惱的境界？請問：「阿羅漢還有沒有煩惱？」（大眾答：有！）有！所以如果出去托缽，空缽回來，就有煩惱了，就得要想辦法騙騙肚子，只好吃牛糞止飢。有些大阿羅漢就是這樣，他只是想要騙騙肚子，不是爲了好吃；只要騙它，讓它不餓，然後又可以入滅盡定去了，等到明天再去托缽。既然是這樣，那就表示他們斷了見惑、思惑煩惱以後，還是有世間無記法上的小煩惱；換句話說，只要你們的意識心還在，你就一定會有煩惱。當夏天大太陽曬得很強的時候，阿羅漢們爲什麼不繼續在空地上坐，而要去樹下打坐？因爲還有身苦的煩惱嘛！

但是這個煩惱對他而言是很小的苦惱，是無關善惡性的，是很微細的煩惱，算是很小的苦受，他們都能接受，所以他們的有餘依涅槃，就是尚有微苦所依的涅槃，這才叫作有餘依涅槃。如果進入無餘依涅槃，這些苦受也就跟著滅盡了，沒有任何的苦作爲他們的所依境界，就稱爲無餘依涅槃。

如果你想要證悟佛菩提的見道，就不能把這個煩惱心斷掉；假使你把意識煩惱心斷掉了的話，你就永遠都找不到菩提心了；因爲已經斷盡見、思惑的俱解脫聖者，如果起意而決定把意識煩惱心永遠斷掉的話，那就一定會進入無餘涅槃了；如果只是想暫時滅掉一段時間的話，那就是入滅盡定了。好了！如果你入了滅盡定，或者入了無餘依涅槃，當然就沒有一個覺知心第六識我來找尋眞正的菩提心第八識眞心了！如果開悟就是要滅掉意識覺知心，那麼一切大乘證悟的聖者們，又是由誰去找到那個菩提心？當然沒有「我」能找到菩提心了！所以開悟不是要滅掉第六意識，也不是要把第六意識覺知心變成無念的「眞心」，而是要以第六意識覺知心來尋找第八識如來藏眞心，不可滅掉世間法中的意識覺知心；所以說「佛法不離世間覺」，所以說「離世覓菩提，猶如求兔角。」離開了世間而想要找到眞如心，就好像要尋找兔子頭上的角一樣，那是不可能的；因此不可以把你的意識滅掉而證菩提心，因此不可以打坐而進入沒有見聞覺知的狀態，就叫作證得菩提心，般若不是這樣修證的！那種境界叫作無記（這個無記是說禪定修法中不清不楚的暗鈍狀態，不是指種智上所說的無關善惡的無記），禪宗叫這境界爲黑山鬼窟，叫作冷水泡石頭，這種修法根本就沒辦法證得實相般若。你若想要證得第八識眞菩提心，必須要意識覺知心現前不斷，用你這個意識心的見聞覺知性，去找另一個本來就離見聞覺知性、本來就離念而不曾起過念的第八識菩提心——阿賴耶、異熟、無垢識——這樣才是正知正見。

所以，二乘聖人斷了我見、我執，堅決的認定意識心是虛妄的，但卻不妨有意識覺知心等識陰繼續存在、繼續運作，讓眾生種福田，讓眾生請求聞熏解脫道的妙法；所以大乘證悟如來藏阿賴耶識心體，而發起般若實智的聖人們，堅決的認定意識心是虛妄法，但亦不妨有意識覺知心這個妄心繼續存在及運作，由意識心運用祂所證的般若實智來利樂有情眾生；所以，無明雖然斷了，意識無妨繼續存在，並不是那些凡夫們所質問的那樣，所以他們質疑說：「**無明斷了，意識覺知心就不再存在了，如何能了知一切種子、成就一切種智？**」這是把眞心與妄心混同爲一心之後，產生出來的邪見，是誤會佛法之凡夫所講的很膚淺的猜測言論。

質疑者所提出的質問，分成兩個部分：一個部分是說：「無邊衆生如是境界相，無有齊限，難知難解。」這個理論基礎是正確的。第二個部分是：「若無明斷，永無心相，云何能了一切種，成一切種智？」這就是不懂大乘般若佛法的凡夫，因爲不知道眞心與妄心是同時存在的二個心體，誤以爲妄心離語言妄念就變成眞心，或者誤以無明就是虛妄的覺知心，以爲無明斷除時覺知心也會跟著永滅，那還會有誰能了知一切種、證得一切種智？所以這都是錯悟、未悟的凡夫們所提出的質疑。現在論主 馬鳴菩薩答覆說：

論文：【答：「一切妄境從本已來理，實唯一心爲性。一切衆生執著妄境，不能得知一切諸法第一義性；諸佛如來無有執著，則能現見諸法實性；而有大智顯照一切染淨差別，以無量無邊善巧方便，隨其所應利樂衆生。是故妄念心滅，了一切種，成一切種智。」】

講解 現在 馬鳴菩薩答覆外道及凡夫們的質疑。「一切妄境」，是指三界中的一切境界都是虛妄幻有而不眞實；在三界一切虛妄境界中，從本以來的眞實正理，其實都是以這個如來藏心爲眞實的體性。 馬鳴菩薩在論文中是用「唯」字，意思是說一切法其實都只是這個第八識眞實心所生、所顯，這一個心就是眾生都有的第八識如來藏。爲什麼說一切妄境從本以來的眞實理，其實都只有這一個心作體性呢？因爲一切的虛妄境都是由十八界所生，而十八界卻是由這唯一的如來藏心所出生，當然就可以知道：一切的法，一切的虛妄境界，當然都是以這個第八識心爲自性，都沒有辦法離開這個眞如心；也不可能離開這個眞實心而有覺知心、而有一切法、而有一切虛妄境界，因此說「實唯一心爲性」。

但是眾生不瞭解萬法都是唯識所生、萬法都從如來藏中出生的眞實道理，所以執著妄境，誤以實有身心以外的虛妄境界被自己所觸所覺。這句話說的一切眾生，當然不包括在座諸位已經明心的人在內；換句話說，你已經在這句「一切眾生」之外，因爲你已經知道一切法都是從這個眞如心中生、顯出來的。一切的眾生是怎麼樣執著妄境的呢？他們心裡面自以爲：「我不執著覺知心的自己，就是已經斷了我見。」就像密宗的那一些活佛法王們，他們寫書時也是這樣寫：「心離開了執著，就是全然的開悟。」其實他們眞的離開執著了嗎？完全沒有！因爲他們認定意識一念不生的時候就是勝義菩提心，從來都不曾觀察到意識心體的虛妄性，不曾了知意識心體是緣起緣滅之虛妄法，這就是我見仍然還沒有斷除的凡夫，所以認定虛妄性的覺知心我是眞實的，跟著就會認定覺知心所接觸到的五塵是外塵而不是自心眞如所出生的，所以就會認定外五塵眞實有，當然就會執著外五塵，所以一定會執著明妃和淫樂觸覺。

有的密宗法王則是認定：觀想的時候，中脈裡的明點就是眞菩提心，又說一切法都是從明點中出生的；還有人認定明點就是男性的精液（白明點、白菩提心）、女性的淫液（紅明點、紅菩提心），就說一切法都是從這二種明點出生的，所以明點就是萬法的根源。但是這樣就落入我所之中了，比起落在離念靈知心的我，知見更差，離見道更遠。有人認爲觀想出來的明點就是眞菩提心、如來藏，所以他們認爲菩提心可以經由觀想而從中脈頂端射出去，而射入觀想出來的頭頂上的空行母子宮中，就可以由空行母把自己的本識帶到極樂世界或其他淨土去。像這樣無知虛妄的見解，能說他們已經離開了執著、離開了邪見嗎？根本就沒有離開！因爲他們以虛妄緣起的覺知心，去執著虛妄的覺知心所觀想出來的明點，這樣就不是離開一切執著，而是把覺知心自己和所觀想的明點我所，抱得緊緊的不肯死掉；連自己覺知心我都不肯死，怎麼叫作離開了我見與我執？其實是「我」執強烈的存在，我見根深柢固的存在，就執著種種觀想出來的虛妄境界相，牢不可拔，這就是馬鳴菩薩所說的「執著妄境」。他們自以爲已經不執著妄境，他們以爲意識心打坐到一念不生的狀態，就是離開了一切妄境，認爲那就是眞實涅槃的境界，認爲就是沒有分別；卻不曉得當他一念不生的時候，還是在分別定境當中，繼續對定境了了分明的分別著，仍然是有分別的覺知心。因此說，這一些眾生都是執著妄境者。

爲什麼他們會如此的執著呢？因爲他們不能得知一切諸法的第一義性，得要有人去告訴他們、去點醒他們說：一切諸法第一義的體性，就是你的第八識如來藏。可是不聽還好，他們一聽就起了煩惱：「那你的意思是說我沒有開悟？你的意思是說我不是眞正的法王？」那你就告訴他：「是不是眞正的開悟了？是不是法王？你自己去認定，我不跟你認定，也不跟你否定。」話可以說得委婉一點。當然，我在書上是統統要否定的，因爲假使不這樣作的話，他們根本就不曉得自己已經落入大妄語的地獄業當中，又如何懂得去補救自己的妄語業呢？

一切諸法的第一義性，其實都是如來藏所生所顯的如來藏心的自性；如果能夠證得如來藏而確實了知的話，就可以離開妄境的執著；即使證悟的當時還不能離開，以後也可以漸漸離開妄境的執著。諸佛如來完全沒有執著，所以能夠現見諸法的眞實性。因爲前面質問說：「境界無有齊限，難知難解。」所以現在論主答覆說：「如果能夠得知一切諸法的第一義性，漸漸的修到最後，就可以像諸佛如來一樣的完全沒有任何執著，可以究竟現見諸法的實性。」那你也可以跟他們講：「你如果找不到自己的心眞如，那你找出我的心眞如也可以。當你找到我的，你就會找到自己的。」你也可以這麼跟他說：「當你找到我的心眞如，那你就會知道：你身中一切諸法的實性，其實也就是第一義的實性。」這樣一來，當他們質疑說：「如是境界無有齊限難知難解。」你說：「不然！一切境界都不難知、不難解，我統統知道，因爲你的所有的法都從心眞如來，所以並不難知、亦不難解。」

這就好像你要抓起一串粽子，只要把綱領一拉，整串就全部拉起來了；親證諸法實相的心眞如時，就是這樣子。諸佛如來因地時因爲親證心眞如，然後不斷地往前進修，把一切的虛妄執著都斷盡了，能夠現見諸法的實性，因此而有了大智慧來顯照；很明顯的、很清楚分明的照示出「一切的染污法、清淨法的種種差別」，然後以一切種智的智慧，用無量無邊的善巧方便法門、方便言語、方便的機緣，隨著眾生所應該證得、證解的種種狀況，來利樂相應的有緣眾生。

「是故妄念心滅，了一切種，成一切種智」：所以說，把意識心常常生起的「虛妄念」的心行滅了，我們能覺能知的意識覺知心，就可以了知一切種子，就可以成就一切種智。「妄念心滅」不是講會打妄想的覺知心滅掉了，而是說證悟的人把能分別的覺知心裡相應的虛妄想、虛妄念滅除了，成爲如理作意的正念、正見的意識覺知心，而不是要把意識覺知心給滅除掉。這就好像經論上說：「**阿賴耶識，阿羅漢位捨。**」並不是把阿賴耶識心體捨掉了，而是把阿賴耶識心體的阿賴耶性——也就是把祂執藏分段生死種子的染污性捨掉——不是捨掉識體。所以「妄念心滅」是說：把能夠打妄想的覺知心的不如理作意的虛妄想、虛妄念消滅掉，不是滅掉第八識心體；因此「妄念心滅」以後，這個覺知心還是存在的，只是從不如理作意的染污意識心轉變成如理作意的清淨意識心，只是把染污的末那轉變成清淨的末那，這樣修到最後階段時，就能了知第八識心體所含藏的一切種子。當我們悟後這樣次第進修，了知第八識心體中的一切種子以後，智慧具足圓滿了，就成就了一切種智，就是成佛的時候到了。

因此，「無明斷了」，並不是把無明的心（六、七識）斷滅掉，而是用這六、七識心去證實自己的虛妄，去證實自己確實是從第八識實相心生出來的；也證實自己所觸知的六塵都是從第八識如來藏中出生的，沒有任何外面的五塵被自己所觸覺過；證實了之後，智慧開始次第顯發出來，執著就會漸漸的消除，漸漸的成就解脫果以及成就佛菩提果，最後成就究竟佛果。所以最後就是把染污末那、染污意識，變成究竟清淨的末那、究竟清淨的意識，使祂們成爲無漏性的有爲法。以這個無漏的有爲法，伴隨著佛地的眞如心，盡未來際不斷的利益眾生，永無盡期。所以，這樣子看來，佛眞的是不好當！爲什麼呢？你如果說，這一世好辛苦，你想要提早走，喝下一杯農藥，吃幾十顆安眠藥也就解決掉了，這一世的苦就滅了！但是諸 佛不求己利而只有付出，利益眾生卻是沒有盡期的。爲什麼會是這樣子呢？因爲諸 佛都是永遠無法再從利益眾生上面來獲得任何對自己再增上的利益，永遠都不再會有利益可得了。因爲諸 佛的福德都已具足了，祂還能從最廣大福德中獲得什麼回饋？諸 佛的智慧也都具足了，還能再從利益眾生當中求得什麼智慧？所以都是無可再求、無可再得的，可是卻仍然要盡未來際不斷去利益眾生。一般人這樣想來，會以爲諸 佛眞是可憐，只因爲無量劫以前所發的十無盡願，就被永遠綁住了。

但是你覺得可憐，諸佛卻不覺得可憐；諸佛都是住在受用自覺聖智的境界中，都是法樂無窮的。不知道的人，心裡面想：「佛眞是好！受人供養，至高無上。」知道內情的人說：「佛有什麼好？不管再怎麼利樂眾生、再怎麼辛苦的利益眾生，卻是什麼妙法、福德都沒有辦法再增上了，都是只有不斷的付出而已。」但是最後眞正知道內涵的人又說：「就是因爲都不能再得了，所以就表示諸佛都已具足圓滿福慧二法，那才眞是好啊！」所以好與不好，都只是在你一念之間，就看你怎麼想了。接下來又有人提出問題來：

論文：【問：「若諸佛有無邊方便，能於十方任運利益諸衆生者，何故衆生不常見佛？或睹神變？或聞說法？」】

講解 問得好！常常有人說：「你總是勸我學佛，可是我又看不見佛，我哪兒知道有沒有佛？那我爲什麼要信祂？」有的人眞是這樣想。他說：「我們拜神，去到宮廟裡面，如果神降乩的時候，還可以藉著乩童跟神講話，可是我想要見佛，要跟佛講話，根本從來都沒有辦法見到，都看不見。」可是我問諸位：「你去區公所面見基層的辦事員，容不容易見？」（大衆回答：容易見！）容易見！因爲你一進去，隨時都可以見到；可是你如果想要見他們的課長，那你就得要請課員通報一下，然後再繞過櫃檯進去，你才能與他說話。如果你想要見區長，還得要進區長室，那又難了一點；你如果想要見市長，那就要事前好幾天先安排；因爲大家都想要見他，他沒有那麼多時間可以隨時等著接見你；那你如果想要見總統，可就更困難了！那你說說看：是好見的人層次比較高，還是難見的人層次比較高？（大眾回答：難見的人層次高。）對了！正是這樣！所以，一般人見到佛的機會是很少的。

很多人去求神問卜，諸神爲眾生辦事，通常大概一天的時間就幫你到處調查而問清楚了，一天就幫你解決疑難了；如果是特別複雜的事情，比如說，你問祖先三代的過去事，那些祖先們也許都已經往生了，結果上幾代的恩怨一直傳下來，神也弄不清楚，那他們要怎麼辦呢？他得要去請問更高層次的神或菩薩，所以你求神降乩求了幾天仍然求不到，你該怎麼辦？你得要有耐心的等上好幾天。後來終於降乩了，原來他去幫你請問 觀世音菩薩；因爲他也弄不清楚，因爲你的上幾代祖先都往生去了，不在鬼道裡面，他也找不到，無法調查解決，那該怎麼辦？只有去請問什麼事情都知道的 觀世音菩薩。可是神也不是隨時都見得到 觀世音菩薩，所以有時得要等上好幾天才有因緣面見，不是隨時都見得到的。那你說，觀世音菩薩都這麼難見了，想要見 佛當然更難，得要有大因緣才能遇見，所以不是隨隨便便的就能輕易見到諸佛的化現。

所以，如果你夢見過佛，或者定中見過 佛來開示與加持，而那尊佛確實不是鬼神冒充化現的話，那你學正覺同修會的法，一定會有因緣開悟，因為你過去世曾經和佛有深緣啊！如果你夢見過善知識曾經給你機鋒，給你開示，那個開示與機鋒也是第一義的法，那你應該要安下心來：「**我一定有機會證悟，只要跟定就好了。**」那就是與善知識有緣。這種緣並不是一生就能獲得，而是很多生修學善法才結下來的。同樣的道理，諸佛雖然有無量無邊的方便，能於十方任運利益眾生，但祂們又不是魔術師，你要祂變現出來，祂就照你的要求變現給你看？祂們絕不是為了求財、求名、求利，也不是為了求眷屬，祂們什麼都不求，就好比世諺所說「無欲則剛」，所以不是你想見就能見的。

又譬如常常有人想見我，就打電話去出版社找我，但是一定都找不到我，因為我無所求於諸方，為什麼一定要見他們？除非我觀察到某某人證悟的因緣差不多了，可以見了，才會約時間相見，否則我都不想見；我也不可能接受電話晤談，也不可能立刻就見面，因為我沒有那麼多的空閒。不管他們名氣多大，不管他們道場多大，徒眾幾萬、十幾萬、百餘萬，我都無所求於他們。如果是要求法，那他們要來找我，就得要依照我的時間安排。雖然我沒有什麼名氣，道場這麼小，但我就是這樣，我無所求於任何人，所以不必隨時候見。同樣的道理，諸佛既然無所求於眾生，爲什麼眾生隨時想要見到就得變給他們見？又不是魔術師在變魔術賺錢，對不對？所以學佛的人不可以像一般眾生有這樣的想法。

所以你如果想要見到諸佛示現，一定得要有特殊的因緣。從我出來弘法到現在，我也只見過兩次；以我現在所作的這麼重要的弘法工作，總共也就只有見到兩次，你說諸佛有那麼容易見嗎？當然不是那麼容易見得到的。外道或者凡夫說：「諸佛都有神變，隨意變一下，就可以讓眾生目睹神變，就生信了，爲何諸佛都不肯變現一下？」然而諸佛又不是魔術師，爲什麼要隨時隨地候傳而變魔術，來作種種神變給你看？如果諸佛必須一天到晚在空中變魔術給他們看，他們才會相信佛法的話，那麼這樣來學佛的人其實都是俗人，不是眞正的學人。所謂的學人，是根據什麼而說他是學人呢？是從佛所留傳下來的經典法義來判斷，當有人一見經典中的法義，就說：「這才是我所要的東西。」那就是學人。如果是看見佛一天到晚在虛空中變化：行於空中來去坐臥，上身出水、下身出火，上身出火、下身出水。看見 佛這樣變來變去，才肯來學佛的，那麼這個人一定學不了眞正的佛法，因爲佛法不以這種世間有爲有作的世俗法爲中心內涵來修習的。

「或聞說法？」諸佛說法都是講第三轉法輪的方廣唯識系諸經，那一類的深妙法，一般眾生聽得懂嗎？（大眾同答：聽不懂！）當然聽不懂！連第二轉法輪的般若經典法義都聽不懂了，何況是第三轉法輪方廣經典所說的種智妙義，那更難懂！而諸佛示現為人說法時，通常不會是宣講很淺的法；所以想要直接聽受諸佛當面說法，你得要有一定的條件；當你這些條件還沒有具足的時候，就沒有資格當面聽佛說法。如果想要遇見化身佛在人間跟你說法，那你得要具足什麼條件呢？得要具足聲聞種性而能證悟聲聞菩提的條件，或者具足菩薩種性而能證悟佛菩提的條件，所見則是化身佛。你若想要遇見報身佛跟你說法，那你一定得要具足初地以上的條件，不然的話，你就算定中看見了、夢中看見了，那也只是看見化身佛，只能增長你的信心而已。

如果是藏密喇嘛所見到的佛、菩薩，像是宗喀巴所見到的黑文殊，那都是鬼神冒名化現的，才會講出外道行門的雙身法來教導宗喀巴，教他追求欲界人間最大、最強烈的淫樂覺受。現在藏密喇嘛們所傳的法都是外道性力派的邪淫法門，都屬於左道密宗的邪淫外道法；像這樣子破壞 釋迦佛教法的邪見者，根本就見不到真正佛菩薩的示現，所以他們所謂的感應見佛，其實都是鬼神冒名示現的，根本就不是眞正的佛菩薩示現。

當世間沒有眞正的善知識弘傳眞正的了義法時，諸佛才有可能常常在衆生的夢中、定中示現說法；祂們是因爲觀察人間沒有佛法了，或者正法快斷絕了，卻仍然還有衆生適合傳這個法，就會度化他們：或者在定中，或者在你夢中示現而度化你，讓你證悟之後讀懂經典了，再出來弘法。假使已經有人出來弘揚正確無誤的佛教正法時，祂們就不會再常常示現；除非另外有別人具足大因緣，否則不會再常常示現，所以佛弟子們想要面聞諸佛演說正法，不是那麼容易的。所以，外道問說：「諸佛有無邊方便……何故衆生不常聞佛說法？」這是不懂諸佛高深境界的說法。我們的論主 馬鳴菩薩答覆說：

論文：【答：「如來實有如是方便，但要待衆生其心清淨乃爲現身。如鏡有垢，色像不現，垢除則現；衆生亦爾：心未離垢，法身不現，離垢則現。」】

講解 這一段問答，是從兩個層次上來說：第一是從化身的層次來說，另一個則是從法身的層次來說。前半段是講化身的示現。論主說：如來眞實有這一類十方任運利益衆生的方便，可是要等待衆生的心清淨了以後，諸佛才會爲那些衆生示現。換句話說，如果心還沒有清淨，還不適合修學佛法，仍不適合證道，那麼他的佛緣就是尚未成熟，諸佛就不會顯現化身來讓眾生得見；這就好像鏡子有嚴重的垢染時，鏡中所有的影像就不會現前了；如果能先把這些污垢擦洗乾淨以後，影像就可以出現了。眾生想要見到諸佛的法身時，也是一樣的道理。

譬如常常有人提出質問說：「你們正覺同修會都說確實有第八識，可是我找第八識已經找了三十年，始終是找不到。如果眞的有，怎麼可能找了三十年都找不到？那不可能嘛！」如果遇到有人這樣講，那你就告訴他說：「你找不到，是因爲你的心還沒有清淨。爲什麼你的心還沒有清淨？那是因爲我見還沒有斷除，你不肯把自己殺掉，你老是認定說：『我這個覺知心就是眞如心。』老是認定覺知心一念不生時就是眞如心，那你這樣子斷不了我見，就是被這個我見的污垢所遮住了，當然就永遠找不到眞如心第八識。除非你轉變落在意識心上的錯誤知見，如果不轉變那個落入我見的錯誤知見，不要說三十、五十年，就算是三十大劫以後，你還是找不到第八識眞如心的，因爲你將會永遠認定這個意識覺知心就是眞心，一定無法離開意識心的境界，就無法轉個方向去找眞如心。你一定要先把覺知心常住不壞的邪見殺掉，不再認定這個覺知心是眞如心，確定一定另有一個離見聞覺知性的眞如心；建立這樣的知見以後，你才能夠往正確的方向去找，才有可能找得到第八識眞如心。否則的話，你始終在覺知心這方面去找，你永遠也找不到；不要說三十年，三十劫以後也還是找不到的。」

同樣的，法身也是這樣的道理，眾生如果要想找自己的法身，想要見到佛的法身，也是這個道理：眾生心如果還沒有離開邪見的污垢，也就是還沒有斷除我見的污垢、無明的污垢，法身就永遠不會現前，因爲他們永遠都會在覺知心上面去尋找第八識法身。眾生因爲心垢的緣故，總是會這樣子想：「覺知心一念不生時就是法身了。」其實絕不是！這種覺知心的境界其實還是太粗淺了。那麼覺知心進入未到地定中，可以算是法身了吧？那也不是法身！那麼覺知心進入初禪中時是不是法身？也還不是！我告訴你：就算覺知心進入非非想定中一動也不動，都不會返觀自己在不在了，那時也仍然不是法身。就算你進入第四禪的等至定境中，把覺知心滅掉而當作是無餘涅槃境界，其實是退回色界定中而落入無想定去了，這樣子誤以爲是證得涅槃，其實還不是！仍然是色界中的有爲有作定境。

如果有人眞的證得俱解脫的阿羅漢境界了，他想：「我像其他的俱解脫阿羅漢一樣，把意識心自我斷掉，入了滅盡定，總該是證得法身的境界了吧！」其實仍然還不是法身境界！所以法身境界的親證就是這麼難！爲什麼呢？因爲阿羅漢雖然我見斷了、我執也斷了，可是他們還有無始無明的污垢存在，還沒有辦法打破無始無明，所以無法證得實相心的眞如法性。所以一定先得要使覺知心離開了我見的污垢，並且要遠離無始無明的污垢，相信確實有一個能生萬法的無餘涅槃的本際恆而實存；要能夠信受善知識所說：「**在覺知心存在的當下，同時還有另一個第八識如來藏離見聞覺知而確實存在運作著。**」然後才會在因緣成熟的時候，找到如來藏識，這時就說你已經確實離開我見垢了，無始無明也打破了，法身就顯現出來了。

論文：【云何修習信分？此依未入正定衆生說。】

講解　從這裡開始，就是進入第四分（信分）的法義了。什麼是修習信分呢？這就是說明：要怎麼樣修學才能滿足十信位？十信滿足以後，才能夠進入菩薩的正修行位中。《起信論》中所講的修習信分，就是從初發心開始，要次第修學佛菩提道；換句話說：修習信分，是爲那些還沒有生起正定的人來說的；是爲那一些還沒有獲得定信的人，是爲那些心中還沒有決定的人來說信分。在修學信分而獲得決定信心之前，當然先要說明什麼叫做信心？所以 馬鳴菩薩接下來說：

論文：【何者爲信心？云何而修習？信有四種：一、信根本，謂樂念眞如法故。二、信佛具足無邊功德，謂常樂頂禮、恭敬、供養，聽聞正法、如法修行，迴向一切智故。三、信法有大利益，謂常樂修行諸波羅蜜故。四、信正行僧，謂常供養諸菩薩衆，正修自利利他行故。修五門行能成此信，所謂施門、戒門、忍門、精進門、止觀門。】

講解 修學信分的法，就是要先瞭解什麼叫作具足了信心？又應當如何來修習信心？這就是爲初入佛門而修十信行的初機學人講的。信心的意涵和具足信心的修習方法，分爲四個部分來說明。什麼叫做信？從世俗法上來說信，是由於對某人所說的一切言語都全部能夠信受，所以就表示對於某人有了信分，因此不管這個人所說的法是對是錯，他都照單全收，就是由於有信的關係。菩薩修學佛菩提道，他的信有四個內容：

第一就是**信根本**。信根本是說，他的心**愛樂眞如法**，心中常常憶念眞如法。第八識眞如心的眞實性與如如性，是菩薩修習一切佛法的根本，所以信有眞如法，就是信根本。也就是說，菩薩修學佛菩提道之前，首先要信受愛樂「一切有情都有眞如之法」：不管是在因地或是菩薩地，乃至究竟佛地，這個眞如之法是眞實有其清淨自性存在，也一直都是眞正的如如自在的心；相信了以後，還得要愛樂這個眞如法，念念不忘這個眞如法，想要去修証，所以說是「樂念眞如法」。

這個眞如法爲什麼說是菩薩的根本？因爲佛菩提道是以眞如爲根本，離開了第八識如來藏，就沒有佛菩提道可言了。二乘法固然依舊是以第八識心體的眞如法性作爲解脫法的所依，但是實證上則不須親證眞如；所以有些人假使不樂念眞如，仍然可以修學二乘菩提，譬如聲聞乘中的阿羅漢們，譬如緣覺乘中的辟支佛們，都沒有証得自心本具的第八識眞如法性，可是他們照樣能夠取証解脫果；因爲解脫果是由於斷除了我見、以及斷除了我執，証得五蘊的緣起性空而得到解脫果，不必親証第八識眞如心的，所以二乘聖人與學人都不需樂於眞如、常念眞如。

但是佛菩提的親證，卻必須要親証眞如，否則就不是眞正的大乘別教見道，就入不了佛菩提的修行之道。這意思是說，佛菩提道的根本是在於自身本有的第八識眞如法，如果不相信有這個眞如法性、不愛樂有這個眞如法性，也不憶念眞如法性、不想証得第八識眞如心，那就永遠都沒有進入佛菩提道的時候；所以修學成佛之道的首要之務，就是要相信眞如法而且**樂念眞如法**。換句話說，如果不信受有眞如，不接受有第八識所成就的眞如法性，則他所說的成佛之道就會全部變成戲論了，就與眞正的成佛之道完全不相干了！這種人所寫出來的《成佛之道》就絕對不可信受了，這就是印順法師與達賴喇嘛所說的應成派中觀的邪道，因爲他們所說的《成佛之道》都是心外求法嘛！**外於眞如自心而修學佛法**，將永遠都無法進入佛菩提道。因此第一個就要信根本——以第八識心體的眞如法性作爲一切法的根本——先要相信佛法根本的眞如法性而且愛樂之。

第二個部分，得要**相信諸佛具足了無邊的功德**。如果不相信諸佛有無邊的功德，又如何能生起愛樂之心而修學佛法？而想要去証得佛地的境界呢？一定是本身相信佛地的無量無邊功德已經圓滿具足，對這一點生起了信心，具足信受了，才會生起決定心來修習佛法。但是末法時代，常常有人用自己修行的境界來衡量諸佛的境界，所以就會亂講：「釋迦佛就是因爲沒有神通，所以人家想要害祂，祂也不曉得。」也有人說：「釋迦佛就是因爲沒有神通，所以才會吃了三個月的馬麥。」這是誰說的呢？（有人回答說：月溪法師！）正是已故的香港月溪法師！類似如此的說法，其實都是愚痴人的說法！

眾生從自己的凡夫境界來看諸佛時，他會覺得佛跟眾生沒有差別；佛從自己的智慧境界來看眾生的時候：各個都是未來佛。諸佛以自己親證的境界來看眾生，現觀一切眾生遲早都會成佛，將來終有一天會跟自己沒有差別。所以眾生看佛：佛是眾生；佛看眾生：眾生是佛。但是眾生根本就不懂這個道理，就堅持自己錯誤的想法：「我已經研讀經論好幾十年了，我現在統統知道佛法了！佛的境界也不過就像我這樣而已啦！」然後就主張說：「沒有眞如心體啦！所謂眞如就是一切法緣起性空啦！根本就沒有第七識、第八識，就只有一切法緣起性空。懂得一切法都是緣起性空，這就是懂得佛法、親證佛法啦！」

他們都是用自己錯誤的想法來衡量佛地的智慧境界，所以那些弘傳所謂原始佛法的法師們（編案：指印順法師…等人），他們都不承認有報身佛，只承認在人間兩千五百多年前的**道成肉身**佛；他們絕不承認有天界的圓滿報身佛，也不承認有眞實存在的自受用的自性法身佛；所以他們絕不承認天界也有佛法的弘傳，認定只有人間才有佛法，才會以狹隘的**人間佛教**邪見，來抵制天界及他方世界的佛教。這就表示他們不相信佛地具足無邊的功德，以爲佛的智慧與境界跟凡夫位中的自己大概差不多。他們因爲看見經中記載 釋迦佛示現在人間時，也跟我們一樣有吃、喝、拉、撒等無記法，但是他們不曉得那是爲人類的得度而示現的應身；他們根本就不知道色界天的凡夫們都已經沒有生臓、熟臓了，更何況報身佛的境界哪裡還會有生臟、熟臟來飲食呢？他們連色界天人的境界相都不曉得，更不要談諸佛的報身與法身的境界相啦！所以他們總是用自己的境界、用自己的觀念來衡量諸佛，所以從他們的境界來看諸佛，結果諸佛也變成和眾生性的他們一樣了。

但是呢！一個學佛的人假使想要眞正進入佛菩提道的修行，除了信有萬法根本的自心如來藏識之外，還得要相信諸佛具足了無邊的功德，祂們能夠帶領我們往佛菩提道前進，乃至究竟菩提而成就佛果。而諸佛累劫所修的福、所証的慧，已經全部圓滿具足了，不但是三界中尊，而且是一切阿羅漢、一切菩薩之所皈依；所以菩薩知道了這個道理，眞正信受了這個道理之後，他們就能夠**常樂頂禮諸佛**。甚至不管是不是有眞正的佛來示現，只要看到諸佛的形相就喜歡禮拜。有些菩薩受生以來就是這樣，他們小時候也沒人教他怎麼禮佛，他自己就會禮佛，見了佛像就拜，這就是累劫累世熏習來的習氣啊！因此他們常常都樂於頂禮諸佛。

頂禮，是說以我們頭頂來禮拜諸佛。頭頂是人身最最尊貴的地方，用這個頭頂觸地來禮拜諸佛。頂禮時，頭得要觸地；土地不但是佛足、也是眾生足所踐踏的，所以土地是最低下的，用我們最尊貴的頭頂來觸碰佛所踏的最低下的土地，才是最敬禮。有時候菩薩則會用頭面接足禮來禮拜，如果當他有緣遇見佛的時候。

我這一世曾經用過一次這種禮拜法，結果害那位師父嚇了一跳。我眞的是頭面接足，把我的額頭放在他的腳盤上面，雙手輕輕的靠住他的腳後跟，但是結果卻把他嚇了一跳。這其實是最如法的頂禮了！當然，佛像都是高坐在佛案上，你沒辦法這樣頂禮啦！所以菩薩們額頭著地來敬禮，這是以我們最尊貴的頭頂來禮拜諸佛，這表示最恭敬禮拜的意思。

除了這樣恭敬禮拜以外，有的人還以供品上供，並且以偈頌來讚歎諸佛！不管是用唸的，或是用唱的，這叫做供養、讚頌。除了如此以外，還要有香花、燈明、飲食、衣服、藥物⋯等等來供養。當你供養佛的時候，佛像並沒有下來吃了你的供品啊！不過護法神卻是可以受用你這些供品的香味啊！有的人這樣想：「**我以食品供了佛，反正佛也沒有受用嘛！所以供佛都只是一個形式，只是表示誠意**罷了！」所以就隨便在供案放一下，放個二、三秒鐘就立即撤下來了！這樣不對！應該還是繼續供著，護法眾神爲你護持正法，難道不該受你供養嗎？當然也該受供嘛！可以藉此作爲他們欲界身的食物。就譬如說你送食物到寺院裡面去，供養住持大和尚，可是大和尚吃得了那麼多嗎？他總不能只給自己受用，總是要請那些幫忙他做事的弟子們來共同受供嘛！所以我們供佛時應當誠心供養，不可虛應故事一般。

昨天有人問我一個問題，我想這個問題也可以跟諸位聊一聊，他說：「有一位師父跟我們講：『你們供佛以後，那些供品都不可以吃，都得丟到水裡面去，或是丟到淨地去埋起來。』」大家不要聽受這種話，這話不正確。不管他是如何尊貴的在家菩薩，或者是低賤的在家菩薩，都不該信受他們這種說法。他們誤會了阿含經典裡面供養 世尊的規矩了！

在阿含經典裡面有這樣的記載，而且是很多次的記載；這個道理諸位也應該知道，應該要學起來：凡是供養諸佛，你都不可以心存疑見而請佛來受供。往往有人因為心疑人間示現的佛是不是眞佛，結果上供時間到了還不肯上供，打定主意要先聽佛說法，確定眞的是佛，有資格受他供養，才願意奉上供養。那他就會先請法，要求先聽佛說法以後才肯上供。但是佛先說法而過了午齋時間之後，或者先說法之後才上供，即使午齋時間未過，佛也都不受午齋供養了！所以凡是要供養人間示現的眞佛，一定要在祂說法前先上供；除非是距離午齋的時間還很早，佛主動為你說法；不然的話，你請佛來受供，佛往往是接近中午時分才來的，這時你還堅持請佛說法，等到佛說完法了，一定是日過正午了！這個時候再送上供養，諸佛就都不接受了。如果是請法完畢以後才上供，就意謂佛以說法換取午齋，都不如法，這時諸佛都會交代說：「你這樣的供養不如法，所以我為你說完法了，但是卻不受汝供。」

這時信未具足的居士想一想：「那該怎麼辦呢？佛既不受供，那這一缽飯菜要怎麼辦呢？」根據阿含中的記載，釋迦佛會交代說：「你就拿去郊外，找個無蟲的清淨水池，把它投進去。」這人聽了佛這麼說，就遵照佛的意旨去到郊外，找到沒有蟲在裡面的水塘，就把飯菜丟進去；沒想到倒下飯菜之後，池溏的水就好像被一大塊燒得紅通通的熱鐵丟下去一樣，整個水池都冒泡滾開了！這意思是說：這一缽飯菜本來是釋迦佛的人間應身所應該受用的，天上天下沒有人具有這個功德來受用這一缽飯菜，不管是誰，吃下去都將會受不了，唯有釋迦佛才能受此供養。但是因為時過正午的供養並不如法，或者因為請佛說法而以飲食交易的作法並不如法，所以釋迦佛不受供，就空腹回去精舍了！

所以想要請應身佛前來供養的人，務必記得這一點。因為你們未來無量世，等到彌勒佛降生的時候，很可能有機會供佛啊！當你供佛的時候，務必記得今天所講的話，不要想請彌勒佛說法完了你才要上供，一定要先上供啊！除非彌勒佛來看你的時候是早上六、七點或者七、八點，時間還很早，祂主動爲你說法，但是一定要在十一點鐘時就請示「是否上供？」不可以請 佛來受午供，結果 佛在接近十一點鐘時來了，你卻還要聽 祂說法以後才上供，等到說完法的時候，已經過了正午了；即使未過正午，也不如法， 佛一定不受這個供養的，十方諸佛都是這樣的。所以，經中所說的不可自己受用原先供佛的食物，是這個意思。這不是說你供過佛像的那一些供品不可以食用。

供過佛像以後呢！表示說諸佛已經領受你的心意了！等候一小段時間，就可以撤下來，用來供養諸天天主，譬如玉皇大帝、玄天上帝、保生大帝⋯等等，不管你要再用來供養誰都可以，都沒有問題。絕對不可像那些管理納骨塔的民間信仰的無知者，說什麼「要先供養土地公，才可以去供地藏王菩薩」，他們連尊卑都弄不清楚，眞是顚倒，完全不懂三界境界法。所以這個道理諸位一定要曉得，凡是諸佛所應受供而未能受供之物，三界中沒有人能夠領受的；但是因爲你所供的是形像的佛，不是眞正示現的佛，所以上供撤下來之後，你還是可以供養其他一切的有情，上至等覺、諸地菩薩，中及一切僧寶，下至諸天天主，再下來乃至鬼道眾生的土地公都可以供養，當然你自己也可以受用。

因為佛已經受供過了，你已經如法供養了，就沒有這些問題存在；不必聽人家亂講：「供過佛的東西不可以再撤下來吃。」經中所講的並不是這個意思。如果你這個東西是本來要供佛的，你已經說過這是要供佛的，那你還沒有上供，就拿去給誰吃，那就不可以啦！或是轉而先拿去祭拜天神、天主，這都不行。你如果真的這樣子拿去供奉天神，他們反而不高興：「這是 佛所應受供的東西，我沒辦法享用啊！」他會說：「唉！你這個人真沒有誠心，竟然將應該供佛的供品拿來供我，讓我無法受用。」所以這個道理諸位都得要瞭解。好！這是講供養。

修行信分的人，頂禮、恭敬、供養諸佛之後，接著還要聽聞正法。因為你頂禮諸佛、恭敬諸佛、供養諸佛，你的目的無非就是要聽聞正法嘛！能夠親自遇見應身佛，那可不簡單啊！這種機會並不是很多的！經上常說：「諸佛出現人間，猶如優曇缽華，時乃一現。」優曇缽華就是曇花。曇花開與謝都很快，也許你晚上正在看電視，它正好偷偷的開敷綻放啦！等到你明天早上起床，準備要澆花時，才知道花早已開過又凋謝了！就是因為這樣難得一見，所以有些人種了曇花，他就專門等花開，特別注意可能會開花的時間，就特地聚集了幾個人來賞花，因為真的很難得！

由這一句經中的話，可見諸佛在人間示現是很難得值遇的，所以如果能夠遇到有佛在人間示現，能夠親自聽聞佛說法，那眞是很難得的！可是有幸聽聞正法之後，並不是聽過就算了！聽了之後還得要**如法**修行。請特別注意**如法**兩個字。換句話說，如果修行的知見與方法是不如法的，那我勸你不如不修，因爲修錯了結果反而是走岔路了！本來以爲是在修學正法的，結果卻是正在修學破壞正法的法門，那就眞是：**天哉！枉也！**因此修行一定得要如法！

爲什麼要從頂禮、恭敬、供養、聽聞正法，而進到如法修行呢？因爲你作這些修行的目的都是要迴向一切智。一切智就是所有佛門修行人的第一個目標：解脫。一切智之中共有十智，從法智、類智……到最後的盡智與無生智，包括世俗智、知他心智在內；這一切智都是屬於解脫道的範圍，也是二乘聖人所修的全部內容。而這個解脫道是我們大乘學佛人所應親證的第一階段內容，要將佛菩提道修證完成之前的第一個分水嶺，讓你有把握可以出離三界生死，從此以後對於三界生死就沒有畏懼了！這就是本師 釋迦牟尼佛爲何三轉法輪的原因所在。在還沒有把握能出三界之前，對於生死總是有那麼一分的恐懼，不曉得自己到底能不能夠証得解脫道？能不能出離生死？在還沒有這個把握的時候，叫你要如法修行，也眞是不容易啊！

當你還沒有這個把握的時候，叫你要經歷三大無量數劫去修証佛菩提道，眞的是很困難啊！因爲往往心裡面一想：「如果我還沒有辦法證得解脫道，但是我又世世都不離隔陰之迷，也許下一輩子幹了什麼不如法的事，結果又墮三惡道去了，佛道就永遠都沒有實現的可能了，那該怎麼辦？」所以心裡面總是會有那種擔憂存在。這種事情是很常見的，你不要說：「不可能！我的本性善良，我怎麼會幹壞事、謗法破法？我不可能這樣的！」請諸位看一下現在的情況：你們去觀察那些很努力在修學《妙雲集》的法師與居士們，他們有哪一個人不是本性善良的人？但是他們卻都在誹謗菩薩藏、抵制如來藏勝法啊！也都直接或者間接在否定第三轉法輪的方廣唯識經典啊！他們都不承認第三轉法輪所說的阿賴耶識如來藏啊！他們不都是本性善良的人嗎？可是他們卻是在從事破法壞法的事業，都是在根本上把三乘佛法的根挖掉了！這不是正在種下大惡業的種子嗎？

謗無如來藏的人就是謗菩薩藏，《楞伽經》中佛說謗菩薩藏的人就是一闡提人，你看有多嚴重啊！可是他們都是本性善良的人，所以願意來修學大乘佛法，這本是善因，然而學習印順的人間佛教邪見以後，所作出來的卻是惡業，所得到的卻是惡果，未來無量世可就大大的不安穩了！所以我們一定要瞭解：信分的第一個部分的修行，一定得要**如法**。所以修學佛法的第一個部分，就是要先証得一切智，你心裡面就可以很安穩；因爲當你眞正懂得二乘涅槃一切智的時候，你就會知道說：「所謂証得涅槃，入了涅槃，就是把十八界統統滅盡。」可是你一定隨著就會想到：「十八界都滅盡了以後，是不是就成了斷滅境界？」對啊！似乎成爲斷滅境界了，因爲十八界都不在啦！還有什麼法存在呢？你一定會探討這個問題。

問題出現了以後，親證阿羅漢果的你一定會趕快去見佛問清楚，或者會去見諸大菩薩：「我現在得解脫了，可是我解脫了以後，我捨報了，就把十八界我都滅掉了以後，豈不是變成斷滅境界了嗎？」但是諸佛菩薩都會告訴你：「不是斷滅。無餘涅槃之中實有本際，也就是『識緣名色』的識、『名色緣識』的識。」這在南傳佛法的阿含經典裡面，把這個識叫做愛阿賴耶、樂阿賴耶、欣阿賴耶、喜阿賴耶，又叫作有分識，也就是凡夫位時的第八阿賴耶識心體。在北傳佛法經典中，初轉法輪的四阿含經典裡面曾明白的說是如來藏，所以阿含部的經典裡曾說：「見法即見如來藏。」意思是說，証得如來藏時你就見到了眞正的佛法了。那麼諸佛菩薩對你說：「無餘涅槃裡面有這個實際、有這個眞如心，所以不是斷滅境界啊！」

那你就安心了：「原來七識之外還別有第八識存在，並且在無餘涅槃境界中獨自存在，那麼無餘涅槃當然就不是斷滅境界啦！」心裡面就安穩無憂啦！

接下來你說：「既然這樣，解脫果證得啦！出三界沒問題啦！我又何妨再迴入娑婆或是他方的佛世界，再來修行無量的菩薩行？就可以一直修到究竟成佛，圓滿成就佛菩提道。」這時你就有勇猛心了。可是在證得解脫果之前，你得要先把因地所修的一切福德與智慧，全部先迴向一切智，先求證解脫，去證實：**解脫道是眞的可以修、可以証得的**。因此在信分的第二個部分中，說要信 釋迦佛具足無邊功德；正因爲 佛有這個能力讓你証得解脫，而諸大菩薩跟著 佛學，所以他們也有這個能力，讓我們可以依止諸大菩薩而修學佛法，所以在修習信分的第四種裡面才會說你也得要信正行僧。

第三個修習信分的方法，是**相信佛法對自己有大利益**。當然這裡講的佛法是指以眞如法爲中心的佛法，分爲三乘道的佛法，也就是聲聞菩提解脫道的法、緣覺菩提解脫道的法、佛菩提中諸菩薩所修的法，這三乘菩提的法總稱之爲佛法。除了佛法以外，所有外道所說的法，都是三界生死輪迴法，都無法使眾生獲得解脫以及大智慧，所以不能信受奉行；假使信受奉行而想求得解脫的話，就會出紕漏。外道們告訴你：觀想中脈明點並且練氣成功以後，觀想明點成功時就是證得第八識如來藏；因爲證得如來藏就是觀想明點成功，那時就是證得中觀，就是明心開悟成佛了！那你照著這樣錯誤的教導去修，佛道就走歪了！因爲明點絕對不是如來藏，他們卻說明點就是眞正的菩提心，就是如來藏；你如果相信而跟著修鍊下去，那你就走錯路了！也會成爲大妄語者。

甚至於，被古時未悟的凡夫們胡亂蒐集而編入密教部的密宗經典，譬如《大日經》告訴你說：應當觀想自己有一個本尊形像，然後再把自己變成本尊；這個本尊觀想變成佛的三十二相、八十種好，這樣觀想成就的時候，就是成佛了！你不知道這是附佛外道所說的外道法而跟著走，那你就學錯了！因爲那種修法根本就不是佛法，與三乘菩提的正法修證完全無關，只是把外道法冠上佛法的名相而冒稱爲佛法。所以《大正藏》中的經典有眞、有僞，還眞的要有慧眼、法眼才能夠了知啊！這意思就是說：要信受眞實的佛法，不可以信受外道之所說，也不可信受密宗外道假藉佛法名相而說的法。

馬鳴菩薩說修習信分的人要相信佛法有大利益，是說應在佛法上面起信，不可在外道法上面起信。可是想要作到這一點也很困難！因爲到了末法的時代，許多的外道法，都摻進佛門裡面來；特別顯著的就是西藏密宗，把一切外道所說的法全部都蒐集起來，都容納進密宗裡面來，然後冠上佛法的名相與果位，再把這一些外道法高推，來放到三乘法的頂頭之上，說這是 釋迦佛所未曾說過的法，是比 釋迦佛的法更高的無上密法；說密宗的男女雙身合抱享受欲界淫樂的「佛」才是最究竟的佛果，才是眞正的佛；依他們這樣的解釋， 釋迦佛就成爲還沒有成佛了！就不是無上正等正覺了！不幸的是：這些外道法還被沒有般若智慧的日本人蒐集起來，並且都編入《大正藏》中，成了佛教正式承認的佛法了！可是，其實都是外道法，與佛法中的解脫道與佛菩提道都完全無關，可以說是「八竿子也打不著的外道法」。所以這個時代想要接觸到眞正的佛法，想要信受到眞實的佛法，還眞的是很困難啊！

現在有很多人信了常見外道的法，就信離念靈知是眞如心，結果還是不離常見外道所說的意識心；也有好多人信了藏密**無因論**的緣起性空的法，也就是達賴喇嘛與印順法師…等人所弘揚的應成派中觀的斷滅法與常見法，結果就這樣被大師們誤導而學得團團轉，卻永遠轉不出來，老是在應成派中觀的一切法空的戲論中轉來轉去，還自以爲眞的懂得中觀了！也有人把《楞嚴經》給錯解了，就把意識覺知心當做眞實不壞的法，或者把眼識的能見之性、耳識的能聞之性乃至把身識的能覺之性、意識的能知之性當作佛性，都不能觸證到一向離見聞覺知的如來藏，而落入常見外道所執著的六識、意識的自性之中，成爲用佛法包裝的外道法，根本就是自性見外道，還振振有詞的指責親證如來藏者是自性見外道。

誤會佛法最明顯、最嚴重的就是藏密黃教的應成派中觀，這是大謬論，但是自古至今有多少人知道呢？如今縱使有人知道了，也不敢公開的講出來；因爲應成派中觀是西藏密宗裡面很重要的一個法，他們以這個法中的種種名相，來連接佛教與密宗的關係，來建立他們的外道法與佛法間的關係，使他們的外道法藉著佛法名相而與佛法聯結起來，如今已被佛教界人士接受爲佛法了，所以應成派中觀是藏密黃教中很重要但不是最重要的法，最重要的法還是宗喀巴的《密宗道次第廣論》中所教授的雙身法。可是，你如果沒有十足的把握——沒有法眼——你就不能去動它；有許多人說西藏密宗是個超大號的馬蜂窩，誰敢捅它、誰就倒楣！因爲光憑證悟明心的慧眼，這智慧還是不夠來動它的，還得憑法眼才成得了事；所以你如果沒有法眼，你就不要去動它。但這只是極少數人才會知道內情的，大部分的人都是不知道的，結果就盲目的跟著藏密上師走，這樣子修學下來是修學什麼法呢？就是月稱、安惠、寂天、阿底峽的應成派中觀，也就是宗喀巴、達賴所弘傳的密宗黃教應成派中觀，正是歷代達賴喇嘛和今時的印順、昭慧、星雲、證嚴……法師等人所弘傳的應成派中觀。

如果你相信了那個法，你就倒楣了！因爲修學一輩子以後，所得到的竟是完全錯解中道觀的邪法，根本上其實是外道誤會佛教中道觀的邪思妄想所成就的戲論法。所以 馬鳴菩薩所說的「信法有大利益」，一定得要是**信受純正的三乘菩提的正法**；如果與三乘菩提法有所違背，那就不是眞正的佛法，因此，所相信的佛法必須是眞正的佛法，這個前提一定先要建立起來。建立這個前提之後，才能夠說你信受佛法以後對自己必定有大利益，才可以說三乘佛法對自己一定有大利益；如果信受了冠上佛法名相的外道法，不但無利益，還會因此而造下破壞正法的大惡業，還誤以爲自己是在擁護正法、抵制邪法呢！

信受了眞正的佛法對自己有大利益，就可以常常都樂於修行諸波羅蜜。這裡說的波羅蜜，不用六、也不用十，因爲如果你講六波羅蜜呢！那十地所修的十波羅蜜就不算在內了！如果你講十地的十波羅蜜呢！那初地之前的六波羅蜜，又不在裡頭了！所以用「諸波羅蜜」四字，因爲波羅蜜有時是六法，有時是十法。至於諸波羅蜜的內涵，後面會說，這裡暫時先不說它。

「第四、要**信正行僧**。」想要信到**正行僧**，在現代也是不容易的事，一般而言，能信奉隨學到**正行僧**的人並不多。非正行僧有兩種：第一種是常見外道法，他們每每自稱開悟了！可是所悟的心卻只是意識覺知心的變相：是意識處於一念不生中，在五塵中見聞了了而無語言文字妄念的離念靈知；或是進入二禪以上的等至位中，不觸及五塵；或是意識心暫時不見了，譬如入了無想定而暫時滅掉意識覺知心；或是未到地定過暗，沒有覺知到自己的存在，以爲這樣就是眞心的離見聞覺知境界，就是實證無我，說這樣叫做開悟；其實都是意識覺知心的變相境界，像這樣墮在意識的變相境界裡面，連我見都還沒有斷除，而說他們已經証悟了！那都是大妄語！還想要引導人家來走這一條偏斜的路，並且還不許人家出來解說這個境界的虛妄性，不許人家說清楚來救護眾生離開大妄語業；如果有善知識見義勇爲而說出他的錯誤，想要救護被誤導的眾生們，他就反過來無根誹謗善知識是邪魔外道。這些人當然都不是正行僧，因爲他們都是錯以意識境界作爲實證眞如。

如果還沒有証得眞如，但是謙稱未悟，不說自己已經開悟了，老實的開示說：

「我也還在摸索，但是我所知道的開悟的道路是這樣走的，必須是親證法界實相的第八識如來藏才是眞的開悟；你們暫時就跟著我這樣走，一直到你遇到眞正開悟的善知識爲止。」這樣子老實安分的度眾生，**也算是正行僧**；雖然他還沒有悟，仍然是正行僧的一分子；因爲他沒有未悟言悟，沒有誤導眾生陷入大妄語業裡面，也指示眾生一條正路了啊！因爲這樣的僧寶最多也只是依文解義，最多就是依照經典所說的文字的表義去前進，總不會誤導眾生墮入大妄語的地獄業中，也不會誤導眾生而把常見外道法取代第八識正法。可是如果他自以爲悟，就用他自己的意思去解釋經典，並且堅持他的錯誤解釋是正確的開悟境界，就會誤導眾生同犯大妄語業，那就成爲**非正行僧**了！

還有第二種的**非正行僧**，那就是無因論、兔無角論的緣起性空，也就是達賴喇嘛與印順法師的《妙雲集》所弘傳的藏密應成派中觀的邪見，落在斷常二見之中，而且是具足斷常二見，與 佛所說的妙法完全相違背，他們一直都把誤會了的二乘菩提說成大乘菩提的成佛之道。譬如 佛在四阿含諸經中所講的二乘菩提，說五陰虛妄、六識虛妄，第七識意根也是虛妄，入了無餘涅槃時都要滅盡；你信受了 佛的開示，就去觀行蘊處界緣起性空，所以斷了我見、斷了我執；捨壽時斷了六根、六識、六塵，剩下的只是你的第八識眞如心獨存（這個第八異熟識在四阿含諸經裡面有時又稱爲如、我、眞如、實際、本際、識、如來藏），不再於三界六道中受生、不再出生十八界中的任何一界，連意根末那識都永遠不再現行了，這種無見聞覺知、無六塵六識的境界，只有第八識離見聞覺知而在無六塵的無境界的「境界」中獨存，就是無餘涅槃，所以大乘經中說：「第八阿賴耶識心體同於涅槃。」又說：「涅槃是假名施設。」依如來藏不生萬法而獨存的無境界境界，施設名稱爲無餘涅槃故。

佛所講的一切法緣起性空，都是依這個涅槃本際的第八識心體的自住境界來說一切法空，來說我們所有眾生五陰、十八界都是緣起法，所以其性是無常空；也依這個實相心體的常住性而說一切世界都是緣起，都是無常空；所以緣起性空是依第八識實相心而說三界法的緣起性空，這才是阿含諸經的眞義。他們卻誤會了佛的意思，把萬法本際、把涅槃本際的第八阿賴耶識（又名異熟識）心體否定掉，單取涅槃本際的第八識心體所生的蘊處界等世俗法來說緣起性空，而說二乘法的主旨是離涅槃本際的蘊處界緣起性空，這就是誤會二乘菩提的緣起性空，是把二乘菩提的涅槃本際第八識大前提否定，單取世俗法蘊處界的緣起性空來說聲聞、緣覺菩提，這是誤會二乘菩提的凡夫知見。他們這樣子否定涅槃實際第八識而建立的二乘菩提解脫道，使得無餘涅槃不可避免的落入斷滅境界中，成為斷見者。

又如般若系的經典，是以第八識心體的真如法性作為中心，來說無量的中道觀行，但是他們卻把大乘法中的大品般若經、小品般若經主旨的第八識「非心心、無念心、菩薩心、無住心、無心相心」否定了，然後來說一切法皆空，使得般若中道觀變成本質是斷滅法而又假以種種中觀名相而說為中道的世間戲論了，使得般若中道實有本際常住不滅的**實相法**，變成和斷見外道一模一樣的緣起性空的**虛相法**了，也使得**般若與二乘菩提世俗諦變成同一個道理**了，那就等於是指責「佛在二乘菩提原始佛法以外別立般若是多此一舉」了，也等於是說菩薩道的內容與二乘菩提的內容是一樣的了；由此緣故，他們就主張：只要了知蘊處界緣起性空的道理就夠了，不必親證法界的實相，只要以凡夫知見來修菩薩行，永遠都不斷見思惑、不取涅槃而世世行菩薩道，那就是大乘的菩薩道了。這就是人間佛教的中心思想。像他們這樣的般若，實際上是**無因論**的般若，變成世俗諦的滅相般若，正是禪宗六祖所破斥的「將滅止生」的凡夫見解，已經不是大乘第一義諦的本來常住般若了；所以他們以這樣誤會後的解脫道，辯稱是大乘法中的佛菩提道，妄執**錯誤的解脫道即是成佛之道**而說一切法空的時候，當然就是世俗化與淺化佛法，那正是破壞佛法者，當然一定不是正行僧了。

如果是正行僧，他一定會告訴你：二乘菩提所修的解脫道，是依無餘涅槃中的本際第八異熟識爲常住法，而現觀世俗法所攝的蘊處界等一切法都是緣起性空；大乘菩提的中道般若，則是依涅槃本際的第八識菩薩心、無念心、如來藏，依這個萬法根源的「非心心」來說蘊處界…等一切法皆空，來說萬法與如來藏非一亦非異等中道實相。他也一定會告訴你：第八識非心心是確實存在而且可以親證的。讓你確信：這個空性心是眞實存在的，也是一切法的根源；但是由這個非心心所出生的五陰，以及由五陰衍生出去的無量無邊法，都和我們的五陰一樣其性是空，都是緣起法的緣故。如果是這樣宣示解脫道、宣說般若，那就對了！雖然他仍然未曾證得第八識**不念心**，但他仍然是一個正行僧，因爲他所說的法義與修行方向都是正確的；縱使他還沒有證得這個**無心相心**、**不念心**，無妨仍是正行僧。所以正行僧的範圍很廣，不可只侷限在證悟者之間；只要所說的法是正確的、方向是正確的，那就可以算是正行僧啦！不管他是否證悟了！

佛弟子如果確實的信奉到正行僧了，對正行僧有具足的信心，就能夠跟著正行僧走上正修行之路。也就是說，信受正行僧的人，一定懂得要常常供養諸菩薩眾，使自己的道業增進。菩薩眾中，有凡夫菩薩、賢位菩薩，也有聖位菩薩啊！賢聖位的菩薩，不論是出家菩薩或在家菩薩，都是大乘法中的勝義菩薩僧寶。但是你如果想要供養這些菩薩而廣植福德的話，則以出家菩薩比較容易供養，在家菩薩大部分是不受供養的，因爲他們都各有自己的治生事業，所以大多不願當福田來受人供養；這些示現在家相的勝義菩薩僧，都還想要反過來供養出家的勝義菩薩僧呢！因爲在家勝義菩薩僧很少有人願意當福田給人家植福，所以你想要供養他們還眞不容易！

就譬如有人想要供養 觀世音菩薩， 觀世音菩薩卻不受供，後來 佛說：「爲了愍念這位下地菩薩的緣故，所以觀世音菩薩你應該要受他供養。」因此 祂才接受了瓔珞供養。可是 祂接過來以後並未留著自己佩帶，而是分一半來供養 釋迦佛，另一半用來供養 多寶如來。凡是示現在家相的菩薩僧，很難得願受供養；現出家相的菩薩僧就可以坦然受供，因爲身穿僧衣的勝義菩薩僧都有義務當眾生福田，讓眾生在他們身上植福，不可以考慮「受供以後福德減少而影響到道業的增上」，既然出家了就有這個義務讓眾生種福田、增長眾生的福德。供養諸菩薩眾時，除了出家的勝義菩薩僧容易讓你供養，在家的勝義菩薩僧難以供養到以外，還有一個現象，就是聖位的出家菩薩仍然很不容易供養到，凡夫位的出家菩薩最容易供養到，賢位的出家勝義菩薩僧偶爾能供養到。因爲聖位的出家菩薩很少，你很難得遇到；在家的聖位菩薩比較容易碰到，但是他們都不讓人在他們身上植福，都是不受供養的。這不是他們慈悲心不夠而不願讓人種福田，是因爲眾生大多會誤以爲他們有所貪著，就會誹謗而壞了正法的弘傳。

大乘經中的聖位菩薩，具載於各部經典的起首處，爲數眾多；那些菩薩們大多是天界或者他方世界來的大菩薩眾，都是頭戴天冠、身著天衣、胸佩瓔珞的天界大菩薩眾，很少有出家菩薩。在人間，當然也有這種大菩薩，但一般都不會示現出家相，大家只需從四十、六十、八十華嚴的 善財大士五十三參，就可以證實這個現象了；如果沒有因緣，你在路上也許不小心撞倒了一個人，而他可能正是聖位的在家菩薩僧，可是你根本就不認識他、不知道他的證境啊！雖然他從來都不穿僧服，但是他其實正是眞正的僧寶，因爲他已經入地而成爲大乘別教中的聖人了，你卻無緣供養他，不能在他身上成就大福德。但是現在來正覺同修會求法而證悟般若的三賢位出家菩薩僧，已經比較多了，所以想要供養證悟的別教賢位出家菩薩（證境超過通教或聲聞教中的初果聖人，依聲聞教而言也是聖人，但在大乘別教中則屬於三賢位的賢人），比起以前可就容易多了；所以，如果想要供養到聖位的菩薩，不論是出家或者在家的菩薩，在末法時代的現在，仍然是很困難的！

但是，不管是賢位或者聖位，乃至還在凡夫位中，不管他們悟了沒有，只要他們對你開示的佛法是正確的，那就是正行僧了。當你信受了正行僧，就又具足了一分的信力；這最後一分的信力很重要！因爲像法期和末法期，諸佛都不化現在人間啊！得要靠著正行僧的教導，才有可能一步一步的進修佛法。佛經裡面所記載的法義，譬如我們佛龕兩邊的經櫃裡面那麼多的經典，請出來讀誦時有誰聽得懂、讀得懂啊？在你還沒有破參以前就是無法眞的讀懂啊！要到破參開悟以後才開始一分、一分的懂了；那麼在還沒證悟以前，你該怎麼辦？你先得要相信　佛的正法，也要信自己眞的有眞如心（信這個第八識根本心）。可是你心裡有沒有信受正行僧的心呢？善知識告訴你要跟著正行僧學，可是你老是想：「他和我一樣都是人類，又不是三頭六臂的人，我爲什麼要依他而學？我自己直接讀經典不就行了嘛？我學問那麼好，也不比他差，難道我還會讀不懂？難道我體會到的法義會比他體會到的更差？」

可是我告訴你：「你眞的會讀不懂！不但體會到的更差，而且你一定會嚴重的誤會經義而自以爲是。」因爲佛法並不是學問好的人就能懂的。如果學問好就能讀懂佛經，那麼美國柏克萊大學那些專門在研究佛學的教授們（我們台灣不是有很多法師都去那邊留學嗎？）那些從台灣去攻讀佛學博士學位的法師們的指導教授，他們不是最懂得佛法的人嗎？但我告訴你，你把我的書送給他們，他們還是讀不懂的！所以學問好也是沒有用的，想要親證佛經裡所講的中道觀的實相境界，你還是得要靠有證量的正行僧爲你指導。

話雖如此，但也不必一定要找到證悟的正行僧幫助你才能開悟，如果你在過去世就曾經證悟而不退失的話，如果你眞的是乘願再來的聖者。有時常會聽到人家說：「歹竹出好筍。」（台灣俗諺）譬如我這一世的師父也沒有開悟啊！並且誤導了我的參禪方向呀！後來我把他教的法全部丟掉，以自己的理路來參究！在家中閉關前後十九天，我不就參究出來了嗎？這可是「歹竹出好筍」哩！這就是說：正行僧是很重要的，如果你過去世曾經悟過而因爲胎昧又忘失了；或者過去世一直還不曾悟過，雖然有的時候遇到的正行僧是還沒有証悟的凡夫僧，但是他依文解義而告訴你正法的道理，不依印順法師的邪見來告訴你，不依悟錯的離念靈知來誤導你，而依文解義的告訴你「眞如心離見聞覺知……」等正確的法義，他至少不會誤導你偏離了證悟的方向；雖然他還沒有如實的瞭解經中佛語的義理，但因爲過去世你也許比他早修行，你這一世已經具足了破參的因緣，具足了見道的因緣，而他還沒有具足，但是卻無妨讓他來做你證悟般若的助緣，讓你可以去証得中道實相境界；所以說，信受及依止正行僧，非常的重要！

還有一種非正行僧，也要跟諸位說明白，免得被誤導而走入毀破重戒、破法的邪路，那就是我們在《邪見與佛法》書中寫到的密宗雙身修法，凡是教你雙身法的人一定都不是正行僧（編案：在外國，雙身修法是很容易就可獲得傳授的，因為外國人沒有儒家的師徒禮教觀念；但是在台灣與大陸，密宗喇嘛對這個法的傳授極為隱密，半數的密宗行者學上一輩子都不可能獲得傳授，所以中國地區常有淺學的密宗行者誤以為密宗真的沒有雙身修法）。如果有人要爲你作密宗的灌頂，你還是趕快溜掉爲妙，因爲密宗的灌頂，原則上說來有因灌和道灌，因灌頂只是結緣灌頂，倒是還好；道灌頂則是從瓶灌、密灌、慧灌、到第四灌（也就是無上密灌）。可是修學這四個灌頂法之前，先要有因灌啊！就等於是先跟上師結緣，讓他因爲你對他的供養而使他對你生起歡喜心，以後才會觀察你是否眞的完全信受他，然後才會教你後面的四種灌頂。

關於道灌（修道灌頂的瓶灌），他們說瓶灌的灌頂可以讓你証得初地乃至六地的境界；又說密灌可以讓你証得七地到十地的境界，說慧灌可以讓你証得十一地、十二地的境界，最後的無上灌可以讓你究竟成佛（編案：密宗所講的諸地境界，都不是佛法中所說的諸地境界；都是外道中的性力派男女交媾**淫樂技藝**中的種種不同境界，總共施設為十三地境界）。可是台灣的密宗修學者，大部分都沒有辦法進入到慧灌的部分，即使是第二灌的密灌，也都只是少數與喇嘛、男上師很熟稔的女人，才能受灌的啊！所以無上灌，就更甭提了，很少有人能眞正這樣的實修；若不能實修雙身法，學密也就枉然了，因爲密法的修學都是以雙身法爲中心思想的，因爲密法的終極證量的成佛，也全都是雙身法的第四喜淫樂境界受爲證量的；所以如果學西密，必須修學雙身法，才算是眞的在學密。但是中國地區一向都只有極少數人眞正照他們密續所說的雙身法次第這樣修上來的，到了無上灌頂：接受無上密的灌頂，與異性上師、喇嘛們上床眞刀實槍修證出來的結果，其實仍然只是外道法中的**淫樂技藝**境界；雖然他們自稱是究竟成佛，而且自稱是成就報身佛果了，其實結果還是外道所墮的意識心享受淫樂的世俗境界；這樣成就報身佛的密宗喇嘛們，其實連明心見道的內容都不知道，連他自己的如來藏在哪裡都還不曉得，都還只是具足凡夫，而且還是附佛法的外道。

諸位應該瞭解的是：從最高最深的無上密灌，往下依次類推到因灌，他們這些灌頂的「見地」，是根據什麼見解而來的？答案是：都是根據雙身修法的淫樂境界不同層次施設而來的！所以你們在接受因灌或瓶灌的時候，喇嘛會給你一個甘露丸吃，你可千萬別吃！那個甘露是什麼東西作成的？我們現在不談，以後《狂密與眞密》出版時，你們讀過就會曉得了！（編案：《狂密與真密》共四輯，都已經出版了）而且喇嘛爲你灌頂時，是觀想虛空中有一對佛父、佛母交媾，受淫樂而流出不淨來，在觀想不淨物灌入你的頂門而進入你的中脈裡，所以密宗灌頂的中心思想仍然是雙身法的外道見。這意思是說：藏密所謂的即身成佛法，其實絕對不是佛法，與佛法的修證完全無關。你如果皈依了這樣的上師去學，那你所信的絕非**正行僧**，一定是假冒佛教法師的外道，不是眞正的正行僧，諸位對此先得要有初步的瞭解。

接下來說，由於你信受了正行僧，所以你就對佛法的修行理路有了初步的認知，因此你能夠依這個正確的方向去行進；但是你依止了眞實的正行僧以後，必然會常常供養諸菩薩眾；「諸菩薩眾」的意思，並不是只有你所親近修學的正行僧；還有其他的正行僧，只要你有因緣遇見了，特別是遇見了聖位的菩薩眾，你也都要隨分、隨緣、隨力來供養；這就是「常供養諸菩薩眾」，這樣可以修集證道所應有的大福德，幫助自己容易見道。此外，諸護法菩薩們，你也得要供養啊！所以韋陀菩薩、伽藍菩薩等護法菩薩也得供養。除了在人間的菩薩眾，你家裡不是也有供奉 觀世音菩薩嗎？有的人則是供奉 文殊菩薩或者 普賢、 地藏王菩薩等等，這不也是菩薩眾嗎？這些也都是正行僧啊！

有人心裡想：「我供養他們，他們也不會為我說法、傳法，不如供養我所親近的師父就好啦！」其實這種想法不對，因為諸大等覺菩薩們在冥冥中的因緣安排，一般人很難說得清楚！有好多人求法求了好久，結果還是 觀世音菩薩指點才來到正覺同修會的！甚至也有不少人去行天宮問關聖帝君、擲筊杯來的！還有好多人去求神問卜：學正覺的法，好不好？結果都是說「好」。如果問到的是正神，一定都會說好；如果是問到西藏密宗的護法神，或者問到密宗同樣性質的鬼魅假冒的佛菩薩，或者問到有成見的乩童假冒神或菩薩降乩，他們就會跟你說「不好！」正統的乩童在正神降乩時都會說好，都不會說不好。所以大家對這些都得要有正知見，所以諸大菩薩們在冥冥中的安排因緣，都是不可思議的，我們都應當至誠的供養，所以並不是只供養你所親近的師父就好了，還有護法菩薩們、還有 觀世音菩薩、文殊菩薩、普賢菩薩…等諸大菩薩，你也得要隨分供養！

假使你眞的信受了正行僧，正行僧當然會告訴你許多的法，然後你就得要「如法修行」，如法修行是修什麼呢？就是「正修自利、利他行」；換句話說，對你自己有利益的法，你都得要修；譬如能夠讓你成就解脫道、讓你斷除我見、我執的二乘法，又譬如能夠讓你修証佛菩提道的大乘法，讓你能夠在種智上面往前推進、往前增益的一切種智方廣唯識妙法，都得要修習，這些都是自利的正修行啊！可是「菩薩從大悲中生」，菩薩的偉大心性絕不是從利益自己當中而出生的；換句話說，菩薩發心修証解脫道和佛菩提道，同時也是爲了利益眾生，不是單只爲了利益自己；因爲是想要讓眾生都能和自己一樣可以成佛，所以我就得要成佛，要先證知成佛之道的路途，也就是爲眾生而去成佛，不是因爲自己想要成佛而去修學佛道。如果不是這樣的話，那就變成我見與我執都很深重了，那他根本不可能成就佛道；因爲這是只求自利的自私者，就是我與我所都很深重的人，絕對與佛道不相應的。菩薩在自利、利他兩門上面，都要用心去修學，而這個佛法的修學，得要正心誠意去修，不能投機取巧，投機取巧就不是正修行啦！道業也會很慢才成就。

如果想要具足這四個信分的法，共有五種法門可以成就。既然修這五門能成就信分，就表示見道之前都得要修習這四種信分。既然是還沒有見道的人所應當修習的五法，當然是外門修習這五種法門啊！換句話說：在見道之前，凡夫菩薩們都得先從外門來廣修六度萬行。有哪五門可以修得信分呢？這五門就是施門、戒門、忍門、精進門以及止觀門。可是這裡的忍門並不是只有眾生忍的忍辱法，而是比較廣義的忍，包括「於一切聞所未聞之深妙法，聞已能忍」，所以不是一般所講的忍辱行。外門六度萬行講的是六住位之前的菩薩們所要修習的，具足六住位的修習之後，就漸漸的會有因緣可以證得眞如心，證得第八識眞如心之後，從此就開始轉入內門來廣修六度萬行。內門六度萬行修習完成了，就滿足三賢位的修行而有了道種智，就發起法眼了，就能夠破壞一切邪見、摧伏一切邪說，就能引導眾生修證眞正的佛菩提道，也能進一步了知十地進階之道，這時就進入第二大阿僧祇劫了，就得要起修十度萬行，一直到成佛。那麼具足信分的五門行，應當如何修行呢？首先宣講布施行的修法，馬鳴菩薩說：

論文：【云何修施門？謂若見衆生來從乞求，以己資財隨力施與，捨自慳著，令其歡喜。若見衆生危難逼迫，方便救濟令無怖畏。若有衆生而來求法，以己所解隨宜爲說。修行如是三種施時，不爲名聞、不求利養，亦不貪著世間果報；但念自他利益安樂，迴向阿耨多羅三藐三菩提。】

講解　這部《大乘起信論》很奇怪！是從深的法慢慢的講到較淺的法上來。有的人會抱怨說：「怎麼深的部分一開始就講過了，那時我們還沒有破參啊！聽起來也都似懂非懂的，好可惜喔！如果是淺的先講，後來才講深的，我們後來破參時來聽講，那不是很妙嗎？」可是因緣就是這樣子啊！他就是從深的部分先開始講，然後漸漸講到淺的部分來。爲什麼會這樣講呢？因爲先講深的法，你們才會發起歡喜信樂之心：「佛法眞的是這麼深妙！」接下來就告訴你應該要如何實行了！爲什麼先說妙理、再說修行呢？這個「行」又是什麼呢？就是知難行易的「行」嘛！你要懂得佛菩提的妙理眞的是很難啊！但是當你能夠知道佛菩提的妙理以後，實行起來就容易啦！

可是雖說知難行易，但是這個「行易」卻又是難行——說時容易做時難！首先告訴你要修布施行。什麼是修習布施行呢？這是說：如果看見有眾生來了，想要從你這裡乞求財物，那你就衡量自己的資力與財物，隨著你的力量有多少，斟酌布施給他。換句話說：不可以拒絕布施，也不必打腫臉充胖子，超過自己能力而作布施。現在經濟不太景氣，大家不必打腫臉充胖子；我們有多少能力就做多少事，不必爲了成就一件布施大事，而去銀行借了錢來布施。**你有多少能力就做多少事**，這就是 馬鳴菩薩說的「隨力施與」。

爲什麼要講**隨力施與**呢？因爲你是一個修學佛法的人，你的存在畢竟比那個來跟你乞求財物的世俗人重要啊！你懂得修學佛菩提道、修學解脫道，他們不懂；他們跟你乞求了財物去，只是爲了生活比較好過，或者是爲了維持生存而已。乃至有的人來跟你借錢、討錢，他並不是眞的生活難過，而是揮霍無度！所以常常要向你借錢花用、飲酒。所以你們布施時應該要有正確的知見：隨力施與。不必打腫臉充胖子，也得要觀察對象是否眞的貧窮，不應該濫施，以免助長眾生好吃懶做的惡習！這意思就是說：你有多少能力就做多少事，也要觀察布施的事相是否合宜，不應該濫施。因爲你是個修行人，而眾生是在世俗法裡面混的人，所以維持你這個修行的基本生活，比維持花天酒地而好吃懶做者的生活重要！

這並不是菩薩們愛分別、執著在分別心上，而是以智慧來應對習性不好的眾生。有很多人都弄錯 佛說的無分別的意思了，所以聽到我這樣子說，就罵：「你這樣就是有分別啦！」那麼我們倒是請問他們：「佛有沒有分別？」佛如果沒有分別，又怎麼會說：「這個人你得要教他數息法，不能教他不淨觀；那個人你得要教他不淨觀，不能教他數息法。」又如外道來了， 佛決定不幫助他開悟的，聲聞種性的人也一樣， 佛也不幫助他們開悟般若實相智慧的，可見 佛還是有分別心嘛！不是沒有分別心嘛！所以，佛法所說的證得無分別智慧的境界，是說你証得另一個本來就沒有分別的第八識心，轉依第八識心的體性而住，而無妨原來就有分別的意識覺知心繼續存在，不相妨礙而有了無分別智。但是你悟後在弘法利生的過程當中，仍然要用原有的第六意識分別心，要有智慧去看清楚事相上的種種事，才能順利的弘法利生啊！不能濫慈悲而助長眾生的惡習啊！

慈悲還得要有智慧來助益，如果只有慈悲而沒有智慧判斷，往往造就大惡業了自己都還不知道，那可眞冤啊！譬如說有人跟你勸募了一萬、兩萬元，他去買殺害眾生的工具，去買獵槍或網子，用來殺捕眾生；你布施了錢財，表面上看來是在做善事啊！結果做的是什麼？是跟別人共負殺生的惡業。又如有人向你勸募了錢財，卻用來支持藏密的應成派中觀邪見，這是用在破壞、誹謗、抵制正法上面，你就和他同負破法的共業了。所以慈悲很好，布施也很好，但是得要配合智慧來做。

大家都必須要衡量自己的資力、財力，隨著你自己的力量多少來施與。當我們布施財物給眾生時，其實不只是布施財物，而是同時把自己的慳貪心布施出去了，應做如是觀。有人向你要錢，好啊！你就把貪心布施給他啦！他要五仟塊錢！好！五仟塊錢的貪心就布施給他，他貪這五仟塊錢嘛！我就少掉這五仟塊錢的貪心，這樣子布施掉慳貪之心。這就是 馬鳴菩薩講的「捨自慳著，令其歡喜」：捨掉了自己的慳貪和執著，使得對方也生起歡喜心，這是講財施。

接下來講無畏施：「若見眾生危難逼迫，方便救濟令無怖畏。」如果看見有眾生遭受到危難或者被逼迫的時候，我們要巧設方便來救濟他，使他消除了恐怖和畏懼，這就是無畏布施。也許有許多人會這樣想：「我出外時如果看見有人要殺害一條狗，那我就為牠求情，把牠放了；如果有人抓到一隻野生動物想要賣掉或者宰殺來吃，那我就把牠買來放生，這樣就是修習無畏施。」一般佛弟子大概都是這樣想的，可是你們有沒有想過：在佛法上也有無畏施呢？

譬如說有人書中這麼講：「沒有西方極樂世界存在，彌陀信仰就是太陽神崇拜的淨化。」意思就是說，念佛求生西方極樂世界是虛妄的，根本就沒有西方極樂世界可以往生，往生了以後仍然還是在這個娑婆世界的天界罷了！你們都知道是誰講的嘛！他的《妙雲集》到處流通，在《淨土與禪》的書中這樣說，所以淨土宗的許多修行人，心裡就懷疑，就恐慌的不得了：「依照他這樣考證的話，如果是眞的，就沒有極樂世界了，那我三、四十年來，辛苦的念佛發願往生極樂，這下子不都落空了嗎？」這不是很慘嗎？有好多人心生恐懼啊！

印順法師的信徒根據《淨土與禪》的書中考證，去跟勤修淨土念佛法門的人講：「你看！印順導師寫的書中，考證得很清楚：《彌陀經》是後來才有的，並不是佛親口所講的，所以彌陀淨土是後人發明創造出來的經典，你不應該相信。而且印順導師考證的結果，確定彌陀信仰就是太陽神崇拜的淨化，所以這是外道的東西，你們不要再求生極樂世界了！」當時聽了這些話，可眞的是很恐懼啊！怖畏心就產生了。好！現在我們來做佛法上的無畏施，怎麼做呢？我們就證明印順導師的法根本就不對，連現在都還存在而且可以舉證的原始佛法阿含諸經中的佛意，他都會嚴重的誤會了，何況是已經年久淹滅證據的事相，何況是淨土經典的考證，怎有可能是正確的？所以他的考證是不正確的！我們就把他的錯誤說法推翻掉，舉示正確的證據出來，還給正法修行者正確的知見，把公道還給修行淨土法門的人，這不是皆大歡喜嗎？從此以後，他們心裡面就沒有恐畏：「我眞的可以安心去極樂世界了！你看　蕭平實今天修到這個地步，已經開悟了的人，他一樣是發願要去極樂世界啊！那我幹嘛不去呢？」這樣一來，他們就沒有恐懼了嘛！我們這麼作，也是**無畏施**啊！

所以我們寫書流通出來以後，不知道的人會說：「蕭老師專門在罵人。」但是我何嘗罵過人？我們都是在做**法義辨正**啊！並沒有講過那些大法師們的身、口、意行過失！只有最近發行的《宗通與說通》裡面，不得不說了一小部分，那也是被他們逼上梁山而不得不講的。這意思就是說，無畏施是有很多的方向，有很多的地方可以做的，並不是單單是在救護眾生的生命上面。譬如有的人很注重放生，但是爲什麼不把買物放生改爲「護生」呢？放生的事情應該是隨機的放生，而不是以錢財指定商人抓來多少數量的野生動物去放生；這種隨機放生與環境保護的護生，二法並馳的結果，才是對野生動物最有利益的。

譬如有人對那些賣放生鳥的商家說：「我七天後放生，需要一千隻野鳥。」他就下訂單，接著就有人去抓野鳥；他得要抓三千隻，因爲大概有三分之二的野鳥會因為受驚、害怕而死掉，所以他想交給你一千隻活鳥，就必須要抓三千隻來，剩下一千隻活的賣給你去放生。這樣放生的結果，是你害死了那兩千隻野鳥，而被放生的一千隻，被放到不熟悉的地方，也很難適應當地的環境，大多數也得死掉，或者造成別的物種生活上的大壓力，因此造成當地物種與被放生物種的大傷害。既然如此，我們為什麼不改而護生呢？大家宣導不要去破壞環境，也不要去抓牠們、傷害牠們。這樣不是更好嗎？所以無畏施，是有很多方向可以讓我們著眼的，而且買物放生時應該都是隨機性的，不應該用指定的方式去訂購野生動物。如果有人抓到動物要宰殺的時候，我們遇見了，可以隨機買來放生，但是絕對不要預先指定多少數目的物種來放生；也不只是在牠們被抓的時候去救牠，也可以用別的方式教導人們愛護眾生，這都是無畏施。

接下來說**法施**的部分，如果有眾生來求法的時候，以你自己所瞭解的法義，觀察他的因緣，也觀察當時的場合是否適宜為他宣說了義正法，這樣為他說法。換句話說，說法不可以像我以前剛出道時那樣；我以前都不觀當時的場合，只要有人問我佛法，我就告訴他眞的可以明心，佛性眞的可以用肉眼看見；又老婆心切的為人們說明：怎麼明心，怎麼見性。但是有的人根器確實不適合啊！我跟他們講的那些妙法，完全沒有作用啊！他們根本就聽不進去。所以後來我如果出門在外，在素食自助餐店裡用餐，我都只顧埋頭吃飯、憶佛，旁邊人家講禪、講道，我都不想聽，更不想插話。因爲甚深微妙法，不是三言兩語就說得清楚的；而且眾生也不見得會信我的話，因爲他們根本不知道我是誰？我也不想讓陌生人知道我是誰，當然更不適合說嘛！所以我們這個法太深，想要出去外面爲人宣講，還眞的是難，不容易講；也因爲很深、很廣，你一時間也難以宣說。

所以如果遇到有人來求法，我們就看他的狀況怎麼樣？隨著當時的狀況，多少宣說一點，不想嘮嘮叨叨的一直講個不停。我現在不會像以前一樣，硬要往人家手裡面塞；當事人適合聽到多少，我就講多少，不講太多；這樣子就「兩廂無事」，大家都歡喜。這就是說，你要做**法布施**時，得要看當時的狀況，斟酌你的法施行爲。但如果是出書法施的時候，那情形就不同了！這是爲佛教將來二、三百年的弘傳大計而設想的，是爲後人繼續弘傳宗門究竟正法而作的，所以應當怎麼做、我們就怎麼做；不能只顧慮同修會本身，我也不顧慮我自己。如果我們也都來當大好人：跟大家一樣都跟諸方大師和稀泥，常常去賁緣諸方大師、搏取他們的好感，不會再受到抵制，也許同修會可以因此而發展的很快、很迅速！因爲大家都願意當濫好人，互相拉抬，我們就不會被抵制嘛！

但是我們不能這樣做，因爲這樣會使得佛教的正法被廣泛的淺化、世俗化、學術化、商業化，漸漸的遠離眞修實證的路子，這絕對不是佛教的好未來，也絕對不會是現在和未來佛弟子們的眞正福利。所以藉著破斥邪法來顯示正法這件事，早做晚做都得要做；現在不做，以後更難做；因爲到了那些邪法的勢力遍滿台灣與大陸，而且根深柢固的時候，你就是想要做，也都來不及了！所以不如就現在做。那我們現在出這些書破壞邪說以顯正法，這就是眞正的佛法布施，也用我們所已經知道的正法來爲眾生宣說；雖然寫出來的法要，大概永遠都只能寫出我心中所知的三分之一，實際上無法全部寫出來；因爲全部寫出來的話，包括那些很深細的法義，盡一生之力，不吃喝、不休息、不睡眠的寫，整個一生也寫不完的。

但是現在這些書寫出來以後，力量已經很夠瞧的啦！我們現在寫了這些書出來，讓當今努力在學佛的人已經有能力（如果他們有眞正閱讀我的書，並且眞正的瞭解書中的意涵），就有能力去辨別、去簡擇什麼才是正確的佛法？什麼又是錯誤的附佛外道法？這樣，他們就能夠回歸到正確的佛菩提道路上面來，繼續在平坦的佛道大路上前進。因此，我們的所作所爲就是這一段論文所說的「以己所解，隨宜爲說」。因爲現在可以說是兩千五百多年來最難遇到的最好時機，現在的台灣正是多元化、民主化的一個地方，在這個時節因緣，我們把了義正法大鳴大放都不會有問題，只有佛教界那些大法師們會反擊、抵制！不會有政府被大法師影響而干預我們。如果是在二十、三十幾年前，被我評論的大法師們去向政府誣告我，那我早就沒命啦！所以現在眞的是好時機；既然逮到了好時機，爲什麼不好好的爲佛教、爲佛弟子們的法身慧命做一些事呢？也爲未來二、三百年的佛教正法打下一個堅固的根基，並且也希望在我們手裡把西藏密宗轉變，讓他們都確實瞭解密宗的外道本質，讓他們都回歸到正確的佛法上來。

我們無意要消滅他們，我們也沒有能力消滅他們，我們所希望於他們的是：**轉變他們被外道污染的邪見，回歸到正確的法上來**。這樣子，二、三百年內的了義佛法在此地球世界的弘傳，就沒有後顧之憂；二、三百年後，仍然會有菩薩繼續來走這條路，或者我們去極樂世界已經回來了，都可以不斷的護持佛教了義正法，一直到 月光菩薩來到人間爲止。我們已經做了這件事情，將來捨報的時候，見到 釋迦牟尼佛來接引時，當然可以心安理得，對 佛有所交代， 佛也可以方便為我們安排去處，同時也提升我們下一世的佛法修證。這就是講法施！

修行這三種布施的時候，你作財物布施、佛法布施以及無畏布施，並不是為了名聞——求名聲。有的人捐錢是為了求好名聲，一定會找新聞記者來報導；捐個一百萬，就請新聞記者來拍照片，報紙上登出來，但是我們永遠都不會做這種事情。我們在九二一大地震時賑災，也捐了將近五百萬，但我們覺得力量太小，有愧於心，所以也不敢找人來拍個照片、來做個廣告，因為我們不是為了名聞嘛！如果心善布施的大名聲傳出去了，我告訴你：後遺症馬上就來，一定常常會有一大堆人要來跟你求救濟啦！可是我們還自顧不暇哩！連禪三道場都還得向別人借用哩！所以我們只是因為「不忍人之心、惻隱之心」的驅動，使得大家節衣縮食的努力去救濟，那個時候我們連自己的講堂都還沒有呢！都還在租人家的小地下室呢！我們同修們也能這樣用心去做，這當然不是為了名聞。

我們不做任何的廣告，也不求任何的利養，所以我們布施時，不管是做什麼樣的布施，都是不求利養與回報的。自從我出來弘法這麼久，從來不曾收過任何人的金銀珠寶錢財。假使有人願意供養我，我最多就是收個紅包的套子，不收裡面的錢或財物，這就算是領受了你的心意，所以至今仍然不曾收過任何人的錢財。

我爲什麼要這樣子剋苦自己呢？這也是爲我自己好。我如果收了錢，是可以獲得世間五欲上更高級的享受；但是我度日子很簡單，飲食也很簡單，穿著更簡單，我出來弘法的目的也不是看在世間法上；所以縱使錢財再多，也還是一樣勞碌的爲佛教正法做事，還是得要一直做、一直寫，沒有時間來享受；既然是這樣，我收來錢財能做什麼？

假使沒智慧而生貪，受人家供養而擔業，所得的錢財也還是只能留給孩子，也帶不去未來世，要那麼多錢財作什麼？我們這一世有孩子，但是在過去無量世中也曾有很多孩子，那些孩子現在也都跟我們生活在一起，只是不叫作孩子而成爲同修啊！那又爲什麼要獨厚於這一世的孩子而想方設法的取得供養去留給他？我去收了紅包，成爲人家的福田而使得自己的福德日減，卻把自己的福德所獲得的錢財全部留給孩子，使得未來世的自己缺乏福德，那多沒智慧啊！所以不該爲了求利養，去收受人家的金銀珠寶錢財供養。我們修布施行，目的就是要捨棄自己慳貪之心嘛！所以修學這三種布施的時候，心裡只是念念想著自己無量世的利益安樂，想著眾生的利益安樂；但是這個利益與安樂，不是指世間法上的利益與安樂，而是你要爲眾生著想，所以布施給眾生的時候要懂得**如法的布施**。

我不曉得慈濟功德會有沒有這樣做？如果沒有，我建議他們改進一下。譬如說救濟貧窮，當他們在救濟貧窮眾生的時候，要告訴他們：「你要多念佛！你要學佛！」也得要把佛法的道理告訴他們，布施眾生時要方便置眾生於佛法之中，這樣才叫做如法布施。這是 佛所交代的啊！並不是說你把錢財、食物送給眾生，眾生得到世法上的利益安樂就好啦！這樣就不是菩薩的如法布施！就同於世間善人的世俗布施了。佛說菩薩的如法布施，一定要在布施時施設方便而把眾生安置在佛法裡面，這樣才是如法的布施。這樣才是自己得利、眾生也得利，因爲你度了他們進入佛法中，讓他們也知道佛法，讓他們也得法利啊！用這樣的觀念、這樣的布施行，來迴向無上正等正覺，才是菩薩修學無上正等正覺的正確方法。

布施的修行，是地前六度萬行或者地後十度萬行的首要；菩薩的一切法行，一定得要從這裡開始。具備了布施修集來的福德資糧以後，你才有資格進談其餘的五度、其餘的九度；你如果沒有這個福德資糧，就無法進入到持戒、修忍…等其餘五度、九度之行。可是在目前這個時節，對大家講布施行，實在是有些尷尬！現在經濟景氣這麼壞，卻要來講布施，似乎不合時宜。不過，就像前天我跟諸位說的；大家這麼護持，最近會員大會時，我二度感謝諸位對同修會這麼護持；但這不是護持我個人，而是護持 世尊的正法，因爲錢財沒有一分一毫流到我口袋中，我們的法也正是 世尊的正法，不是我個人的創見。我們親教師們平常並沒有開口跟諸位勸募，但是大家還是這樣踴躍護持，使得我們在當年看來似乎是不可能的事，今天竟然可以把這個講堂買下來了。接著這一年多以來，大家還是繼續再用心的護持，自動自發的努力護持，使我們可以逐步爲後來日漸增加的新學員來打算，這著實令人感動！這都是大家對於正法發心護持的一種表徵，在這裡還是要特地感謝諸位。

雖然現在景氣這麼差，今天還有勞工遊行發聲，希望能夠有工作做、能有一碗飯吃。北部似乎還好啦！據說中部、南部是很嚴重的，很多工廠都關廠了，要找個職業眞的很困難；如果平常沒有積蓄的話，現在眞的是沒辦法度日啦！所以景氣眞的是不好；但是景氣這麼差的時候，我很希望有人去中台山、法鼓山跟他們講一講：「師父啊！現在景氣這麼不好，不要再一直強調勸募了好不好？規模是否可以縮小一些？因爲有的人心裡已經有很大壓力了。」有的人以前發心很大，說一個月要捐十萬元、捐五萬元，因爲以前景氣好、收入高嘛！可是現在景氣差，變成吃老本的狀況，現在沒辦法再繼續每月五萬、十萬的護持了！可是勸募會員照例每個月拿著勸募簿又來了，所以他們有些人只好去躲避勸募；本來是很歡喜的布施善事，現在變成他們的痛苦了，所以我很希望有人去跟他們講一講。（編案：這是公元二〇〇一年的事）

尤其是法鼓山就要一百二十億台幣，聽說去年或前年又弄了一個什麼人文基金會，又要勸募五十億元；這樣，光是一個法鼓山弄起來就得要一百七十億元了，何況還有其餘的各大名山，究竟要把佛教資源耗掉多少呢？眾生的福德、佛教的資源，應該用在正法的弘傳上，不必在寺院硬體及無關佛法的事相上，用掉佛教的全部資源。而且現在景氣這麼壞，大家的收入都縮減了，他們是不是能夠改變一下計畫，不要弄那麼大，讓那些信眾們壓力小一點；而且人文教育的事情，與佛法的修證無關，也與弘傳佛法給眾生而得解脫或智慧的事情無關，根本就沒有必要弄這麼大的基金會，聚集錢財用在與佛法無關的世俗事上。這件事情，很希望有份量的人去跟他們講一講。

有人（編者補案：即是後來離開的某親教師）別有居心，故意在同修會裡面廣說景氣不好的事情，暗示大家：「不要再護持同修會了。」但是景氣不好這件事，不必在我們同修會中講，因爲：一來我們沒有發給勸募薄，也從來不向大家勸募，二來我們的企圖心很小。我們現在擁擠到這個地步，六百多人擠在不到三百平方公尺的講堂中，又悶又熱又擠，我只希望大家在這裡聽經時擁擠不堪的窘境能夠改善；尤其這部論即將講完，接下去講《楞嚴經》時，人將會更多、更擠，眞的沒辦法改善。因爲有好多人來聽了義經，剛打開電梯門，看到電梯門口也是人擠人的放滿了塑膠椅子都坐滿了，進不了講堂大門，連鞋子都沒地方擺，再也擠不進來了，又能怎麼辦呢？只好原電梯又下樓回家了。所以我們也希望再買一個講堂，希望看有哪一戶願意讓給我們！（編案：後來已添購了第二、三講堂，大家都可以寬鬆、清涼的聽聞了義法了）但是我們仍然不會跟諸位勸募，因爲諸位已經夠護持了，我們就用原有的基金來買；萬一不夠的話，大不了向銀行貸款，不必借貸多少就能解決了！所以諸位不必對此有掛礙，我們絕不跟諸位勸募。這就是說，由於大家自動自發的努力護持，使得了義正法可以有一個落腳處，不必再像以前一樣老是租房子，不斷的流浪；現在算是有一個安定的環境，可以穩定的繼續走下去！不久應該會有新的第二講堂，讓大家可以不必再如此的擁擠難受，這都要感謝大家護持。

講到這個布施行與景氣不佳，爲什麼說景氣不好的事情不用來我們同修會裡講呢？因爲還有一個原因：我們企圖心不大。我們只圖能夠讓大家都有地方進來聽法。我們不想搞大道場，不想弄那種幾十億的道場，現在給我們一億元，我們都花不完；所以我們企圖心不大，只圖大家都可以進來聽了義經，獲得大法益，沒什麼大野心。所以景氣好不好事情，都跟我們沒有關係，但是跟那些大法師們的百餘億、二百餘億大道場的勸募有關係，也跟那些已經在全球四處廣設寺院的大法師有關；所以那些別有居心的人，應該去四大名山的大道場中講，不該來這裡講。

另外有一點要說明的是：我們這個法是眞正的宗門正法，不但是了義法，而且還是究竟的法。你們看到《邪見與佛法、宗通與說通》的開示，大概就知道我們這個法的性質了！這是眞正的了義、究竟法，爲什麼有的人得了這個了義法，卻還要暗中抵制呢？二來我們也沒有想要弄大道場，所以景氣好與不好，其實都跟我們無關！外面大師們錯誤的法、常見外道的法，都是落在意識心上面的法，卻妄說他們證悟了！然後就要搞個一百幾十億、二百餘億元的世俗事業，這才是不適合的；那些在會中得法以後卻還在抵制我們正法的人，應該去跟四大道場的大法師們說「**景氣眞的不好！建寺規模能否縮小一些？**」我是這樣想的，至於有沒有人敢去講？我就管不了了。我們很希望幫他們的信徒可以解除一點兒心理上的負擔，但是諸位來這裡沒有負擔，我們從來都不勸募，我們的企圖心也不大，完全沒有野心，只是希望跟這個正法有緣的人都可以有地方進來聽經與共修；不想讓他們來了，結果只因爲擠不進來而失望的回去！我們只是這樣的期待而已！所以我們的企圖心很小，沒有什麼野心！但我還是要再一次跟大家道謝！謝謝你們這幾年來這樣用心的護持。布施說過了，馬鳴菩薩接下來說持戒：

論文：【云何修戒門？所謂在家菩薩當離殺生、偷盜、邪淫、妄言、兩舌、惡口、綺語、慳貪、瞋、嫉、諂、誑、邪見。若出家者，爲欲折伏諸煩惱故，應離憒鬧常依寂靜，修習止足頭陀等行；乃至小罪，心生大怖，慚愧悔責，護持如來所制禁戒，不令見者有所譏嫌，能使衆生捨惡修善。】

講解　這是講第二度的持戒。怎麼樣修戒門呢？是說：在家菩薩（因爲《起信論》主要是對在家居士們講的法，因爲已經出家的人一般而言是對佛法有了信心的人，不必再爲他們起信。如果還得要藉這部論爲他們起信，那一定是對佛法還沒有具足信心的人，所以這部論大部分是爲在家菩薩講的），所以說在家的菩薩應該要離開殺生……等等惡法。一般來說，殺生是很不好的事情，但有時候殺生卻是好事；譬如有人準備要害死五百個人，你知道了，卻又無法勸止，那你就得注意他，當他開始進行殘害五百個人的計畫，已經付諸於實行而開始做了，你就得當機立斷殺掉他。你若不殺他，眼看著那五百人一定會死，你難道不愧咎嗎？所以寧可我殺了他，犯了殺生戒，我下地獄沒有關係，得要救這五百個人；有這種心，不顧自己可能被判刑羞辱，那才是菩薩！可是當你殺了這個惡人而被判刑監禁，等你捨報時將會發覺原來不必下地獄咧！還可以有大福報咧！因爲你殺一人而救五百人，有大福德，所以這個殺生還是應該要做的。

菩薩戒與聲聞戒不同，聲聞戒是不管怎麼樣都不能殺人，即使你明知道他要殺死五百人，你還是不能殺他；但是菩薩戒不同，在菩薩戒法的精神上來說，不但能殺，而且應該殺。這個殺生你是應該要做的，這個時候就不叫你離殺生了，這個時候你殺生就是護生。

還有一種殺生，也是得要殺的。有個僧人陪著趙州從諗禪師正在園裡面散步，有一隻兔子看見趙州禪師來了，驚恐的一溜煙就跑掉了，這個徒弟就問說：「師父啊！您是大修行人，爲什麼兔子見驚？看見你就怕了呢？」趙州說：「因爲老僧好殺（好字應讀作去聲。樂殺之意）」。可是我跟你們說，我比老趙州還好殺！我寫這些書，都在殺害眾生：想要殺盡眾生的我見煩惱。我見煩惱殺掉了以後，眾生未來就不會再輪迴生死了，眾生的舊生命就被殺害了，新生命（法身慧命）就生起了；所以我最好殺，這個殺生是有功德的。眾生的我見煩惱太厲害了！害眾生不斷的輪轉生死，永無了期。這個我見的煩惱，我們得要幫眾生把它殺掉！所以我們不斷的寫書說明：覺知心是意識，離念靈知心是意識，能見、能聞：乃至能知能覺之性都是六識的自性，了了分明就是有分別的境界相，意識是虛妄法、意識是緣起法，意識就是常見外道的「常不壞我」，應該要趕快斷除。**離念靈知心常住不壞**的見解，如果不把它殺掉的話，你就會永遠不斷的輪迴生死，無法生起解脫智，更無法生起佛菩提智。

我們不斷的殺，因爲殺得正確，他們都無法狡辯，所以使得大師們心生恐懼；所以《邪見與佛法》書末的法義辨正聲明登出去、印出去以後，到現在也沒看見哪一個人來要求辨正法義，不管是公開辨正或者私下辨正都沒有！大家都怕死啊！怕被我殺掉我見啊！可是我寫的公案拈提書中講：「**他殺不如自殺。**」他們如果必需等到我親自現前去殺他們，我見才肯死，那他們一定得要多方掙扎才能死掉我見，那是很痛苦的；不如乾脆自己先把自己殺了，自己殺掉我見，多痛快淋溜！何必拖泥帶水的死不掉？如果老是自己不肯死，死認覺知心爲眞實不壞心，一定不肯讓我殺，越掙扎就越苦，未來如果有一天看到蕭平實來了，一定會一溜煙就跑掉了！像那隻兔子一樣了！

這個殺我見也是殺生啊！並且是眞正的殺生；因爲殺掉眾生的我見以後，眾生將會永遠被我殺掉，未來世中，極盡七次人天往返以後，他們的**五陰我**將永遠不會再出現於三界中了，除非他們因爲迴心大乘而重新發起受生願而行菩薩道；所以我這個殺生才是眞正的殺生，一旦殺了，就殺得徹底，未來將永遠不會再出生他們的五陰眾生了。所以你要從各個方向來看，不能光看一個表面，佛法的眞實義理都是不能夠用表面來看的，一定要從字裡行間去體會 佛的眞正旨意內容，所以殺生也有殺生的另一面。

同樣的道理，偷盜、邪淫、妄言、兩舌、惡口、綺語……邪見，這些也是一樣，都可以舉一反三；因爲諸位明心了以後，智慧都比顏回好啦！當然應該舉一反三啊！我就不必一一的詳細解釋啦！但是最後一個邪見，則是最難對治的！所以佛菩提道的邪見、解脫道的邪見，這是從古到今大部分的學佛人所不能了知的。今天我們用《邪見與佛法》這本書，把它的眞實義理說明出來，所以現在的台灣佛教界，最少有一萬個人知道什麼是解脫道的邪見、什麼是菩提道的邪見？因為現在已經流通一萬本出去了！（編案：這是二〇〇一年夏天的事）以後還要靠大家繼續流通出去，這樣子作，可以救很多的人，讓他們把解脫道與菩提道的邪見消除掉，然後他們就知道學佛的主旨是應該做什麼了！流通這本書的目的就是在這裡。

他們詳細讀過並且思惟以後，對於學佛的目標在哪裡？學佛的過程要怎麼走？他們就可以大略的知道了。知道了以後呢！漸漸的就會以他們所攝取的正知見，影響到更多能夠分辨佛道是非的人，漸漸的就能夠證實佛菩提道眞正沒有虛謬，依之修行一定可以漸次成佛。這樣的話佛教的了義正法、究竟正法，就可以在人間再繼續流傳二、三百年沒有問題。如果同修會能夠這樣一代一代的把正法延續下去，讓這些書可以一代一代的流傳下去，佛的正法久遠流傳也就沒什麼可憂慮的了！這是說在家菩薩應該如何的修持戒門：不殺害眾生，但是一定得要殺掉眾生的我見。

如果是出家的菩薩們，要怎麼修持戒門呢？馬鳴菩薩說，為了要折斷或降伏種種煩惱的緣故，先要離開憒鬧的地方，要常常依於寂靜的心態，來修學練習使覺知心止息和滿足的行門，或者有人進而修習頭陀行等，使覺知心和作主的意根可以離開對世間法心不滿足的貪求心態。這一段論文說的是出家菩薩的戒門行持，跟在家菩薩大不相同。在家菩薩大多有世間事業，也許事業很大、眷屬很多、財產無量，就像 維摩詰大士一樣，這是現成的在家菩薩的例子。但是出家菩薩則不同，出家人事事都是要受人供養的，所謂**全缺應供**啊！自己什麼都沒有，都靠眾生的供養，當然不可貪得無厭，因此要折伏種種貪著的煩惱，不可像在家菩薩想要治生、置產而作生意，追逐「十、一」之利。

出家菩薩的行持，主要是修行證道以及弘法；除了這兩件事，謀生之事絕不是你應當做的，所以在聲聞戒的出家二眾戒律中禁止出家眾做生意；如果做生意賺錢，那就是犯戒。可是對在家菩薩就不作這種限制，因爲在家菩薩得要供養出家菩薩們，那就必須要有營生之業，以逐「十、一」之利，用來維持家庭及供養三寶。出家菩薩既是三寶中的一分子，就不可自己去經營事業，應該受在家菩薩的供養；既應受供養，全缺應供，當然不可貪得無厭；所以就必須要折伏貪著煩惱，也必須折伏其他的種種煩惱。要怎麼折伏呢？應該離開吵鬧或者事情很繁雜的地方來修行。

「憒」就是事情很繁雜。譬如有些大道場，三天兩頭做唱誦法會，這種唱誦法會還是經年累月不斷的在作。因爲有的地方不做唱誦法會就沒辦法生存，像鄉下地方有些學佛人的知見還沒有建立起來，你如果開了講座說法，他們來聽法時大多不會供養說法的師父，他們聽完了法就走了；下回又來聽，每週來聽法，但是他們不懂得要供養三寶、護持三寶的。除非做唱誦法會，他們才會供養，錢財才會湧進來。他們認爲唱誦法會時才須要供養，而且認爲那些供養其實是法會的報酬；但是這種觀念很不正確，因爲佛法是以度活人爲主，不是以度死人爲主的。可是鄉下地方有很多佛教上的事相都是顚倒的，如果不是做超度法會，幫他們超度祖先，他們是不會包紅包來供養護持的！如果不是幫他們超度祖先，而是要超度他、爲他說法，他是絕對不會包紅包給你的；意思是說，超度他死掉的祖先比超度他更重要！他們的錯誤觀念還得有人幫他們扭轉過來，所以有些鄉下地方的寺院，不做唱誦法會就無法生存。

但是眞正的出家菩薩們，應該離開繁雜的事務，離開吵雜、喧囂的地方，常常依止於寂靜的環境和心態去修習佛法，這跟在家菩薩們是大不相同的。你們看我那些書的序文，都是寫於「喧囂居」，因爲我家眞的很吵，吵死了！這邊窗外是幼稚園，每一班都在唱歌，有時還打鼓敲樂器；另一邊對面人家的距離不過二、三公尺，對面或者隔壁孩子吵鬧，母親大聲喝罵：「別吵！別吵」我都聽得震耳欲聾。前一陣子則是隔壁整修房屋，拆掉房子的一半結構來作大整修，用震動機器打掉大部分的牆壁，正好連接我的書房那片牆壁，我在那邊寫書，桌上的杯子就會被震動而跳個不停，眞的是喧囂居啊！好不容易等他整修完了，現在旁邊又有一戶正在拆掉，要新蓋大樓，眞的是喧囂居。到了下午三點半，窗外的幼稚園放學了，他們合唱團卻又開始敲鑼打鼓的唱起來了，更吵，眞的是喧囂居。

可是有些同修去我家時卻說：「老師！你這兒眞好咧！眞安靜咧！」我說：「你就專撿安靜的時間來，窗外幼稚園放學了，已經晚上了，學生都走了，當然安靜。」要不然就是選了星期天來，沒有學生在上課吵鬧，又正逢他們那個禮拜天沒有辦活動，當然就安靜啦！正巧把最好的一面呈現給你看啦！其實是一年到頭都在吵鬧的。可是在家菩薩不管這些，不管它多喧囂，照樣寫書、照樣弘法利生、照樣修行！出家菩薩可就得要離開憒鬧，常常依止於寂靜的境界，來修學以及練習頭陀苦行的知足行，藉以止息貪念。修習頭陀行的第一件事就是止足，就是不管人家布施多或少，心裡總是心滿意足、滿懷歡喜，絕不會貪求無厭；縱使在家人供養得很少，僅能勉強糊口、維持生存，心中也很滿意知足而在法上用功修行，這叫作頭陀止足。

頭陀行，就是 佛講的：只能夠有三衣一缽，頂多一頂蚊帳加上毯子，再來個錫杖以及裁衣用的半月型的刀子，就只有這樣！古時候還得有一個濾水囊，現在用不著了。古時候行腳在野外都是喝生水啊！喝生水時不可以把蟲子喝進去當營養，所以 佛規定比丘喝水時一定要用濾水囊濾過，你不可以喝到水蟲而殺害了眾生。古人胃腸很好，不怕水中有蟲，反而有人藉著喝進水中的蟲來攝取營養；所以古時的出家人，喝水以前一定要先濾過，否則就不許喝，喝了就算違戒，所以他們那時都有濾水囊。這樣子知足而止息貪求，就是止足頭陀行。眞正的頭陀行就是這樣子修行的，不論走到哪裡、化緣到哪裡，就修到哪裡；到最後死了，往往是死在路旁、死在樹下、山洞中或者野外，死時就毫無牽掛的把身體丟了，不去掛念它。

現在印度的婆羅門教外道，還有一些人仍然是這樣子在修行的。他們到四、五十歲孩子成家立業了，就把家產交給孩子，自己就出家去了，就到處托缽化緣修行；往往出家以後十幾年，才有可能因緣湊合而又回到家門化緣一次，得到飲食，在門外吃完了，仍然不進家門，又繼續托缽化緣修行；這樣走到哪裡就修到哪裡，往往年老就死在外頭，家人也不知道，當地人就把他的遺體化了、埋了，也就完事了。這倒也眞的很像是在修行，可惜的是不懂得斷除我見與我執。不過，這是講出家菩薩而不是在家菩薩依照戒法所修的行門。

接下來說「乃至小罪」還要「心生大怖」，意思是說不光是前面所講的很嚴重的戒法，譬如殺生、偷盜、邪淫、妄言。妄言主要是指大妄語：未證言證、未得謂得！以及兩舌挑撥，惡言出口罵人，綺語就是講黃色笑話或是無關法義的無義語，慳貪就是一毛不拔。至於起瞋心，那是很嚴重的。菩薩行者最大的忌諱就是起瞋心：菩薩寧可犯邪淫罪，但是永遠都不肯犯「故瞋」這個罪。因爲如果犯了邪淫罪，那個跟你私通的對象，未來世相遇時對你還是會起歡喜心，你叫他修學佛法時他就會歡喜的跟著你去學；但是你如果起意對他故瞋，這個人未來世看見你就無緣無故的對你生氣，不管你說什麼，他都不聽你的。所以 佛說菩薩如果犯瞋的話，那比犯了邪淫罪都還要嚴重。

「嫉、諂誑、邪見」，這些心行的罪業都很重！嫉就是嫉妒，看別人有錢時就嫉妒，看別人修行比自己好，就心裡嫉妒。諂就是諂媚，看到別人很有錢，就說好聽的話巴結他，想要獲得財利上的好處。誑就是欺騙，大家都瞭解欺騙的意思，不必再解釋。至於邪見，那可就很多了，我的書中已經說過很多了，這裡且暫時不說它。這就是說，上面所說的都是重大的戒罪，都不許犯；可是，如果是修習止足頭陀行，那就不是只有這樣，而是「乃至小罪，心生大怖」。「慚愧悔責」，慚就是發露，愧就是永不復作；犯了一點小小的戒罪，就要趕快把所犯的事實發露出來，然後發誓以後永遠都不會再犯這種小罪了，這叫愧；慚就是發露，愧則是後不復作；以這種方法來責備自己，產生了後悔的心態；以這種方法來護持如來所制訂的禁戒，「不令見者有所譏嫌」，使得眾生不會看見出家修頭陀行的菩薩作了不好的事情，就能產生身教的作用，而使得眾生因此捨惡修善。

持戒很重要，持戒主要是在去惡修善。世間有十惡業，但是十惡業中之極惡如下，犯了以後來世都會有極嚴重的大惡報：殺業之最重者，譬如殺父、殺母、殺賢聖；盜業之最重者，譬如盜三寶物；淫業之最重者，譬如強淫生母、養母及無學尼，又如以外道性力派邪淫法門妄稱即身成佛而淫亂座下弟子及母、姨……等長親；妄語業之最重者，譬如未悟言悟及凡夫自稱如來；兩舌業之最重者，譬如於賢聖間作離間語；惡口業之最重者，譬如罵詈賢聖或無根誹謗賢聖；綺語業之最重者，譬如故意以外道邪淫法語取代眞實佛法而誤導眾生者，或以綺麗言語擾亂學人之正法者；貪心業之最重者，譬如在正法寺院中起貪而侵吞正法道場之財物；瞋業之最重者，譬如見人犯五無間業、破壞正法，而以瞋心故意不救之；痴業之最重者，譬如自身固執我見永不肯斷，又極力勸人堅持我見而令不斷；又如極力否定三乘涅槃理體之第八識心體，亦是痴業之最重業。這些都是十惡業的無數種惡業中最重之罪。如果想要修好菩薩行，就得去掉十惡業道，進而轉修十善業道，這樣才是真正的持戒菩薩。但是對於持戒的事行，未滿二地心時，往往都會有迷惑與誤解，所以乃至二地未滿心前，都只能稱爲學戒；得要修到二地滿心時，可以自己隨意掌控內相分種子淨化的速度了，才能說是真正的持戒菩薩。所以一切人悟後都得要小心注意戒行的守持，儘量在自己的身口意行上面返觀、反省，少在別人的身口意行上面用心分別，這樣子修學戒法才容易成功，戒門的修行才容易成就。

論文：【云何修忍門？所謂見惡不嫌，遭苦不動，常樂觀察甚深句義。】

講解　忍門的開示只有四句，看來像是很簡單的樣子，但是「忍」這個法絕不簡單！這幾句話的內容也絕對不簡單。「見惡不嫌，遭苦不動」，這是世間忍。

所謂世間忍，就是在世間法上，能夠安忍而不動其心。忍！說一句簡單的話，就是接受的意思。當人家罵你，你就當場罵回去，雙方就越罵越大聲；回到家裡以後，家中同修勸你說：「你何必跟人家互罵？我不是跟你講過嗎？不要跟人家互罵嘛！他要罵就讓他罵去！你就當作沒聽見，直接回家就好了。爲什麼又跟他互罵？還氣得臉都鐵青、渾身發抖，你這是幹什麼呢？」你也許回答說：「我就是忍不住嘛！」那麼請問：「爲什麼忍不住呢？」因爲不能接受的緣故。正因爲不能接受對方的辱罵，所以說是忍不住嘛！如果能接受，那就不會忍不住，所以忍的意思就是接受。世間忍是接受什麼呢？就是接受世間對你的不公平待遇，接受世間對你的不合理待遇，接受世間對你的惡劣待遇；你如果能夠接受了，那就是世間忍法成就了，這就是世間忍。

別人無理罵辱你，你要如何消氣而生起忍法？換句話說：你要怎麼接受？譬如有人走過來罵你：「你這個人，眞是個大壞蛋！」你就把「你是一個大壞蛋」這一句話拆開來看：這一句話中的「你」，對方所說的「你」是在講你，可是從我來看「你」這個字時，這個你字也是對方呀！從你的立場來看他時，他也是「你」呀！那麼你就是我、我就是你，事實上他罵的人又不是你，其實還是在罵他自己。

像這樣子把它一字一字的拆解，那一句辱罵言語中的「你、我」就沒有意義了。

接下來「是」字，當他講到「是」字的時候，「你」字已經過去了，過去了的你字既不是你、也不是我、也不是他，因爲已經過去了，現在正講出來的是「是」字；這個「是」字到底是甚麼？並沒有意思嘛！只是一個是字，一個聲音，沒有意義。「你是一個」，這也是「一個」、那也是「一個」，可是「一個」跟「是」無關，也跟「你」無關，因爲講出「一個」二字的時候，「你是」二字都已經過去了，而「大壞蛋」還沒有出現，所以大壞蛋三字也跟你無關，也跟他無關。等到「大壞蛋」三字出現的時候，仍然像這樣一個字、一個字的拆開，就一個字、一個字的過去了嘛！如果不要把它們都串連起來，這一句罵人的話就都跟我無關啊！正因爲沒智慧而去把它們串連起來套到自己頭上來，所以才會跟自己有關啊！跟自己有關了，所以就不能安忍，就起瞋心了。

那麼究竟是誰把它們串連起來而套到自己頭上的？想來還是自己愚痴嘛！如果有智慧，就不要把它們串起來，就讓這一句話的聲音一個字又一個字的過去；單獨的一字又一字都過去了，也都與你無關了，還有什麼需要忍的？那些聲音就好像風一樣吹過去了，既然已經過去了，我幹嘛還要把它們撿起來？還要硬把它留在自己心中呢？只有愚痴的人才會把它們留在心裡生氣起瞋。而且這句話既然不好聽，就趕快讓它過去，過去了就與我無關，我爲什麼還要生氣？爲什麼我不能忍呢？因爲知道它已經過去了，所以我就接受了，就不會有瞋了。罵已經過去了，我們心中沒有牽掛的向他說：「你罵過了呀！謝謝了！再見啦！」就心安理得回家照常快樂的過「我」的生活了。

再不然，你說他罵我，所罵的我又是誰？其實是罵這個身體啊！可是身體不是我啊！過去每世都有一個身體、未來世也有一個、今生也有這一個，不管你罵哪一個身體，都沒有罵到「我」：「我」是這個覺知心，覺知心才是我啊！身體又不是我，身體無覺無知，隨你高興罵去！都與我無關嘛！再不然，你再想：我這個覺知心無形無色，你怎麼可能罵得到？所以你根本罵不到我。當你罵我的時候破口大罵，可是既沒有你所罵的那回事，我又沒作那件壞事，所以你的罵，其實不是在罵我，所以我就不必接受，結果還是回到你那裡去。既然回到你那裡去了，罵的又不是我，我生氣幹嘛？哎！心裡無事的走了！這是依世間忍來說的啊！你自己要有方便善巧去轉化它。

除非那人罵你的言語，會影響到未來正法的弘傳，導致你不得不回應，必須對他的說法加以回應，以免眾生對正法的信心動搖。可是當你把眞相說清楚了以後，不管他接不接受，那都是他的事；他要是不接受，那是他不能忍；不能生忍，就表示這個人修行不好，你又何必跟他一般見識？否則豈不和他一樣落入低層次的心境界中？如果他接受了、他能忍，你心中想：「啊！這個人修行很好，有得救！」你又生起歡喜心，可以幫助他證道了。但是不管對方接受或不接受、起忍或不起忍，你都以歡喜心對待，這就是修世間忍哪！所以才說「見惡不嫌，遭苦不動。」

又譬如有個遊手好閑的人，每天都來跟你借一百塊錢吃飯喝酒，經年累月、沒完沒了的；你明知道這是肉包子打狗、有去無回，明知道這個人是遊手好閑的無賴，請問你要忍或是不忍？能忍的話：「對不起！我只能給你五十塊錢，足夠你吃一餐；你要借一百塊錢，我不方便。」哎！要借就借，不借就拉倒。就這樣子，那他也只好接受了嘛！因爲反正不可能給更多的錢，他只好接受了。他每天來，你還得要耐煩，就忍受了！這就是修世間忍。你心中明知是個遊手好閑的無賴，心中其實不高興，見了他卻不能擺起臭臉孔，你還要在心中歡喜的告訴自己說：「噯！他是給我機會修忍嘛！是給我機會修施嘛！看我有沒有能力把慳貪捨掉、把忍修成功？」那你算一算，一個月下來也不過就是一千五百塊錢，就把一千五百元的慳貪給捨掉了，這個修行還眞是便宜呢！當然可以修，這就是修忍。所以自己的心念要懂得轉；有智慧的話，就自己去轉變。當然也得要有一些熏習，才能懂得很多修忍的方便善巧，這就是說，你可以從假想觀上面去修。

可是如實的修忍，那你就得「常樂觀察甚深句義」，這就是無生忍和無生法忍的修行了。什麼叫作無生忍？五陰空、十八界空、五陰無常無我，無常無我所以是苦，苦所以是空。十八界亦復如是，這樣一一界一一陰（十二處也是一一處的觀行）這樣去現前觀察，你能夠這樣現前觀察，親自證實它、領受它，這樣你就可以把我見斷除掉，你就可以把我執一分一分的斷除掉，最後你成就了無生忍，不再於三界中出生了。能忍（能接受）十八界的自己在未來永遠都不再出生，這就是無生忍哪！無生忍的極果、究竟果，就是解脫道的極果，也就是無餘依涅槃，就是無生忍。這個無生忍，大乘也有，小乘也有，小乘就是現觀蘊處界的無常、苦、空、無我；大乘的無生忍，往往是從明心下手的，證得心眞如第八識以後，發覺心眞如本來無生，再由心眞如的本來無生，來照見十八界的自己虛妄、無常、苦、空、無我；這樣具足大乘、小乘的無生忍，這就是能忍於甚深句義啊！這個甚深句義呢？就是無餘涅槃；可是無餘涅槃，現在對諸位已經明心的人來講，已經不算是甚深句義了，爲什麼呢？因爲你們已經曉得了：「十八界全部滅盡就是無餘涅槃。」

但是一百年來的北傳與南傳佛法，找找看有誰把無餘涅槃說清楚的？你們去找找看！有沒有誰把它說清楚了？以目前的文獻來看，一個也沒有！這意思就是說，僅僅是原始佛法的解脫道涅槃這一個法，對於一般人來說，就已經是甚深句義了，何況大乘的本來性淨涅槃？眞的是甚深句義。大部分的人，對涅槃都是落在一種想像之中，你們去看《妙雲集》，印順法師對涅槃也都是想像的；他只有想像中的涅槃，不知道涅槃的如實義理。我們現在《邪見與佛法》書中把它寫出來以後，大家確實的讀過、思惟過以後，就覺得涅槃很單純了！現在大家都懂了：「原來無餘涅槃就是滅盡十八界法的自己，原來涅槃中的實際就是第八異熟識，沒有六識的見聞覺知、沒有六根與六塵。」這樣一來，涅槃的眞實義就顯得很簡單了嘛！這就是說，你得要巧設方便，把甚深的義理變得淺易，讓眾生容易瞭解。

但這只是無生忍。那麼**法無我**所證的無生法忍又是什麼呢？就是諸法本來不生。可是明明看見一切諸法都是有生滅的呀！怎麼可以叫做本來不生呢？一切諸法不管是五陰、十八界、十二處、六入乃至百法，你去看啊！都是有生之法，怎麼叫不生呢？可是你如實的現觀，從親證如來藏（親證第八識）開始，你可以現前領受：蘊處界以及世間、出世間的一切法，都是從這個心眞如（阿賴耶識心體）直接或者間接乃至展轉出生的。諸法滅了以後，仍然可以依第八識心體又再重複的出現，所以諸法本來就是心眞如執持的自性，而心眞如從來無生，所以依心眞如爲體而說諸法本來不生，所以說一切諸法本來不生。能夠現觀諸法都附屬於第八識心眞如，所以能夠忍於一切法本來不生，這就叫做諸法無生的忍，就是無生法忍，也就是對於諸法無生的法界實相能夠接受了。

有的人明心以後也許會這樣講：「嗨！無生法不生，我本來就接受了嘛！這哪有什麼好講的。」那是你嘴巴接受了，在意識層面上接受了，實際上往往沒辦法證實**心眞如的本來不生**啊！也無法證實諸法都是從第八識而出生的。不能證實的時候，深心裡面始終會打一個問號在那裡：「是不是眞的這樣？」這就表示你其實還沒有生起忍法，表示你還沒有如實的接受諸法的無生。所以，於一切法本來不生，必須是能夠現前觀察而領受、而安住，從深心中就確實接受了，這樣才叫做無生法的忍。無生法忍雖是諸地大菩薩的證境，但是可別把它想得很玄！因爲這是現前可以親證的。只要眞正的明心了，一步一步去走，遲早可以完成它。也許一年兩年、也許十年二十年，也許十生二十生，時間並不一定；這都得要看慧力、福德因緣以及性障的厚薄而定。三者配合起來，就可以修證無生法忍。所以無生法忍不是虛妄的東西，是實際上可以領受、可以親證的。假使能夠**常常樂於觀察這個甚深句義**：就是說你能夠修學這個出世間忍的甚深句義，也就是修學無生忍和無生法忍，就是正修忍門。

對一般學佛人來講，根本弄不懂無生忍與無生法忍的同異；有許多人在同修會裡面共修，三年明心後，遇到了很久不見的一樣在學佛的親朋好友，偶然談起佛法來，那些親朋好友們都會嚇一跳；因爲大部分人已經學了二十幾年了，結果老是在原地踏步，一直保持在佛法知解的層次上。你才來正覺學三年，智慧卻是他們所無法想像的，結果一談話下來，讓他們大吃一驚：「**這是什麼樣的法？三年可以到達這樣的地步？**」他們怎麼也想不到！這就是說，走對路以及走錯路，這中間的差異太大了；剛開始學佛時大家的差異並不大，走得越久，距離就越遠；就好像是分度表，剛出發的時候，三百六十度中只要相差一度就好，在這一點上剛離開一公分時，距離很小，可是從中心點離開十公尺以後，你去量量看？距離可就變很大了！如果是離開出發點一公里、十公里以後呢？越往前走就差的越遠。所以大乘別教法門中的甚深句義，眞的是極甚深。

但是這個**甚深句義**，我們有義務要讓它淺顯化；因爲我們如果有能力而不去做，那我們就違背了菩薩心地戒的戒法，而且也違背了悲忍、慈忍，所以這是我們應該要做的，藉此來廣利未來進入正覺學法的佛弟子四眾。就好像 佛在《大般涅槃經》說：甚深微妙的佛法， 佛以淺顯的字句去加以說明，讓它變淺而使眾生容易瞭解。《大般涅槃經》就是這樣說啊！就比如剛才跟諸位唸誦的慚愧悔責經文（編案：已抽離此書而不整理進來，另行考量放在他處印行），不都是很淺顯嗎？可是，雖然說是很淺顯，但是已經有很多人在《大般涅槃經》讀過這段經文了，還是沒有讀懂，因爲知見錯了。所以當他們讀到經文中說「涅槃是如來藏」，他們就弄不懂了；經中說：「涅者不生，槃者不滅；涅者不來，槃者不去；涅者不垢，槃者不淨；涅者不一，槃者不異。」他們越讀越糊塗：「怎麼涅槃會有這麼多法義？」可是你們明心之後呢：「嗨！這個很簡單嘛！反正你把兩邊湊上涅槃去配對，就統統正確了。」凡是有兩邊的法相，你都可以拿來說，譬如：「涅槃不黑、不白，涅槃不眞、不假。」你都可以這麼講啊！因爲涅槃就是中道性，法界之理本來如是，可是近代二百年來，都沒有人正確把它講出來。

爲什麼涅槃是中道性？因爲涅槃就是如來藏，所以涅槃當然是中道性。可是眾生讀到《大般涅槃經》說：「涅槃是如來藏，如來藏是涅槃義。」就都死在句下了，都不懂啦！所以他們認爲：阿含是阿含、般若是般若、唯識是唯識，三個法是不能貫通的，三個法是不同的東西。但是你來到這裡學法，證得如來藏之後，你會發覺：「原來阿含、般若、唯識是相通的，沒有一法不通的，由這個如來藏通一切法，所以三乘菩提是一貫而相通的。」那時你就會現前看見：阿含的原始佛法雖然偏顯人無我，般若雖然偏顯法無我，唯識雖然偏顯一切諸法無我，講的是**生空、法空所顯的真如**，可是從親證如來藏而通般若的人來看，這一切法都是相通的，並無絲毫的扞格不入，都可以由這個如來藏心眞如而四通八達；所以三乘菩提的差別只有深淺廣狹的不同，卻是依如來藏而一脈相通的。所以悟後回頭再讀《大般涅槃經》時：「啊！涅槃正是如來藏！對嘛！我以前怎麼不知道這一點？」沒有錯啊！這就讀通了。這是悟前不論怎麼讀，一直百思不解的法義，自從明心以後，就開始一步一步的通達了。這就是大乘法的無生忍哪！至於無生法忍，那就得悟後修學種智很久以後才能通達的了。

二乘的無生忍，沒有辦法達到大乘的無生忍智慧；然而大乘的無生忍卻可以悟後進修而漸漸的通達大乘的無生法忍，也可以旁通二乘的無生忍。只因爲證得心眞如第八識的緣故，所以就使原來深奧難解的眞實義變得淺白了。可是這個眞實義，在《大般涅槃經》裡面雖然說到那麼白、那麼淺，眾生拿到經本時還是讀不懂的，還是要等他明心了以後才會眞的懂。

這一段論文的意思就是講：諸經所講的那些法句中的義理，眞的是甚深、極甚深，可是這種**甚深句的眞實道理**，**你得要常常樂於觀察**；可是得要眞的破參明心了才有能力常常樂於觀察。當你還沒有破參的時候，你沒有辦法稍作觀察的，更不要說常常哪！光是有時樂於觀察，你就很難作到了。因此讀起經文來：字也懂，句也懂，可是就不曉得經文中的意思啦！那可就痛苦的不得了，又怎麼可能樂於觀察呢？既不樂於觀察，就更不可能常常都樂於觀察，所以一看到經文就頭痛了。但是你明心了以後，就開始樂於觀察了。樂於觀察之後，就可以**常常**樂於觀察，忍門就越修越好了。所以，若有佛子想要於二乘法生忍及於大乘的無生法忍中安忍，得要從明心的見道入手，捨此以外，沒有大乘的見道可言，也不可能有大乘無生法忍的修證可言。

世間忍，要依戒相和相似般若的智慧去應對，都屬於忍受眾生羞辱的事相；

出世間忍，則是二乘的無生忍，能忍於無我、忍於離念靈知心虛妄而願意滅掉自己；世、出世間忍，則是大乘的無生忍和無生法忍，能忍於「萬法攝歸如來藏，所以萬法本來不生」，這才是世、出世間忍，依於此忍，就不會再有入涅槃貪。可是我們想要再補充一個忍，因爲這個「忍」越到末法時越重要，叫做悲忍。由於起悲心而生起利益眾生的心，並且能夠長時間這樣子安忍（也就是能夠接受這樣的觀念），能夠不理會眾生對你的回報是如何的惡劣，那就是你已經成就悲忍了。

關於這個悲忍，我們把它分爲六點來說：

第一、因爲悲心的緣故，所以不應該忍受那些破壞佛法的人；你如果忍受那些破壞佛法的人，不加以辨正，眾生就會被那些人誤導而走入歧途，佛法就開始在人間漸漸的滅絕了。如果你不知道某人的開示、著作、所爲，是在破壞佛法，那麼這個人的破法殘害眾生慧命，也就跟你無關。可是你明明知道某人或某一些人，他們所做的事、所說的話、所發行流通的書籍，都是在破壞佛法，你就不應該視而不見。這一種悲心，使你能夠安忍於難行、苦行的菩薩道，這就叫做悲忍。

第二、不應該忍受、接受那些在正法道場裡面加以破壞的人。假使有某寺院弘傳眞正的佛法，但因爲自己所弘傳的法，和那個寺院的法師所弘傳的法不同，就去加以破壞，不管是硬體上的破壞、軟體上的破壞、或者言語上的破壞，全部都是在破壞正法道場。如果有人這樣做，我們不應該忍受，應該起大悲心，制止這些人這樣做。如果你讓這些人去破壞那正法的道場，最後正法的道場不能存在，結果眾生要修學眞正究竟了義的法就沒地方學了；你明明知道人家做的是在這樣破壞正法的道場，結果你卻忍下來，那你就沒有悲心，這種忍就成爲愚忍、濫好人的忍。所以應該爲眾生而起悲心，去制止這種行爲，不應該忍受這種行爲。有這種心，就叫悲忍。

第三、譬如看見了眾生所造作的業，正是五無間罪的業，那是要下無間地獄受長劫的尤重純苦啊！這種尤重純苦是很可怕的！因爲是受苦無間，沒有一剎那間斷的，而且是以廣大身量而受重苦，時劫又是最長的，眞不是可以輕易造作的重罪大業。當我們看見眾生造作了五無間業，我們應該要起悲心去救度他們、轉變他們，想辦法補救，讓他們趕快把大惡業轉輕，或加以彌補、滅除。這種五無間罪的大惡業，一直都有人在做，並不是沒有；譬如喜饒根登假借釋性圓之名而花六百餘萬台幣來登廣告，堅持說意識是眞實心，又罵蕭平實是人妖、是騙子；這都是五無間罪啊！根本是在破壞正法！有人這麼做時，我們應該要起悲心，要救他們，所以我們才會印行《菩薩正道》出來辨正，目的就是爲了想要救他們，教導他們正理，讓他們捨壽以前會懂得懺悔與改正，這就是大悲啊！

不要以爲大慈悲都是慈眉善目的樣子，譬如 觀世音菩薩最慈悲了，但是十一面觀音，你走到祂背後去看看，那是現憤怒相的；爲什麼？是因爲有的眾生，如果不用憤怒相來示現，就無法制止他們的五無間業。所以大悲的十一面觀世音菩薩，背後那一面是示現憤怒像，用以制止眾生造作五無間的惡業，這也是悲忍哪！《菩薩正道》寫出來以後，借用釋性圓名義的喜饒根登剛剛看到時會很生氣，但是他會努力在書中找看看有沒有毛病，結果找到後來，所有經論翻出來比對過：沒有毛病，人家正覺同修會寫出來的書是正確的，原來是自己錯了，他就產生了謗法、謗賢聖而下墮地獄的心理壓力，有一天就會趕快懺悔，這樣我們就救了他。這是以金剛雄猛的作略而行菩薩的大悲，這也叫做悲忍哪！因爲他們犯了五無間的重罪，除了這個雄猛之相的示現，你救不了他。

第四、不應忍受眾生謗佛以及誹謗大乘勝義僧。這不是爲了自己，而是爲了謗法、謗賢聖的那些人。四阿含諸經中常常會看見：有時候阿羅漢會擊椎——也就是打雲板——打雲板就是要召集所有的僧眾；擊椎的聲音散出去以後，佛陀就以佛眼觀察，就跟阿難講：「阿難啊！某某阿羅漢今天要獅子吼了！我們都去現場吧。」去到那邊，等到 佛一坐定，比丘僧也都集定了，那位阿羅漢就站起來說：「某某比丘！你有沒有誹謗我？謗說我是凡夫？」他們心性倒是還好，有作的人就會承認，那位比丘就站起來說：「有！」阿羅漢會三問，他會三答有，然後阿羅漢就告訴他：「你一定要當眾懺悔，因爲 佛世尊記我爲阿羅漢。」實證上，阿羅漢實證無我，怎麼會說「我是阿羅漢」？他只是爲那個比丘好，怕他墮地獄，因爲他誹謗阿羅漢是凡夫，捨壽時就會下地獄。如果是誹謗大乘法中的勝義菩薩僧，那就更嚴重了；假使你看見這件事情，就應該要想辦法救他們啊！如果是謗佛，那又更嚴重了，有因緣的時候，我們還是得要救他們。至於謗法、謗勝義僧的人，他們自己也得要自求多福。可是，如果有機會的話，我們還是得要救他們啊！如果看見眾生謗佛、謗大乘勝義僧四眾、謗聲聞僧阿羅漢二眾，或者下至誹謗凡夫僧，都應該要告訴他們，要糾正他們，讓他們趕快懺悔、趕快補救。不然的話，惡業現前時是沒有辦法忍受的。如果我們已經看見他將來會受那個業報，而我們不願生起悲心去救他，這就是沒有悲忍。

第五、如果有人成就了十惡業的最重罪，你也證實某某人成就了十惡業的最重罪，得要想辦法救他，不要讓他繼續再做，要讓他趕快懺悔，趕快轉變，趕快去補救；如果你沒有這樣做，那你就沒有成就悲忍。如果你不能證實，不能怪罪於你；如果已經證實了，你就應該開導他，叫他轉變、補救。

第六、最後一個悲忍，是悲憐被誤導的廣大眾生。因爲末法時代有很多的名師：有名的師父，有名的老師，在誤導眾生，陷害眾生一起墮入大妄語的地獄業中。他們不斷的灌輸眾生邪見：**清清楚楚明明白白的覺知心、一念不生的覺知心、離念靈知就是眞如心，覺知心只要不打妄想時就是眞如；眞如就是佛性，眞如與佛性沒有不同**。這樣不斷地誤導眾生，使得許多眾生和他們一樣陷入大妄語的地獄業中。還有人不斷地告訴眾生：**沒有第八識啦、也沒有第七識啦，佛說只有六識**。又說：**如來藏思想就是外道的神我、梵我，不是眞正的佛法**。這樣子在破壞正法。眾生不知道，就因爲謗法者是很有名氣的大法師，著作等身，迷信大師的大名聲，所以就跟著大膽誤謗起正法來了，就跟著成就謗菩薩藏的地獄業了！我們知道了，就得生起悲忍，想辦法來救護那些被誤導了的廣大佛弟子四眾，讓他們趕快修正邪見，趕快補救，免得捨報時來不及自救，也沒有人救得了他們。

論文：【云何修精進門？所謂修諸善行、心不懈退，當念過去無數劫來，爲求世間貪欲境界、虛受一切身心大苦，畢竟無有少分滋味。爲令未來遠離此苦，應勤精進、不生懈怠，大悲利益一切衆生。】

講解　怎麼樣修精進行？前面修過布施、持戒以及修忍，接下來就得要修精進度，才能進入十住位中的第四住位。精進的意思是說，你對於布施、持戒、無生忍這三度，都得要精進修行了，不可以再像以前那樣隨緣而修了。修精進行，就是佛法上所講的：「要修學各種的善法行，無一善法不修。」不但要修各種善行與善法，而且還要永遠心不懈退呀！如果心懈怠了、退失了，那就不叫精進。換句話說，菩薩確實不好幹，不但要修布施行，還得要**不斷的**布施，永遠都沒有了期；一直到你成佛以後，還是繼續布施，永遠都沒有了期。持戒也是一樣，還是要繼續嚴持不犯、永遠不犯菩薩戒。修忍也是一樣，一直到成佛時才算圓滿。

成佛以後不必再修忍，是因爲不管世間忍或是無生忍、無生法忍，到佛地都已經具足了，所以不必再修忍；持戒也一樣，是因爲佛地已究竟純淨了，所以不必再修持戒法。可是布施利益衆生的事情，佛地已經具足圓滿了，爲什麼還要繼續無止盡的布施？諸佛作種種布施，並不是在修布施，而是因爲剛入初地時所發的**十無盡願**所持，是被這個永無盡期的大悲願所持，所以諸 佛都是利益眾生永無窮盡的，都是永不進入無餘涅槃之中而作無上法施。並不是成佛了以後就每天儘只給人禮拜供養的，成佛之後還是要一天到晚利益眾生的。

你們看 釋迦世尊成佛以後，住在佛地境界中，因爲大梵天王來請 佛轉法輪，佛因爲應允要爲眾生說法，就在菩提樹下靜坐整整七天，思索如何爲眾生宣說三界中的最勝法之後，才起念動身去鹿野苑度五比丘。從菩提場的正覺大塔，走路去到鹿野苑，當時走路要走多久呢？我們在一九八九年去朝禮聖地時，坐遊覽車從菩提伽耶到鹿野苑，整整坐了六個鐘頭的遊覽車。在那個時候都還是碎石路，時速大約四、五十公里吧！得要六個鐘頭才能到達，你想當年 佛陀走路要走多久？想想看：人天至尊以雙腳走路到鹿野苑去度五比丘。你想： 佛的事業好幹嗎？不好幹欸！（那時候如果有人很聰明的發明了一輛腳踏車供佛，那個功德可就眞的很大囉！我以前常常想：那時候我如果懂得發明腳踏車來供佛，豈不是太妙了嗎？）你看！ 佛就是這樣走路二、三百里，爲了利益眾生，所以 佛並不是只坐在那邊給人家供養的。成佛以後尚且要這樣辛苦的利樂眾生，何況我們距離成佛還遠著呢！既然還沒成佛，更要精進的修布施行啊！因爲成佛需要很多很多的福德資糧，福德不具足圓滿就沒有辦法成佛啊！所以在修精進門的時候，要精進的修種種善行，並且心不懈怠、心不退失。

懈怠，比如修布施行，做過一、二個月以後：「唉喲！我每天去做義工，都累死了。」心裡面想著：「很累！我應該減少出去作義工的次數，多休息休息。」這個想要多休息，就是懈怠。假使是出去救濟貧窮眾生呢！心裡面想：「每天爲了救濟貧窮眾生，又是調查、又是送錢送米等等，好累喔！」就懈怠了。有時候就講：「下一週換你去吧！我想休息休息。」這就叫做懈怠。甚至於後來心裡面想：「我不要再做了，眞是傻瓜一個。」這就是懈怠而退轉了。如果修諸善行而且心不懈怠、不退失，那就是修善法精進。

「當念過去無數劫來」，是說應該在布施時，或者布施前後，想想自己從過去的無數劫以來，「爲求世間貪欲境界」，所以虛妄的受到許多身體上的大苦和精神上的大苦，歸根究柢，到最後，其實並沒有一點點的滋味可得。譬如說一神教的「聖經」講：「你們要是篤信上帝的話，你們就要修種種善行，死後就可以出生到我的天國來當我的奴僕，享受一切快樂的五欲境界。」爲了想要到天國去享受欲界天的五欲快樂，所以就去修一切善行，修到後來死了上天國去了，去當上帝的奴僕而享受五欲；可是出生到欲界天去享福過後，還是得要回到人間來受苦惱啊！或者甚至是下墮三惡道而不能回到人間當人。在欲界天將要捨報的時候，五衰相現，心裡又懊惱起來：「原來我努力的行善，求生天堂，說是永生不死，原來是騙人，原來這是不究竟的。當初為了貪求這欲界天的境界，所以冤枉受了很多的苦；如今這欲界天的境界也享受過了，還是無常啊！以前所享受的那些快樂，現在都消失了。」當他們這樣懊惱的思想時，畢竟無有少分滋味啊！

這是修善行，還算是好的；如果是作惡誹謗三寶，破壞正法，目的只是為了短短一世的名聲與利養，因為自己的法跟人家證悟的人不一樣，人家說離念靈知心只是意識，同於常見外道，心裡就想：「我原來的開悟聖者身分就是因為蕭平實出來說法而消失了，現在變成沒有悟了，眞是受不了。」為了面子與名聞利養，就去誹謗證悟的人。誹謗的結果，接下來則是「虛受一切身心大苦」。為什麼叫作虛受？當他正在受的時候是很苦的，苦得不得了；正在樂受的時候，卻是一下子就過去了。落到三惡道去，正在受苦的時候，其實也是「畢竟無有少分滋味」啊！

也許你心裡面會想：「馬鳴菩薩亂講！哪裡是畢竟無有少分滋味？眞的是畢竟多多有味，而且都是尤重純苦之味。」眞的是受苦啊！下了地獄受苦的時候，難道眞的無有少分滋味嗎？當然是很大的苦受。但是他們那時會安慰自己：「好在不是下墮無間地獄。」有時候也會讓他喘息一下嘛！譬如火熱地獄，好熱好熱，燒熱不已；那些眾生心裡面想：「那邊有樹，我可以去那邊乘涼。」然後就漸漸的走近那一棵樹，走路的過程中還是得要繼續受熱苦，但是心裡面至少是比較無苦的。走到樹下時，暫時獲得清涼而無苦，所以不像是無間地獄中的受苦無間。但是突然間，那顆綠樹的葉子都變成利劍而倒勾下來，又扎進身體裡面去勾住，這時才又有苦，所以跟無間地獄有所不同，也就是說它的苦受是有間斷的。

因爲有間斷的緣故，所以心裡想：「好在是無常，苦受總是會過去的。因爲是無常，所以我這個痛楚總是會過去的。」所以又趕快跑開了，身體被割得渾身是傷，遍體鱗傷，心裡面卻會想：「痛死了！痛死了！好在無常，過一段時間它總是會痊癒的。」所以這個時候無常倒變成好的了。當那些謗佛謗法的人在地獄中受大苦的時候，是不是畢竟無有少分滋味？絕對不是！又苦又後悔，後悔死前沒有好好的作各種滅罪的正行，那時心裡面可眞的是五味雜陳呢！那時心裡才會後悔說：「我當初在人間時，爲什麼要爲了一世的名聞利養去誹謗人家？」因爲後來生起這一念善心，所以業漸漸的轉輕了，漸漸轉生到苦受較輕的地獄，再漸漸轉生到餓鬼道，然後是畜生道，最後才又回到人間來，那眞的是苦痛啊！所以，畢竟無有少分滋味，一般是從樂受來講的。因爲樂受順心而很快的就會過去，是無常法；一旦過去了，什麼再好的滋味也都沒有了，也都不見了。可是苦受，同樣長的時間裡，會覺得時間特別長，那個時候可不是「畢竟無有少分滋味」，那可是畢竟五味雜陳呢！

一神教徒都不曉得這個道理，他們總是想追求來世的幸福，所以就殺害異教徒，來求取一神教天神的恩寵。或者爲了追求這一世的幸福，所以就不擇手段的造作惡業，造作惡業的目的只是追求一世中短暫的快樂；一世的短暫快樂很快就過去了（因爲樂受總是很快就會過去了，苦受則往往會拉得很長），結果就要受未來世的種種痛苦，沒有辦法免除掉。可是當他百餘劫受過苦以後，苦受也是一樣的不存在了，那時也是覺得往昔無量世的苦受其實是畢竟無有少分滋味。

「爲令未來遠離此苦」，爲了使得未來世能夠遠離種種苦，因爲這是輪迴的身心大苦。能夠當人還算是不錯的哩！如果是要被人家放生的鳥，那可就不好過了！就算是人家養殖場養出來的魚，正要被放生之前，還得要待在很少的水裡面跟別的魚一起擠，還要搶著浮出水面看能不能吸到一口氣，那也是很辛苦的事；等到被放生後，也還不曉得是要吃別的魚？還是被別的魚吃掉？這都還不曉得呢！但是不管吃別人或是被別人吃，也都是無常而會過去的，所以這些苦受，從長時間看來也眞的是虛受種種的身心大苦。所以能當人，已經算是好的。但是佛弟子爲了想要自己離種種身心大苦，也爲了想要讓眾生遠離種種未來世的身心大苦，所以修菩薩行的人，應該要精勤的、不生懈怠的發起大悲心，來利益一切眾生。

說到這裡，如果是一般人不瞭解眞正佛法的人，他們會說：「我不去學佛，反正不論去到哪個寺院，若不是要作義工，就是要捐錢，都是騙我付出體力、付出時間、付出金錢。又得不到眞正的解脫，也得不到世間法上的利益，說是爲我好，其實都是空談。」所以他們不信布施行的因果。眞正的菩薩就不一樣了，他知道佛法的道理：我去利益眾生是爲我自己好，布施眾生財物也是爲我自己來世好；供養三寶，來世有大福德，也是爲我自己好。有智慧的人甚至反過來想：感謝眾生有機會讓我去種福田。這才是眞正學佛的人，是深信因果的人。如果你去極樂世界要種福田，那可就很困難了！因爲沒有眾生可以讓你種福田，你只能種十方諸佛的福田。可是到十方世界向諸佛種福田，大部分還是 阿彌陀佛的功德，不是自己的功德，因爲你只是靠 祂的力量，承接西方極樂世界的種種妙華，到十方世界去供佛，那些妙花是 阿彌陀佛的，去諸佛世界的神力也是 阿彌陀佛的，所以大部分的功德，還是 阿彌陀佛的。但是在這裡，可以純粹靠你自己的力量去利益眾生，去修集福德、累積功德啊！

這裡到處都有福田可以種，不怕沒有福田可以種；你想要種的福田，既有功德田，也有貧窮田，還有報恩田，到處都有福田可以種。可是去到極樂世界時，你想種報恩田，要怎麼種？你沒辦法種那個福田啊！你想要供養 阿彌陀佛啊？你拿什麼來供養？拿 阿彌陀佛化現的東西來供養祂嗎？沒辦法種福田呀！你去那邊，見到了 觀世音菩薩，心裡想要供養 觀世音菩薩，結果你還是拿 阿彌陀佛的東西來供養 觀世音菩薩，請問：你能種什麼報恩田呢？沒有機會的。但是在這裡，福田很多啊：三寶是你的功德田、報恩田！父母是你的報恩田！師長是你的報恩田！根本上師是你的報恩田、功德田！眾生則是你的貧窮田、報恩田！哪裡沒有你的累世父母啊？對三寶與師長，不也是時時可以用自己的財物供養嗎？所以到處都有福田可以種。

在極樂世界種福田時，你去供養七寶池的那些蓮花嗎？蓮花不必受你供養！也沒有誰能讓你種福田、沒有誰可以受你供養，因為所需之物應念即得，根本沒有人缺少什麼物品。但是在這裡到處有福田，所以還得眞心的感謝眾生可以作福田讓我們布施哩！如果有人來向你化緣說：「如今景氣這麼差，您就隨力、隨緣，多多少少護持一點兒吧！」你可別起煩惱。假使沒有力量，就布施少一點；有力量，就布施多一點，不必管他是什麼對象，除非是破壞正法的道場。這就是說，你在這裡修集福德的機會很多，去到純淨世界時種福田的機會就很少了。所以去到極樂世界之前，應該把握機會多種福田。所以有的菩薩很有智慧，在極樂世界待過一段時間以後，知道娑婆世界修集福德很快，就去跟 阿彌陀佛稟告說，現在他自己有能力了，應該去娑婆世界利益眾生、修集福德了！所以他就來了！因爲他在極樂世界種福田，很難修集福德。如果在那邊所修的慧學已經可以了，阿彌陀佛會告訴你：「不要留在我這邊了，快去娑婆吧！娑婆到處有福田給你種，你可以到處修集福德，快速累積你成佛的資糧。」你聽了難道還不信嗎？

有智慧的人當然信囉！所以地上菩薩在那邊滿足了八地心時，要趕快回來這邊修集福德。你如果修到了八地心，想要種福田是很容易的，就算是無賴漢每天來向你化緣，也沒關係啊！因爲你於相於土都能自在，可以隨意變現嘛！你起作意就可以立即變現金銀財物米糧，不必像七地菩薩起作意之後還要再作加行啊！

你可以隨意變現給他，可以隨心所欲的種福田。因爲這裡到處都可以種福田，如果想要快速的修集成佛所需的福德資糧，就得要到這種五濁世界來布施。至於修慧，在這裡修也是正確的選擇啊！你要是有因緣，遇到了這個法，悟了之後去到極樂世界進修諸地無生法忍，到八地時可得趕快再回來；因爲接下去主要是修集大福德，在那邊修福德很慢，所以要趕快回來這裡修集；至於八地以上的無生法忍，在八地以上的人來講，隨時都可以去十方世界禮覲諸佛聞法增上，所以住在這裡可以兼顧福慧的修集。

未到八地以前，雖然生起了大悲心來利益眾生，但卻是有侷限的；八地菩薩利益眾生則是沒有限制的，從天界有情到地獄有情，只要和他有緣，他就能幫忙；八地菩薩完全憑自己的力量去利益眾生，不必靠任何人的福德與力量，這就是他已得的大功德啊！但是這樣精進去作，不外乎十善業；在這十善業上面，不但要廣修，而且還要精修十善業中的最重業。十善業的最重業就是把十惡業的最重業顛倒過來，所以八地菩薩對父母講話絕對不會惡聲惡氣，他對師長講話也絕對不會心存輕蔑；他一定很恭敬的對待父母，很尊敬他以前的師長，乃至對於世間法中的師長也很恭敬，這就是八地以上的菩薩。因爲他把隨煩惱都斷盡了，也已經可以任運的斷除煩惱障的習氣種子了；所知障的無明隨眠也斷除很多了，所以這樣的大菩薩，絕對不會用下巴看人，絕不會對任何人生起輕視的心。

他一定是很親切、很親切的人，證量越高的菩薩越謙和。你們看《維摩詰經》的記載不正是這樣嗎？維摩詰居士是等覺菩薩啊！但是卻爲了法施，想要把大乘甚深微妙法施給阿羅漢，還得向尚未進入別教七住位的阿羅漢頂禮，先讓他們生起歡喜心，然後才說法，可以說慢心早就除盡了；雖然他破斥阿羅漢，說他們所說的法都不如法，破斥得很嚴厲，但那是法義的辨正，與慢心無關啊！在一般人看來，這不是很顛倒嗎？因爲阿羅漢迴小向大時，最多不過是別教中的六住滿心而已，只是證得能取所取空，仍然沒有明心，進不了七住位啊！即使明心而進入了七住位，還得要經歷八、九、十住，再經歷十行、十迴向、十地，然後才到等覺，那還要修多久才能到？那是將近三大阿僧祇劫才能到達的啊！可想而知，層次眞是差太遠了！可是 維摩詰就因爲大悲心的關係，他就一個、一個去找每位阿羅漢，遇見了就先跟他們頂禮，頂禮完，阿羅漢有歡喜心了，不會轉身就離去，然後再跟他們說法，要他們迴小向大；這才是大菩薩的方便行、無慢行啊！

爲什麼等覺菩薩修行層次這麼高了，身段卻這麼低呢？那些阿羅漢們迴小向大時，最多只是六住菩薩而已，卻沒有一個人肯向　維摩詰大士回禮，更別說是主動頂禮　他了。那些阿羅漢們個個都怕見　維摩詰大士，知道他的證量太高了，但是卻沒有人願意去禮拜他；因爲他們心中有慢，認爲自己是世間福田，三界一切人天都應當供養他們；又認爲自己是　釋迦佛的弟子，　維摩詰也不能自外佛弟子的身分，而阿羅漢是三寶之一，所以他們見了所有的大菩薩們，都不禮拜的，他們不知道　維摩詰大士正是僧寶中最最尊貴的人，都只在　他所穿的居士白衣表相上看；所以，反而是高高在上的等覺菩薩，下心來禮拜他們。但是大菩薩這樣做，究竟是在做什麼？這其實正是他的精進行啊！他要把最後一分的我執習氣種子，要把隨煩惱跟煩惱障的最微細習氣種子隨眠——已經細到不能再細了的——習氣種子隨眠都斷盡，還要經歷種種世人作不到的卑賤行，來修除微細極微細的習氣種子隨眠，都得要斷盡，才能成爲究竟佛，所以他們的身段會那麼低。

大菩薩們修證那麼高，破斥外道和指正二乘小法時，可以尖銳到讓外道與阿羅漢們完全無力回應，身段卻低到不能再低了！這是爲誰？可以說既是爲別人，主要還是爲自己。阿羅漢們仗恃自己是　世尊的嫡子，所以就沒有人想要頂禮上位的即將成佛的等覺大士；但是等覺大士卻一一去跟他們頂禮，法施給諸大阿羅漢們，菩薩道就是要這樣修。初學菩薩行的人，上邊師父教他講經說法，教他修菩薩行，教他要布施三寶，要利樂眾生，他心中就起了煩惱，那他就錯了，那表示他沒有資格修菩薩道。如果沒有資格修菩薩道，就表示他的菩薩性還沒有發起來，那他就沒有資格來正覺同修會求悟。他最多就只能求解脫道的證悟，沒有資格求佛菩提的証悟。這都是大家應該瞭解的菩薩心行。

關於布施的行門，隨著各人的正報和依報的不同，假使沒有錢財，可以當義工來作身力布施；哪裡在辦這個慈濟眾生的事業，就去當義工；哪裡在弘法利生，就去當義工。有錢出錢、有力出力，都是爲自己好，不是爲了　佛，不是爲了正法，也不是爲了那些被救濟的眾生，都是爲我們自己，因爲我們需要修集福德資糧；知道是爲自己而修、而作布施，才會眞正的精進修行布施。修精進行的時候，前面所講的無生忍，可得要常常起個作意把它同時放在心裡，才不會落到世間相裡；所以知道布施等修行都是爲了自己以後，卻不要老是這樣想：「**我修布施行，不是利益眾生，也不是爲了利益　佛，都是爲我自己。**」當你這樣想的時候，那也是錯了！怎麼錯了呢？因爲你這樣想的時候，從「生忍」的立場來講時，你就錯了！在前面已經跟你講過了：你布施的時候應該同時要有波羅蜜。也就是說，布施時三輪體空，根本就沒有我，還有什麼利益自己可說啊！現在布施的時候卻想：我布施眾生都是爲我自己好。那就是有「我」了，那就只有布施而沒有波羅蜜了，就不是布施波羅蜜了。

你布施時有沒有波羅蜜？布施時可得要把自己證悟的般若拿出來受用：布施時三輪體空，沒有正在行施的人，我是無常法；受施的人也一樣，是無常法，是無我；所施的財物也一樣，都是無常法，都無實體法，那還有誰在布施？誰在受施？有何財物布施？行施的時候，要把三輪體空的無生忍帶進來，以這樣的見地來行施，就是眞正的精進行者。所以說精進的行門，還是有它的層次差別的。

對一般未悟的人來說，精進修行時都是認爲：一切都是爲自己做的，不要一天到晚老是想著「眾生虧欠我」。我們不能說這個想法錯了，因爲這是一般學佛者所應有的正確心態，從他們的層次來看是正確的。可是你如果證得如來藏了，你很清楚我與受施者以及布施這回事，三輪都是空無實體，既然如此，爲什麼要憶想這個布施是對自己好？根本就用不著這麼想嘛！只管去做就好了嘛！接下來馬鳴菩薩說：

論文：【其初學菩薩雖修行信心，以先世來多有重罪惡業障故，或為魔邪所惱，或為世務所纏，或為種種病緣之所逼迫；如是等事為難非一，令其行人廢修善品；是故宜應勇猛精進，晝夜六時禮拜諸佛，供養讚歎懺悔勸請，隨喜迴向無上菩提，發大誓願無有休息，令惡障銷滅、善根增長。】

講解 這一段論文是說初學的菩薩們，跟前面那一段所講的稍有不同。前面那一段講的是你在出世間法上面精進，可是這一段講的是說你在出世間法上面精進時，卻又不肯捨棄世間的種種善法。初學的菩薩，也就是修學十信位的菩薩們，這些菩薩們雖然修行信心滿足一劫乃至一萬劫，但是由於過去世以來有很多的重罪，以及許多的惡業來障礙他的緣故；這是第一種初學菩薩。第二種初學菩薩則是「為魔邪所惱」，是被鬼神或天魔所擾亂，或者有邪道修行者來擾亂他的佛道修行。第三種初學菩薩的障礙，是被世間法上的種種俗務所纏縛住了，所以無法精進的修習佛菩提。第四種則是被種種的病苦因緣所逼迫，以致無法精進的修學佛菩提。概略的說，初學菩薩有這四種精進學佛上的障礙。

什麼樣的初學菩薩有重罪惡業的障礙呢？譬如極少數人有一種奇怪的現象，他們很聰明，在各道場修學種種法都沒事，但是當他們來到正覺同修會學了義法時，就會有很多事：不是事業不順，不然就是生病了，不然就是家庭變故。後來離開了，到別的道場去修學一般的表相佛法，就又沒事了。這是什麼原因啊？就是被重罪惡業所障礙了。譬如他在先前謗過正法，或者在過去世誹謗了正法，或者是曾經動手、動口破壞正法，因此他一旦修學了義究竟法的時候，障礙就開始出現了；這就表示他的緣還不夠，他還得在護持了義究竟正法上面，多作福德，得要向外人宣示了義究竟正法的勝妙，得要每天在 佛形像前努力懺悔業障，求 佛加持滅罪，才能免除重罪惡業的障礙而順利的修習了義究竟正法。

有的人則是由於福德不具足，也會產生障礙；有時候出現的障礙，你想都想不到，就像我們早期禪三是統統有獎，悟不出來的人也要想盡辦法硬把他們弄出來；最後還是悟不出來的話，乾脆在最後時間叫進小參室裡明講眞如心體的密意，又詳細的說明心眞如的運作細相等等。結果解三回家之後，發生了一些奇奇怪怪、百思不解的事情，弄得美滿家庭幾乎要離散了。後來他知道自己證悟的福德不足，勉強悟了反而不好，就跟我懺悔，請求暫停一段時間共修，並且把自己證悟者的身分取消掉，當作自己還沒有悟入；以後等因緣成熟再回來繼續修學。他知道自己福德不夠，所以弄到家庭幾乎要破散。但是究竟發生了什麼事情，因爲他要求我要保密，所以我就不講了。這種事情並不是沒有的，但一般而言只是極少數人。這是因爲他過去世可能跟我結過法緣，因爲有緣就來認識了；認識了以後學法，但因往世做了不好的事情，所以今生業障就現前了，這就是 馬鳴菩薩所講的「先世來多有重罪惡業障故」。有的人也許是過去世曾經誹謗究竟了義法，不承認有如來藏，否定第七識、第八識，捨報前懺悔而沒有落入惡道中，但這也會成爲他的重罪，未來世的現在眞正遇到了義法時，這個重罪產生的障礙就出現了，就會遮障他。

有些人更有趣：去禪三參禪時，她總是不肯好好的參究，所有時間都在看我，看我對誰使機鋒？接著又對誰使機鋒？後來又對誰使機鋒？其實我本來要給她機鋒，可是我終究沒有使出來，因爲她知道我即將要走近她了，心中就在提防我了，那我還能使什麼機鋒給她？還得要構思特別的機鋒給她才行，那就表示她的證悟機緣還沒成熟；但我總是想，看看有沒有機會給她機鋒？結果整個禪三從頭到尾，一個機鋒也沒辦法用給她，因爲她一直都在注意我，所以只能給她一般的引導或開示。沒辦法，這是她自己出了問題，是她的因緣還不成熟，不是我心中偏袒。這個也是她自己的障礙。可是她除了這個習性以外，還有別的障礙；要去禪三報到之前，她又夢見了一老一少二個人來跟她障礙。去到禪三道場時，那二個人也跟著去，又被她撞見了，很困擾！使得她沒辦法參禪了！這就是障礙。後來她還是離開了！沒辦法的。

這一類的障礙業緣，往往過去世正在作的時候，沒有感覺到自己在作什麼障礙自己的事；就像現在有些人正在誹謗正法時，他們仍然不認爲自己正在謗法。所以第三次去禪三的時候，她心裡就有底了，知道第二關絕對過不去，她自己早就知道了。結果，去到禪三道場時，冤家出現了！整整障礙她三天，很難過，都沒辦法參禪，這就是障礙啊！所以說，想要修學究竟法、了義法的人，盡量少結惡緣。特別是在世間法上面，不要跟人家結惡緣；你結了惡緣，後來遇到眞正的出世間法、眞正究竟了義法，他發覺你學這個法會離開三界，他就害怕了，恐怕要不到債，所以要抓住你，就會障礙你，讓你無法修得出世間法而出三界，這就是重罪惡業所障。

有的人平常很聰明，非常伶俐！可是去到禪三道場時，整個腦袋都空掉了；平常動得很伶俐的腦袋，那時都動不了了！腦袋不會運轉，根本不曉得四天三夜裡都在幹什麼？眞的很奇怪咧！他根本沒有辦法參禪，這也是障礙，有「人」在障礙他啊！明明腦筋非常好的人，結果根本沒辦法讓腦筋動起來，完全無法參禪，這就是障礙。

另外一種人「或爲魔邪所惱。」天魔或者邪道眾生，往往化現很多種境界，讓他在參禪時或是平常靜坐修定時走進去，或者弄出很多奇奇怪怪的邪知邪見，讓他無法跟善知識所開示的了義法言語或機鋒相應。邪道：如果過去世就一直喜歡搞神通，或者當乩童爲別人辦事；有的人很喜歡修神通，修得粗淺的神通以後，他辦事就不靠鬼神的力量，就憑著自己的力量來辦。但是會有許多後遺症，邪道的鬼魂就來了，一天到晚死纏著他，讓他沒辦法專心一意的參禪，這就是魔邪所惱。魔邪就是要讓他無法參禪，讓他無法悟入般若，就永遠都會活在他們所掌控的境界中。惱的方法有很多種，有時候化現美妙的境界讓眾生去貪，使得眾生離開參禪的境界而起貪著；或者使學人的參禪方向產生偏差，誤以爲那個有爲法上的境界相就是開悟境界。有時候則弄一些讓眾生難過的境界、恐怖的境界，使人心中害怕而無法參禪，這就是**魔邪所惱**！

「或爲世務所纏」：有少數人在不了義法、在表相佛法上修學菩薩外門六度萬行，一直都沒事；可是一遇到究竟了義的法，想要去修行時，世間事忽然就多起來了：又是這件事、又是那件事，沒完沒了；只要到了上課或共修的時間，就有許多事讓他沒辦法來。我也曾跟諸位講過，說我這一世破參前，往世被人利用我的善心而造的惡事障緣出現了，根本就沒辦法讓我用功參禪。但是我那個時候打定破釜沉舟的決心，我想：「不管它！參禪要緊！什麼要緊事都別管，萬一眞的會被冤枉，被誤判，那也一定是過去世造了對不起人的事情，那就乾脆住到監獄裡面去參禪，正好沒有人打擾，可能更容易破參吧！」就這樣下定決心，寧可被冤枉誤判，也不肯放棄參究，這才衝破了；可是才剛剛破參了，事情也剛好結束了！根本就沒事！

後來 佛派遣過去世我在藏密時的師父來傳旨召見，佛又親口告訴我往世的事情，原來上一世年輕時在世間法上，被人家利用了我的善心，我當時還以為在幹好事哩！其實是被人利用我的善心在幫人家作惡事，是太直心所以被人利用了！所以這一世參禪就發生**魔邪所惱**的事。本來只是個證人的身分，結果卻要變成被告，你怎麼想也想不通。這就是律師無德，用卑鄙的手法想要剝奪你的證人身分，就把你也告進去，使你成為被告而喪失了證人的身分，這樣就對他的當事人比較有利，他也可以賺到更多的律師費，所以就把另一方每一次請來作證的三個證人逐次都告進去，這就是無道德心的律師啊！

不過當時我心裡面一直在想：「固然律師無德，所以才會把證人的我也告進去；但是很有可能是我們這些證人在過去世有什麼因緣攪在同一件事裡頭，被人利用了善心而造下對不起對方的事，這一世才會變成這樣子。」所以我不想在這一世再跟那人結怨，就對檢察官先作書面聲明；我心存善念，先放棄對那個惡人的誣告追訴權。後來破參了，果然由 佛的召見說明而證實，過去世是曾經被人家利用善心而作惡事。所以要幫人家作善事之前，先得要有智慧判斷；所以現在人家要求我幫他作什麼善事時，我一定要先思惟一下：這件事能不能作？表面上看來是善事，骨子裡是不是眞的行善？得要有智慧判斷以後再作。慈悲心是好的，但眞的要有智慧先作判斷，不然來世就會障礙你的佛道修行。當時還是 觀世音菩薩幫忙，開示了兩句話，叫我丟棄原本在這一世的凡夫師父道場中的所有事務，放下一切來專心的參禪，才讓我走過來的啊！不然還眞的很難悟呢！

所以「世務所纏」，就表示往世在世間法上曾經結了不好的緣，當你正在了義究竟的正法中用功時，就會有很多的世間俗事來障礙，無法專心用功參禪、學法。有些人就是這樣，連續一、二個月，每到要上課的時候，事情就來了，後來就沒辦法修學正法。有的人整整耗了半年才解決世務困擾，才來新班重新報到；有的人則是報名後，整整拖了一、二年，再重新報名新班，才終於又來學，後來才證悟。這就是說，有一些人在世間法被纏繞，而導致障礙的因緣；他們**必須堅定心志，努力化解**，才能突破而完成見道的道業。

「或爲種種病緣之所逼迫」：就是說，他們被病苦的因緣所障礙。本來好好的人，去表相正法的道場中作義工，學習表相正法時都沒有事；可是學到了義法時，身體就開始不好了；這種人很少，大概只有百分之一的人；不能說沒有，我們確實遇到過。那就是說，過去世所修集的福德不夠，導致今生有這些障礙的出現。

「如是等事爲難非一」，每個人都很清楚自己的障礙在哪裡，都各有不同的事情障礙來爲難，往往不是只有單一事件，使得修學佛法的行者，只好罷廢他所修學的善品法，終於不得不放下佛法的修學，又回去修世間法、表相正法的善行了。所以有人遇到惡緣所轉，不得不離開同修會，後來跟我說：「我要再去修集福德了，現在起要改學如何做人。」我說：「很好！你就去學做人、去修集福德吧！」因爲他不懂尊師重道，眞的須要好好的學做人啊！在大乘法中的福德也不夠，慳貪之心還很重，他眞的需要好好的再補修福德啊！

有的人則說我們同修會成立以後，我們作人怎麼樣的不好，所以他們說：「佛法修得再好也沒用，作人都作不好，所以我要停止學法，要去修集福德。」意思是說我作人作得不好。那麼我作人不好的話，究竟是什麼地方作人不好？應該把理由或事情具體的說出來，也應該公諸天下，讓天下人一起來撻伐我啊！可是他們卻又說不出具體事實，只說我作人不好；這其實是因爲我不能滿足他們的私願，不會作濫好人，不肯對他們藉正法所想達到的世間法利益閉眼不管，所以不會作人。爲什麼不能滿足他們的私心呢？因爲我不能把自己、把佛教正法拿來當人家的傀儡啊！因爲同修會既然成立了，不像以前在他們家裡共修了，道場就不再像以前一樣是他們所有的了，而是一切學員大家共有的了，那我就不能再像以前一樣的當他們的傀儡，不能再像以前一樣由他們在自己的利益考量下而任意的指揮我了嘛！所以當然要變成以大家的意願爲主了。

以前是寄住在各人所有的道場，在別人各處家裡共修傳法，當時我的態度是：只要可以弘法就好囉！他們想要怎麼樣，我都沒有關係！只要他們不誹謗正法就好。可是同修會一成立，已經是獨立法人的組織了，那就是所有會員公同共有的團體了，從此就不可以再像以前那樣由他們隨意決定事務，一定要依照組織章程建立好的制度去運作，不可以要求我凡事都得先跟他們商量好了，然後我再來交代理事長去做，那他們就變成太上皇了，這樣子選出理事長來是爲了什麼？理事長的職權都被架空了，那就不如不選了！對不對？選出了理事長，就要放手讓他去做嘛！不應該由我來指揮他，而我背地裡還得再來聽他們的指揮，不應該這樣子啊！所以他們放話說我作人不夠好，說他們離開以後要去學作人，我說：「好！**眞的應該要重新學作人。**」作人學好了，道理想通了，下一世再來跟我學法。

我是很贊成他們再去學做人的。因爲假使對一個老師：他教你明心的方法，又幫你見性了，又從來沒有收過你的供養，然後爲了自己坐大、永遠掌權的私心不能實現，就心中不悅而無根誹謗，這樣子的作人是失敗的，正應該再去學作人的，所以我贊成他們去學作人。他們會有這樣的心態，就表示他們對於究竟法的福德修集都還是不夠的，性障都沒認眞的在修除，所以他們說離開同修會以後要去學作人，又說要去修福德，我認爲完全是正確的。不管他們到哪一個道場去種福田，我都贊成，應該要這樣做；不然的話，繼續學下去時，我雖然絕對不會障礙他們，但是一定會有別的事情一直障礙他們，而他們也會不斷的自己障礙自己。

這就是說，往往會有種種的事情來爲難修學了義正法的人，絕不是只有一種，這些因自、因他而生的事情都會使得學人廢修善品；正因爲還沒有修除性障、還沒有具足福德，所以就會有這些事情的障道；所以他們以前尚未走完的修福之路，後來必須要再走回頭路，再去效法慈濟功德會的志工們，學他們去多種福田，去補足以前所未滿足的行門與福德。但是在他們想要重新再去種福田之前，有一件事情我先得要提出來講：**必須先要孝養父母**，然後才去外面修福德、學作人。假使對父母不肯孝養，對父母講話惡形惡狀、惡口惡語，背後常常說父母的閑話，不能孝順，卻說要去利益有情眾生，那都是假布施，我們無法認同這樣的布施。他們說要去學做人，我贊成，本來就應該這樣嘛！好好的先學習怎樣作人家的子女、媳婦，把這個學好了、做成功了，才有資格去談怎麼學作人。對父母不好，而去對眾生行善、學作人，那叫做僞善，不是眞正的善行；所以說善品法的修行，還是有它的層次差別存在的。

如果苛扣父母的供養來作布施，那叫做假名布施，不是眞布施；如果對公公婆婆說話都不耐煩，而說要學作人，那也是假名學作人，這是很重要的觀念。又譬如對師長不恭敬、不孝順，而去外面作利益眾生的事，那也是假的利益眾生，這些觀念大家都得弄清楚。對自己的子女吝嗇，不肯讓他們和自己一樣過好的生活，學佛之後更苛扣他們的零用錢，用那些苛扣來的錢作布施，而不是從自己的零用錢中節省下來布施，這都叫做假名布施。又譬如有人說：「我每天禮佛，我很孝順諸佛。」但是卻對父母不孝順，那是什麼心行呢？那是假名的孝順，不是眞的孝順，諸 佛都不願接受這種假孝順、假禮拜。所以有的人說要去寺院拜佛，有的人要去拜西方的 阿彌陀佛，其實都應該要先拜家裡的兩尊活佛；家裡的兩尊活佛從來不肯孝順、不肯禮拜，倒是常常去拜外面的佛，那眞的是顚倒。

因此，善品的精進修行，還是得要有根據、有先後差別的修習，得要自己有簡擇思惟的能力加以衡量：究竟應該如何做？一定都有先後次第、有輕重緩急的。把差別弄清楚了，然後來修學善品法，才是有善巧方便的精進菩薩。所以娑婆世界中有種種的障礙，令行人廢修善品，「是故宜應勇猛精進」。假使心性不夠勇猛，稍微遇見一點遮障，就會退縮了，這就是不夠勇猛、不夠精進。

除了廣修種種善品法以外，有空時還要「晝夜六時禮拜諸佛」，當然不是叫你每兩個鐘頭就起來拜一次佛，而是說除了睡眠的時間以外，有空的話就要常常禮拜諸佛；並且還要供養諸佛，讚歎諸佛，以及懺悔自己往昔的罪業，勸請諸佛常轉法輪。供養就是每天準備飲食供養，不必每一次供養都弄得像一堆山一樣，可是一年卻只供養二、三次，而是每天供養；每天供養就是說，有食物供養就可以了，不在食物的份量極多上面用心。譬如每天供上一包餅乾，或者剛好上市場，看見甘蔗長得漂亮，買一根甘蔗削好切成許多段來供養也可以啊！主要是在自己心意的虔誠上面。每天供養而不間斷，這很重要。諸佛形相的供養，等同佛現在前而受供養；這個道理，世尊在律經中曾經講過啊！有現成的福田，為什麼不懂得種？世間第一等福田種了以後、供養了以後，食物卻還是你自己吃啊！佛也沒有派人用掉它啊！而且所供的又是上上福田！世尊既是報恩田、又是功德田，這麼好的福田為什麼不懂得供養呢？

除了供養之外，還要懂得讚歎：讚歎世尊的功德無量無邊的殊勝，所以才要用讚佛偈來讚歎啊！這個讚歎並不是只為自己有好處：除了讚歎的時候自己會生起信心以外，護法善神聽了也歡喜，佛弟子四眾也會因此而對佛更有信心；所以有的眾生尚未學佛，聽了讚佛偈以後就發起善心，發起對諸佛的恭敬心，發起崇仰心，所以讚歎也是修學佛法而度眾生的一種。有好些人來學佛，往往是因為朋友拉他去寺院，盛情難卻而去；結果聽到讚佛偈時，不曉得什麼緣故就一直掉眼淚，後來發覺自己似乎跟佛很有緣，不然怎麼會感動而一直掉淚？為了這個緣故，他開始學佛，就這樣走進來，所以這讚歎諸佛是有它的功德存在的。

然後則是懺悔。懺悔是善法，讓我們生起慚和愧的兩個心，有了懺悔這個法，讓我們生起慚愧心，所以身心日漸清淨。然後還要勸請諸佛常常住在世間，不要離開娑婆世界的眾生，請 佛常住於三界中大轉法輪利益有情。普賢十大願王中就有這個願，願常請諸佛大轉法輪，這就是勸請。勸請以後還要隨喜，看見諸佛那樣利益眾生，自己心裏面就歡喜；沒智慧的人就會忌妒，雖然他不會忌妒佛，但會忌妒當代的所有善知識；當他心中生起忌妒惡法的時候，功德就損減了。譬如有人看見別人說法時說得很妙，你心裏隨喜，隨喜時就有了善法的功德；看見人家布施時，雖然自己沒錢護持，但也能隨所見的布施者而生起歡喜心：「你眞是功德無量！」讚歎與隨喜！也是修行。看見別人作義工時滿心歡喜，我們也跟著隨喜；縱使自己沒有體力作、也沒有錢護持，也都應該隨喜，雖然沒有體力，嘴巴說話的力量總有吧！那講點好聽的話，向他讚歎隨喜。千萬不要忌妒，在心裡說：「哼！你就憑著體力好，就那麼賣力作，顯得我似乎不夠賣力。」臉色就不好看！那就錯了！學佛的功德就隨著損減了！所以不管看見人家作什麼善事，都要隨喜。

當我們隨喜而生起功德的時候，就把隨喜的功德迴向無上菩提的修證。「迴向無上菩提」是說你要迴向佛菩提道，佛菩提道才是究竟菩提啊！所以說是無上。因爲二乘菩提不是無上法，它是有上法，只能讓你斷煩惱障的現行，不能斷煩惱障的習氣種子隨眠。所以阿羅漢會有習氣種子的現行，根本煩惱不會現行。但佛菩提的無上菩提，和二乘菩提不相同，除了煩惱障的習氣種子隨眠要斷除以外，最重要的就是求證心眞如——證得第八識心體的眞實法性與如如法性，因此而生起般若的智慧；再從這個基礎上進修一切種智，一步一步的邁向究竟佛地。大乘菩提可以使人成佛，二乘菩提只能使人成爲阿羅漢、辟支佛，所以不是無上，所以有侷限，所以不叫無上菩提，因此無上菩提一定是說佛菩提智。佛菩提智，在我們剛開始講這部論的時候，就說過是函蓋了二乘菩提在裡面的，所以才叫作無上菩提，不能把解脫道排除在外而說佛菩提是無上菩提。因爲這樣子的話，還是有所不足的。

接下來說：「隨喜迴向無上菩提」之後，就得要「發大誓願」，並且是「無有休息的大誓願」。《華嚴經》初地菩薩品中說，菩薩初入地時堅定的發起了十無盡願；這十個願是盡未來際的，可是未來際無窮無盡、永無邊際，所以這十大願也是無窮盡的，所以叫做十無盡願。發了這樣的大誓願以後，世世都不能休息，因爲這十無盡願是要盡未來際不斷的作，才能成佛的。所以 佛眞的是不容易成就呀！你看原始佛法的四阿含諸經裏面記載： 佛托鉢回來以後，常常都是在教化眾生而努力說法的，往往是整個下午都在爲眾生說法；到了晚上該睡覺的時候，往往又有天人來求法，你看 佛連睡覺都不能好好的睡，所以眞的是「無有休息」啊！所以有時 佛因爲色身很累的緣故，就請舍利弗尊者代講， 佛就斜臥在阿羅漢身後的禪座上，讓色身休息一下。因爲欲界色身的法，一定得要休息，才能使色身維持正常的功能。所以 佛眞是不好當的！

常常有人發願想要成佛，但是稍微作了一點事，累了一下，就在那邊嘰嘰聒聒講個不停的向人討人情，這樣怎能成佛？還早著呢！菩薩發了大願以後是不可以休息的！那才是眞正的菩薩行者。諸位聽到十無盡願，也許就很快的在 佛前發大願了；可是，發大願是很好的，但是一定先得要有智慧，得要以智慧去行願；發了誓願眞的去作了，卻沒有智慧簡擇，那是很麻煩的。譬如有人發下大志願要護持正法，但是他先得要弄清楚自己想要護持的正法是不是眞正的正法？同樣是正法，你要護持了義法還是不了義法？而了義法裡面又有究竟與不究竟法的差別，究竟是要護持哪一個正法呀？因爲有的法是只有讓眾生進入佛門，有的法是既可以讓人進入佛門，也可以讓人證悟，那也是了義法呀！有的法是讓人證悟之後，卻沒有辦法進修而入初地，不是究竟法；有的法雖是正法，卻只是表相上的正法；甚至於有的法表面上是正法，本質卻是正在破壞佛教深妙正法的破法者（編案：譬如西藏密宗的所有法都是外道法，又如藏密達賴喇嘛與印順法師的應成派中觀「般若」無因論邪見，都是以邪見在破壞三乘菩提正法）。那你發了護法大願以後，是想要護哪一種法？

大家都想要護持佛教正法，各大道場也都有護法會；但是大道場護法會的會長、副會長、幹部們，他們知道自己正在護持的是什麼法嗎？大多是不知道的。他們以爲在護持正法，可是那眞的是正法嗎？如果護持的是不否定第八識的表相正法，倒也不錯；怕的是護持到本質是在破壞正法的大法師、大居士。因爲他們所護持的正法道場，住持師父常常會這樣告訴你：「**師父正在說法的這一念心，你們正在聽法的這一念心，就是眞如心，就是佛性。**」然而這是什麼法呢？其實是常見外道的法！落在六識心的自性上面，只是身披佛教法衣，身現佛教比丘相，弘揚的卻是常見外道的邪見。結果發大誓願護持正法的人，護持的法卻是佛門裡面的**常見外道見**。像這樣的護法，不要也罷！像這樣的護法，我倒想勸他休息休息，而不是勸他「無有休息」了，休息反而是對他比較好的。

還有一種法的護持者，更應該要休息；譬如每天都在弘揚《妙雲集、華雨集》等邪見者，他們都是正式的寫在書中，公然的否定 佛所明言教導的一切種智、般若實智根本的如來藏法，並且用自己虛妄想像的**唯名無實的滅相眞如**，來取代 佛所說的確實可證的**佛地眞如**；他們更誹謗說**如來藏思想是外道的神我、梵我**，這都是破法者，但是沒智慧的人卻去護持這種破壞佛教最深妙正法的破法者，這種護法未免就太顚倒了！這就是沒智慧的護法者！因爲**外道的神我、梵我，都是 第六識 的境界啊！外道們把意識當作是常住不壞的神我、梵我，可是 佛所講的眞如、如來、如來藏，那是 第八識心體 啊！與第六意識截然不同，印順法師怎麼可以謗說第八識如來藏是外道的神我梵我思想？而且他自己破斥外道的神我、梵我，可是他自己卻又跟外道一樣的落在意識神我、梵我中，主張「意識的細心常住不壞，所以是三世因果的主體識。」**但他們這樣一天到晚在弘傳破法的邪見，可是有些法師、居士根本不懂如來藏與外道神我的大差異，就跟著一天到晚去弘傳他的《妙雲集》……等邪見書籍，跟著不斷的在否定如來藏，公然的誣謗第八識如來藏是外道的第六意識梵我、神我，又謗說第七識與第八識都是意識心；這都是公然破法者，他們那些護持者，到底是在護什麼法？是護持破壞正法的邪法？

還是在護持 佛的如來藏正法？

他們又說般若諸經的意旨就是**性空唯名**，其實是大錯特錯了！般若絕對不是只講蘊處界的性空唯名，而是同時在講實相法界的第八識實相法，是講佛地第八識的眞常唯心；是講蘊處界、萬法都是性空唯名，也同時講性空唯名的萬法都是實相心所生，都攝歸實相心第八識，所以不一亦不異、非斷亦非常，這才是般若諸經的眞正義理。性空唯名是虛相法，是二乘解脫道專門在世俗五蘊十八界上面觀察其緣起性空而唯有「名」相，性空唯名正好是在講這個道理，所以性空唯名是虛相法，是世俗諦；世俗諦既不是實相法，當然不是般若的眞義；性空而又唯名無實的「佛法」，怎有可能是實相法？是無常、性空而唯有「名」相的法，當然是虛相法。四阿含諸經所講的都屬於世諦，世諦才可以命名爲性空唯名；因爲世諦所講的正是五蘊十八界的緣起性空，五蘊十八界都是世俗法，這些世俗法都是無常、壞滅之法；無常性空、終歸壞滅，這就是蘊處界等世俗法的眞諦，所以蘊處界的緣起性空當然就是性空唯名的法，當然是世俗諦。可是佛法中有二諦：世俗諦以及第一義諦，二乘法講的是前者的世俗諦，講的是蘊處界無常、終究毀壞，所以說受想行識都只是「名」，其性本空，這才是眞正的**性空唯名**，所以原始佛法的四阿含諸經所講的才是**性空唯名**；所以四阿含偏顯的世諦，才是**性空唯名**。

至於般若諸經講的法義絕對不是性空唯名，因爲般若講的是實相法，實相法就是眾生的不念心、菩薩心、非心心、無心相心、無住心、無所有心，就是眾生身上萬法根源的第八識心體，祂是萬法的實相，是常住不滅的眞實相，怎會是性空唯名呢？這個第八識實相心眞實有，眞實可以親証，眞實可以體驗祂，而且又永遠無法毀壞祂，即使合聚十方諸佛的大神力爲一力，也無法用來毀壞任何一隻小螞蟻的實相心阿賴耶識心體；而且悟後可以現見世俗法的蘊處界都從祂出生，萬法（包括世出世間法）也都由祂出生，正是法界萬法的實相，怎會是**性空而唯有名**相呢？祂又是金剛心，無法壞滅祂，正是般若心；般若經講的正是這個金剛性的不壞心，般若經講的正是這個常住心，講的正是這個確實存在而且是確可體驗的實相心體，怎可說般若經的主旨是性空唯名的虛相法呢？

他們又說阿含諸經從來沒有講過第八識、第七識，但那是因爲他們從來都讀不懂四阿含諸經，事實是經中早就有講過了；所以後來我們把這些證據舉出來，證明四阿含諸經處處有講到第七識與第八識，現在他們也無法出面否定或者舉出反證。他們到處在否定說沒有第七識、第八識，就使得原始佛法的四阿含諸經，以及第二轉法輪的般若諸經、第三轉法輪唯識系諸經，都變成不了義經了，也使二乘聖人所證的無餘涅槃變成斷滅本質的戲論境界了。他們認定第三轉法輪的所有經，譬如《大乘同性經、如來藏經、解深密經、楞伽經…》等，都是不了義法、都不是 佛親口所說，否定經中 佛所說的聖教；他們繼承了藏密的宗喀巴、西天的智軍、月稱、安慧、寂天等應成派中觀師的邪見思想，公開的否定第八識如來藏，判定宣說第八識實相的般若正法是專講世俗諦的蘊處界性空唯名的虛相法。四、五十年來台灣不知道內情的人，就發了大誓願要護持印順法師弘揚這種邪見的、破壞正法的邪法，而且還發願盡未來際無有休息，這就是星雲、證嚴、昭慧、性廣、傳道…等人。

但是我們如今要勸他們多多的休息，因爲他們發了這個大誓願而護持的結果，不是在護持正法，而是在護持藏密黃教外道的常見、斷見論；因爲應成派中觀是具足常見和斷見的外道論，那正是 佛所破斥的外道無因論，也是《楞伽經》中 佛所破斥的「兔無角論」的外道法。追隨星雲、證嚴、昭慧、傳道等人的護法者發了大誓願，很精進的修集護法的福德資糧，結果到了捨報的時候，才知道努力發心護持所修集來的都不是福德，反而是修集到破壞正法的大惡業，這是非常可憐的事情，也是三界中最最冤枉的事：以修學佛法的正因、以護持正法的大願心，而得到了破壞佛法的地獄罪惡果，這眞是三界中最大的冤枉呀！

所以我們說佛弟子們發大願心而且無有休息，眞的是很好，但是得要先有智慧作判斷：如果你是護持表相的正法，那也都是很好的；只要說法者不否定如來藏的思想，即使是出家的破戒者，也都還是好的；如果能進一步來護持如來藏妙義，護持能讓你証得如來藏的正法，那就更好了。如果更進一步護持能讓你證得道種智佛道的了義究竟法，那又更好了；但是千萬不要去護持那些弘傳藏密應成派中觀的邪法，你去護持那些人的邪法，就叫做**護持破法者**，就變成跟他們共業。這種共業的將來果報非常之重，無法想像、不可思議！但是那些善良的護法者，這樣的在付出與護持，結果得到的卻是**護持破法者的大惡業**，眞是冤枉極了！所以我們有悲心的人，都有義務讓他們瞭解事實。如果我們不知道這個表面在護法而其實是嚴重破壞正法的事實，那我們可以不必講出來讓他們知道；但是如果我們知道了卻不肯講，只因爲怕得罪人，或是想要對印順、星雲、證嚴、昭慧等人而做濫好人，那我們的心可就眞是大大的可議了！

如果我們心裡想著：「我們不要得罪那一些大名聲、大勢力的法師居士們！別人跟著他們走錯路，那是他們的事情，與我無關，何必去招惹印順法師……那些在佛教界有大勢力的人呢？萬一他們反擊過來時，我們不就倒大楣了？何必管那些被誤導而共同護持他們邪法的人？」這樣子想的人，就叫做無慈與無悲；因爲你明明知道那一些人護持他們在破壞正法的時候，未來世的果報不可想像，那樣嚴重的果報，爲什麼你能抽腿而不管他們的死活呢？一切有悲心的人都不應該這樣做，所以我們應該告訴他們事實的眞相，即使很深的涉入不斷被他們攻擊的泥淖中，也應該在所不惜才是。

也曾有人打電話到正智出版社去抗議：「你們蕭老師寫那本《邪見與佛法》，說密宗有什麼雙身修法的邪淫事情啊？眞的有那回事嗎？這哪有可能？這雙身法根本是違犯菩薩戒的，西密怎麼可能有這種事情？蕭老師有什麼根據，而這樣誹謗密宗？我們學密十幾年了，從來都沒有聽說過雙身法，他不可以這樣子亂說！」你看！有多少人不曉得事實眞相？台灣一般修學密法的人們，大部分都不知道雙身法中的男上師與女弟子淫合的樂空雙運修法；因爲那是要學到最後的階段，上師覺得弟子供養已經夠了，或是貪愛女弟子長得美麗端莊而生起淫念時，才會想要讓他（她）們「即身成佛」；也就是想要密宗弟子以色身供養或大量錢財的供養，而在今生成爲「究竟佛」時，喇嘛或上師們才會爲他們傳授密灌與慧灌的；在密灌與慧灌過程中，喇嘛們才會與少數的密宗異性弟子合修雙身法的；經過密灌、慧灌而跟喇嘛上過床以後的密宗弟子，才可以和自己所喜歡的異性同門師兄（姊）隨意而且每日「精進」的合修雙身法。密宗弟子們如果供養不夠，或是姿色不夠，或是老了，都不可能與喇嘛上床合修雙身法的密灌，都不可能學到最後階段而懂得雙身法密意的，喇嘛們是絕對不會事先就講出來的，那他們怎麼會知道？當然不知道嘛！

那些學密十幾年的密宗弟子們提出的質問，其實也沒有錯啊：「**喇嘛們如果眞的這樣作，那明明是違犯了比丘戒與菩薩戒的啊！這怎麼可以說是佛法？所以我絕不相信密宗有這種法，應該是你們蕭老師自己編造出來誹謗密宗的。**」但事實上，喇嘛們都說雙身法才是最高層次的佛法。人家質問我們有什麼根據？我現在告訴諸位：藏密的紅、白、花教都說雙身法才是最究竟的佛法，都有書籍與密續爲證；甚至於對外宣稱沒有雙身法的藏密黃教，其實也都是在私下弘傳雙身法；在黃教創始人宗喀巴所寫的《密宗道次第廣論》中，明確的主張雙身法才是最究竟的佛法，更要求黃教弟子們必須**每日八時精進而修**，也就是除了睡覺的時間以外，都得要精進的與上師或配偶修持雙身法；如果沒有每日十六個鐘頭淫合而修持雙身法的樂空雙運，那就是毀破金剛戒。宗喀巴「大師」寫的《密宗道次第廣論》裡面確實是這樣子寫的，有書籍中的白紙黑字為憑！

其餘的宗派，一樣都有無上瑜伽、大樂光明、嚇嚕噶、時輪金剛……的修法，包括薩迦派最完整的因灌以及四種的灌頂，都是雙身法，這都是有根據的；如果有人想要找證據，最容易找到的就是密宗上師或喇嘛寫的書，在一般書局就買得到，只是寫得比較隱晦一點，都是用暗示的話語來寫的。但是陳健民上師的《佛教禪定》一書裡面，就寫得很清楚了。如果還覺得這個證據不夠清楚，可以去買他的《曲肱齋》全集，共有五大冊，每冊都有這麼厚（比出大約七公分的厚度），那書不便宜，所以你只需買他的事業部那一冊就夠了，書中寫得太清楚了；在大陸的學人，也可以從北京華夏出版社買到《藏密修法密典》五巨冊中找到明確的說明與教導；再不然的話，也可以從《大正藏》所編的密教部的《大日如來經》找到證據；又如密教部的《一切如來善顯秘密大教王經》，你們自己去買來讀就知道了，這些密教的外道法，竟然都被日本人收輯在《大正藏》的經典裡面，當作是佛教的法義。我們講堂因為它是大藏經，所以請了整套在經櫃收存著，可以說是證據確鑿。當然我們也有《乾隆藏》，這是題外話。

但是那位師姊說得好：「**他們那些人**（編案：指達賴喇嘛……等法王們）**都是大師欸！大師們怎麼也會做出這種傷風敗俗的事情？**」但是我告訴你，正是密宗的那些大師、法王們，專幹這種見不得人的事（海峽兩岸也有少數顯教大法師私底下幹過這些事，成爲破重戒的人）！但那些喇嘛們都不是起惡心去幹這種敗壞倫常的惡事，最多只是起心貪著美麗女人而想要幫她們「即身成佛」罷了！因爲他們自古以來的法義就是這樣子教導的，他們認爲是在幫助異性弟子「成佛」，因爲他們的「道」本來就是這樣的嘛！他們自古傳下來的法道既然是這樣的，你叫他們不傳你這個法，你學密而不學這個雙身法，這才眞是奇怪的事情咧！你不讓他們傳這個法，教他們要怎麼傳法？密教的即身成佛法道本來就是這樣的思想嘛！但是台灣很多學密的人們並不瞭解，辯說：「**沒有啊！我學密十幾年了！我從來都沒有聽到過這個雙身法呀！**」我們則要指出一個事實：如果他不是故意爲密宗保密而**撒謊**，那他就是很懈怠的學密者，或只是初入門者，根本還沒有進入眞正學密的階段。必須是很精進學密十幾年，每年都很大方的供養藏密喇嘛，讓他們起歡喜心；或是自己長得很美麗端莊，所以喇嘛願意將所有的密法都傳給她；到最後，無可再傳了，她應該學到那個階段了，那時女性密宗行者得要跟男上師進入密壇學雙身法，男性密宗行者得要跟女上師進壇合修雙身法，這就是密灌與慧灌。

十餘年前，有位台灣很有名的教禪的大法師，他曾在說法時公開說過：以前美國有一個女上師很有名，東西兩岸共有十幾個道場；後來她得了愛滋病，不曉得被哪一個男徒弟在合修雙身法時傳染了，隨後二年之中，在美國的十幾個道場就全部關門了。因爲她得了愛滋病，不能再親自上床傳人家雙身法了；可是洋人學密的目的，大多是要修這個「即身成佛」的雙身法呀！正是想要證得樂空雙運第四喜的人間最強烈淫樂覺受；可是她有了愛滋病，男人們當然害怕而不敢再跟她學了，所以就得要全部關門了！可是後來這位大法師近年來竟然會護持藏密，竟然會公開在法上與藏密交流，並且年年都走得很近，這恐怕就不免讓人想入非非了！

前年陳履安居士打電話來跟我說：「**西藏密宗實際上沒有雙身法，你不應該這樣評論藏密的喇嘛們。**」但是他騙我！那時我早就讀過密教部的經典了，也讀過陳健民上師的《曲肱齋》全集了，早已了然於心，不可能被他籠罩的。如今我在《邪見與佛法》書中寫出來，你陳履安先生怎麼不再來找我說「密宗沒有雙身法」？

你說沒有，那就表示你修密法一點兒成績都沒有！根本就還沒有入門，因為他還沒有進入密灌、慧灌的階段嘛！密灌與慧灌都沒有被灌過，才會這麼說。如果有作過密灌、慧灌，或是曾與引導他入密宗的那位女人合修過，才算是已經眞正進入密法中的修行人，那他又怎麼可以說密宗沒有雙身法？

密宗的這種男女雙身淫合的大樂光明，是從天竺的畢瓦巴、那諾巴時代就傳到西藏去了。馬爾巴則是後來自己去印度學習，後來再傳給密勒日巴；密勒日巴也是專修這個法，不過他的女人緣比較少，所以很長時間是躲在山洞中以手淫的方式修樂空雙運的。密勒日巴修了這個法，他的徒弟岡波巴當然也得要修這個法，因為密教的中心思想就是男女合修的樂空雙運的「即身成佛」法，離開這個「即身成佛」的邪淫法，西藏密教就一無是處了，也就沒有任何的「勝妙」處了。但這個雙身法的實修或理論的傳授，都是嚴重毀破菩薩戒的！他們為了方便說明自己沒有毀破菩薩戒，所以就自設了冠冕堂皇的金剛戒（三昧耶戒），在戒相中規定：如果沒有每日精進合修雙身法就是破戒，說要下墮他們所私設的金剛地獄；戒相中又說，如果喇嘛們與比丘尼合修雙身法，如果女上師與比丘眾合修雙身法，都是不破戒的。這樣子就可以公然的、心安理得的廣貪淫欲、廣行淫穢。

可是藏密的三昧耶戒是很荒謬的，根本就不符合佛戒的精神，根本就不是佛戒，這等將來出版《狂密與眞密》時再來說，在這裡已是題外話了。因爲密教的法義中，有一些東西不好意思在這邊大庭廣眾的宣說，將來用文字詳細的寫出來，你們自己去讀就知道了。有一些人提出反對意見，說那些人都是大師級的人物，譬如月稱菩薩、寂天菩薩、宗喀巴「至尊」，都是大師啊！他們怎可能會幹這種事？但我不是在說他們會不會幹這種事，而是說他們的教義本來就是這樣子，本來就都是以雙身法的男女淫合而產生樂空雙運的境界，作爲「即身成佛」的正修，這是西藏密宗四大教派的中心思想，也是他們的最高思想、究竟思想。但是宗喀巴看見紅教喇嘛們修雙身法太過浮濫，只要看見美麗的女人，就提出冠冕堂皇的理由，要求美女與他們合修雙身法，目的並不是眞的在修習雙身法，而是由於貪淫的惡心，所以就廣行貪淫的濫修雙身法了。紅教喇嘛們由於雙身法而腐敗，所以他不得不起而改革，可是改革後的思想還是這個思想啊！並沒有轉變啊！他只是改爲：在家才可以眞刀實槍與女人合修，出家人不可以眞刀實槍與異性上床合修，只能用觀想的。但是觀想的內容還是雙身法的樂空雙運淫樂遍身的外道思想啊！並沒有改變而離開這個邪淫的思想啊！所以，根本不能說他是大師、至尊，也不可以因爲他們名聲大就說他們一定不會犯錯。因爲他寫作很多的書籍來求名，所以當時很有名，人家就以爲他的修証很好，所以就變成大師了，就把他所寫的著作都收集起來印行了。

可是名氣大的大師一定就是證悟者嗎？事實上可不是這樣的；就如古時候有很多眞悟的大禪師在中國，但是生前一直是沒沒無名的，死後才因爲他的開示太妙了，也不會搶走活著的錯悟大師們原有的供養，所以活著的大師們就開始恭維他，所以常常是死後才有名起來的。但有更多的大師們，因爲自認爲悟而開示禪法，當然一定會講錯，立刻就會有眞悟的禪師把他拈提出來；但是爲了不破壞他的名聞利養，所以在他生前並不指名道姓；所以不知道內情的人還是會繼續去那邊供養他！可是一旦死了，眞悟的禪師們就會馬上把他的錯誤說法公開指名道姓加以拈提。也有更多的大禪師們不作人情，不等錯悟的大禪師死掉，就把他拈提出來講了，讓錯悟的大禪師有機會反駁而不能反駁。但是一般的佛弟子們是不懂的，只看見名聲大、道場也大、徒眾也多，就以爲那位錯悟的大禪師講的法一定是對的，但這其實都不一定。

從西天的月稱「菩薩」、寂天「菩薩」到宗喀巴「至尊」，今天我們在書中把他們寫出來，把他們的落處公佈出來。佛菩提道的初入門見道，就是找到如來藏而現觀祂所顯示出來的**眞實性**與**如如性**，這就是**證眞如**，這就是佛菩提的見道；但他們卻都是否定第八識如來藏的，那他們這些大師們到底有沒見道？這問題就很簡單的可以知道了嘛，就很容易判斷了嘛！他們都沒有找到第八識，不能證實祂確實存在，才會否定如來藏啊！沒找到如來藏的人，又如何能現觀祂所顯示出來的眞如性呢？親證眞如的人一定是找到如來藏的人，找到了的人絕不會否定第八識如來藏的。所以，**否定第八識的人就是還沒有找到第八識的人**，就是還沒找到大品般若經、小品般若經中所講的非心心、無心相心、不念心、菩薩心、眞如的人，那他們就是還沒有親證眞如的人，就是還沒有見道的凡夫嘛！這是很容易判定的眞相啊！縱使他們有大名聲，是舉世聞名的大法師，那又怎麼樣？本質還是凡夫一個！可是一般知見不夠的學人並不瞭解，他們就以爲大名聲的大法師、大喇嘛說的法一定是對的，都是不可被評論的。

密宗黃教特別把宗喀巴這個未見道的凡夫追封爲至尊。「至尊」的意思就是已經成佛了！可是宗喀巴的佛菩提道的見道與修道功德在哪裡呢？他根本就沒有佛菩提的見道功德，更別說修道的功德了！他否定了第八識**心眞如**，那就表示他在佛菩提道上面是還沒有見道的凡夫。密宗又說寂天與月稱二人都是證悟的聖者，說是地上菩薩，但他們也都是一樣啊！都是否定第八識的凡夫。他們怕被人說是尚未見道的凡夫，所以就公然的否定第八識心眞如，再另外建立意識別有一個細心不壞，取代第八識如來藏，作爲成立三世因果的主體識，以免被人指責是**破壞三世因果正理的外道**。

但是他們建立了**意識細心不壞**的說法，問題就來了！這個意識心，不管是粗是細，不論細到何種程度，都是由「意、法、觸」三個因緣而生的，阿含部經典裡面　佛有明示：「**一切粗細意識，皆意法爲緣生**。」既然意識覺知心不管是粗是細，都是**意根與法塵**相觸爲緣才能出生的，顯然細意識、極細意識都仍是意識，都是緣生的有滅法，不是常住不壞的實相法。由此可見他們的意識我見都沒有斷，很顯然的，連解脫道的聲聞初果的見地也沒有；他們又否定第八識實相心，顯然是還沒有證得實相境界的人，所以他們正是佛菩提道與解脫道二法中都沒有見道的凡夫；由此事實觀察，宗喀巴等人所謂的**至尊**，是**至**在哪裡？而可以稱之爲**尊**？這種還沒有見道的凡夫，而且還是以外道法來取代佛教正法的「菩薩」，也可以把他們畫成唐卡供起來，每天供養禮拜，那些每天供養禮拜他的人們是不是很愚痴呢？你不如拿父母的畫像、照片來禮拜供養更好！因爲他們都不會像宗喀巴一樣的誤導你的佛法慧命，也不會像宗喀巴一樣害你毀破重戒；而且你家中的父母二老，生養你到這麼大，讓你可以獨立成人，至少總有世俗恩德給你，至少不誤導你學佛的方向，難道反而不如誤導你、害你走上破法、破戒的宗喀巴凡夫外道？

所以說，如果有人發大誓願，想要護持正法、無有休息，在發大誓願之前，還得要把眼睛擦亮、先看清楚：**我所要護持的法是不是值得我發大誓願來守護？他的法是眞正的佛法？還是冒充佛法的外道法？是不是破法本質的外道？**得要有智慧先作判斷！沒有智慧判定的結果，則是發大誓願護持以後，變成了造作破壞正法大惡業的共業，未來無量世則是要共同承受大惡果的，那可不得了啊！因此發大誓願而無有休息，那也很好；但是對那些護錯法的可憐人，我們卻要勸他們休息休息，轉個方向認清楚了，再來發護法的大誓願吧！如果有智慧去判別斷定清楚：**什麼是眞正的正法？什麼是了義法的法？什麼是了義而且究竟的法？**等你有能力去作正確的判別了，接下來才可以發大誓願、無有休息。能這樣去做，就可以使你的惡業消滅，可以使得你的善根增長，所以 馬鳴菩薩說這樣的人可以「令惡障銷滅、善根增長」。

在《大集經》或是《大寶積經》裡面，佛曾經說到作夢：當你夢見了某一種狀況的時候，那是表示某一種意義。佛曾說過：如果已夢見了好幾次，每一次夢見　佛的時候，　佛都是以衣服矇著頭，那就表示作夢者過去世曾經誹謗正法。那他該要怎麼補救呢？他必須每天提早到道場來擦講桌，擦淨說法者的法座，要把法座佈置得好好的，第一件事先作這個。第二件事情要作的是：平常要多勸請人家聽聞了義法，多勸請別人來修習正法。爲什麼　佛要說這一些夢相等等事例？這些其實都是預兆，顯現出學人修學了義法的時候，所會出現的障礙象徵。佛說往世曾經謗法、謗賢聖的人，第一件要做的事情就是爲正法弘揚者施設法座、清潔法座，以及普勸他人來學正法。這意思是說，這樣子做，可以讓他的惡障消滅掉，讓他的善根日漸增長，因爲這是護持正法嘛！

懂得正確的發起大誓願而確實執行，才是眞正的精進啊！精進這一度的主要意思，就是要時時去檢討自己對於前三度有沒有精進的去修？有沒有智慧去判斷法的正邪？有沒有正確的護持正法？這樣去精進和檢討，檢討後再精進的、反覆的做，這才是眞正的修精進門。第五個部分要開始講止觀門了：

論文：【云何修止觀門？爲息滅一切戲論境界，是止義；明見因果生滅之相，是觀義。初各別修，漸次增長；至于成就，任運雙行。】

講解 怎麼樣是修止觀門呢？這個止門和觀門，在開始正修之前，你得要先瞭解什麼是止？什麼是觀？

止就是息滅一切戲論境界，也就是進入如理作意的實斷見惑與思惑的智慧境界，也就是實證解脫境界，和進入如理作意的實證般若實相境界；觀就是明見因果生滅之相，也就是現前觀察到萬法都由實相心體第八識中出生，一切善惡業都由第八識自心如來記存而昭昭不爽。

關於止觀法門，有很多大師們都誤會了，認爲修止觀的法門就是每天靜坐，求一念不生，這些人並沒有眞正瞭解止觀的道理。就算他們把雙盤的腿功練得很好，連續三個鐘頭、六個鐘頭不必放腿；我告訴你：他的止觀還是永遠都修不好。因爲修習止觀的內容不是只有禪定，禪定只是止觀中的極小部分；而且修學禪定也不在腿功上用心的，而是在覺知心上用功的。

先說禪定好了，如果對於禪定止觀裡面的中間禪沒有詳實的瞭解，他們就算把腿盤斷了，還是修不到禪定的；所以縱使能雙盤六個小時、雙盤一整天而不必放腿，那種功夫也都只是表相罷了！但是不知道的人大概都會說：「某某法師、居士的禪定一定修得很好，你看他雙腿盤上去整整兩個鐘頭都不動喔！」其實這與禪定的修證不相干，如果沒有詳實了知禪定修證的道理，腿功只能用來炫惑不知內情的人們，他其實並沒有證得禪定。

我在破參以前，有些人以爲我禪定功夫很好，但那時的禪定其實沒有什麼證量，當時只是一坐上去三個鐘頭不放腿、不起身而已。一般人在第二支香結束時，一定要下去喝個水、洗個手，其實目的不在喝水洗手，目的是在放腿，因爲腿很酸啊！只好下座走動走動，下一枝香才能繼續奮鬥。但是我下午二點一上座，就一直到結束爲止，中途不下座。不知道的人以爲我禪定功夫很好，那時我會無相念佛了，確實可以三小時不起一個妄念，可是那有什麼用呢？既無法破參，也無法發起初禪、二禪啊！再怎麼熬也沒有用啊！都只是一念不生而心中輕安而已，雖然能夠很輕鬆的這樣一直坐下去，可是你輕鬆的坐上三十年還是沒有用，因爲古人有一句名言說：「參禪不在腿，念佛不在嘴。」

念佛重在心裡面想佛、憶佛，不注重嘴上唸的佛號；禪定則不在腿功上用心，而是重在制心一處的離語言妄想貪著上面；至於宗門的參禪，更不重視腿功，而是要用你的覺知心作工具，去尋找你本來就在的第八識非心心——大品般若講的無心相心——所以參禪不在腿啊！而是注重在你的覺知心如何去用心尋找實相心！可是我當年被這一世的師父教導了錯誤的參禪知見，也被教導了錯誤的禪定知見；說句眞話，我的依止師教我的是禪與定混亂不分的含糊知見，那是以定爲禪的錯誤知見。所以當時我的師兄弟們也都沒有正確知見，他們不曉得這些道理，所以常常有人說：「這位蕭某某的禪一定很好。」天曉得，我當時其實苦悶的不得了！只是坐在赤裸的一念不生境界中，無事人一樣的只在等候一念相應的時節到來，根本就不知道要去尋找第八識心，根本就沒有辦法破參啊！

一直到後來下定決心捨棄錯誤教導的方法，自己參究出來了，後來有一天再去檢討以前被教導的行門，才知道打坐求靜、求一念不生的修法，根本就是錯誤的行門，正是以定爲禪而又證不到禪定境界。所以禪三共修時，我都不要求你們正經八百的在那邊打坐，也不許你們在那裡靜坐而修一念不生的功夫。我只要你坐在那邊自己參究實相心在哪裡，不要亂跑、不要吵到別人就可以了，隨你怎麼坐都行！正覺禪三的機鋒，大多是在吃飯——過堂——的時候使出來的。禪三的飯菜雖然好吃，護三菩薩們都很用心燒出好吃的菜，但是大多數人吃起來總是沒什麼滋味，不覺得好吃。縱使煮得色香味俱全，你也不會覺得好吃的，因爲吃飯時是我機鋒最多的時候，也正是你們最難過的時候。

念佛不在嘴，參禪不在腿；所以修學止觀的人，一定得要有智慧來修，不可盲修瞎鍊，唐捐光陰。其實不止是佛教般若的止觀，光是修學世間禪定，也得要基本知見具足，否則都是盲修瞎鍊，虛耗光陰。四禪八定的三三昧到底是怎麼回事？三三昧中的同異在哪裡？你也要弄清楚啊！還沒有清楚的時候，你每天在那邊熬腿，你根本不曉得有覺有觀、無覺有觀、無覺無觀三種三昧的分際在哪裡？那你要怎麼轉進？而你的覺知心又要怎麼安住在三昧中？你都不曉得啊！那你又要如何修習禪定？這個四禪八定的行門，當然也包括在止觀的行門裡面，也包含在般若裡面；你若還沒有証悟，這些止觀的行門要怎麼去修？都不曉得！對不對？所以說止觀的道理一定要先弄清楚，才可實際上去修習；如果來學五、六年後都還不能弄清楚，那你來到正覺同修會就算是白來了！看來諸位都很想聽這個止觀的行門！但是時間已經到了，我們就留到下一堂課再來分解。

上週最後所講到的止觀，是講菩薩六度中的第五度；但是佛法所講的止觀，並非只是狹隘定義的止觀；所以從廣義的止觀來說，並不只是第五度中所單講的四禪八定；因爲佛法中的止觀，所講的止和禪定所講的止有其差異，並且這裡面所講的觀和禪定所講的觀也有差異；因爲各有差異，由此可以看得見的是這段論文中所講的止觀是比禪定還要廣義的；今天我們將會把佛教般若的止觀，以及四禪八定的止觀，大略的爲大家說明一下。當然不可能像《摩訶止觀》或《小止觀》那麼詳細的講，我將會以自己的體驗，直接從自心中發露宣示出來，讓大家知道：末法時，不但有人能明心、能見性、能過牢關，也仍然有人能修證四禪八定。

言歸正傳，這一段論文中所講的止，是說**息滅一切戲論**而且**心中決定不移**的境界；既然是講**息滅一切戲論境界**而說爲止，那麼這個止字就絕對不是單指四禪八定的禪定證境；因爲禪定功夫再怎麼好，都不會超過非想非非想定；可是非想非非想定的境界，終究還是世間戲論的境界，不離三界生死有爲法的境界，與二乘菩提世俗諦無關，也與第一義聖諦無關。俗諦是講二乘法的解脫道，俗諦又名世間的聖諦，以世俗法蘊處界的緣起性空作爲觀行的對象，所以又叫世俗諦。爲什麼二乘菩提是世間的聖諦呢？因爲它說的是三界六道一切有情眾生的色陰、受、想、行、識四陰所顯現出來的六入、十二處、十八界都虛妄；如果能夠把這個五陰我、十八界我的自我執著滅盡了，就可以成就無餘涅槃；因爲世俗諦所說的只是解脫道，而且是純粹就世間緣起無常的五陰、十八界等世俗有爲法來說它們的虛妄性，所以就叫作世俗諦，又叫作世間聖諦，所以簡稱爲世諦。世諦的眞理既然是要滅盡十八界一切法，那麼禪定最高境界的非想非非想定，還是在十八界法之中，仍然還有意根與意識繼續存在，都不是究竟了義常住的法性，所以非想非非想定仍然是戲論的境界。

可是現在有很多人不瞭解「止」的眞正意旨，又把自己的禪定高估了，因此會產生了許多的誤解，隨後就把誤解的禪定境界當做已經證得寂滅了，就當作自己已經證得解脫果，而大膽的說自己已經證果了。在現在的台灣，算是佛法比較興盛的地方，都已經是這樣子誤會了；至於大陸地區的佛法剛剛復興，那就更不用提了。因此，三乘菩提所說的「止」是息滅一切的戲論，使心決定不移的住於如理作意的智慧境界中，這才是眞正的止。即使是證得世俗諦解脫果而成爲阿羅漢，也還是沒有究竟遠離戲論的境界，因爲他們不瞭解實相，把解脫果當做是究竟果，只是在二乘世俗諦上得止，不能在實相般若第一義聖諦上得止。解脫果的修證都已經這麼不容易了，都還沒有確實完全遠離戲論，何況是還沒有斷我見、還沒有證得解脫果的凡夫呢？所以大眾想要親證佛菩提而確實遠離戲論，當然是更加的困難了。

想要遠離一切戲論，第一步就是尋求明心而打破無始無明；沒有明心以前，談到般若、談到唯識的種智，都會成爲戲論；因爲凡有所說，必定言不及義，不管說得如何玄妙，都說不到第一義諦的眞實義；既然所有的言說都講不到第一義，可想而知，所說的當然就是戲論；既然都是戲論，就表示還沒有在眞實的如理作意上面心得決定，那當然就是尚未證得「止」的境界；由此緣故，馬鳴菩薩說息滅一切的戲論境界名之爲止。

我們常常開示說：「法離見聞覺知。」外道們以及佛門內的心外求法的外道們，聽了也不懂，就向我開罵了：「你說實相離見聞覺知，見聞覺知滅了以後，那你還修個什麼行？」他們從來都是認定覺知心意識就是實相心，心裡想的是如何將覺知心修定變成一念不生而變成眞如心，不肯讓見聞覺知性消失；聽到法離見聞覺知，就誤會我們說的是把見聞覺知心變成無覺無知，就認爲這樣子是不可能修行的。但我們講的是：用這個能覺能知的妄心，去尋找同時存在而又本來就離見聞覺知的眞如心，這個離見聞覺知的第八識心才是眞心。可是他們都誤會我的意思了。這就好像 佛在經裡面，明明把佛菩提道講得很清楚了，解脫道也在四阿含諸經中說得很清楚很明白了。今天諸位讀過《邪見與佛法》之後，再把阿含部諸經都請出來讀的時候，會發覺 佛已經講得這麼清楚了，可是仍然還有印順法師……等很多人誤會了，因爲沒找到如來藏的人，智慧不夠就是讀不懂。

所以眞正想要離開一切的戲論境界，就得要先尋求破參明心，當你找到了眞如心以後，才會有能力離開戲論境界，以後凡有所說，都是直接就切進第一義諦裡面來講，自己也可以永遠心不動搖的安住於實相境界中，這樣才是眞正的止。因爲心裡面已經不會再對實相產生任何虛妄的臆想與猜測，心就決定不變的在眞實義上面安住下來；既然心得決定、決不搖動，那就叫做止；心還沒有決定的人就是不能安住的人，就是未證得止的境界；所以他們心中有時會臆測猜想：「**眞如心大概是……**。」有時聽到能言善道的人說出相似佛法時，心中覺得他講的好像不對，但又無法認定對或不對，心中始終不能決定而變來變去，未能決定，那就表示心尚未止。但是我們自從出道弘法以來，所說的心眞如絕對不變，不管人家怎麼攻擊、怎麼批判，我們永遠不變，永遠都是同一個心眞如。

不管別人把哪一部經文摘錄出來辨正，我們反而以他們所引證的經文來印證我們所弘的法正確無誤，反而顯示他們是誤會經文、斷章取義；所以我們永遠是這個心眞如第八識，決定不再改變，這樣就叫作親證止的境界。如是，心已決然的固定在這一個法上面，永遠不再變易見地了，這樣就是止。所以佛法般若所說的止，跟禪定所修的止大不相同。禪定的止，與實相的親證無關，只是叫你把覺知心意識制心一處而住於定境中，心不動搖、不打妄想，發起初禪的覺受境界而得安止覺知心，這就是禪定的止；或者離語言文字的細妄念也都沒有了，因此而證得第二禪的等至境界，心得安止；乃至於離語言文字的極細妄念以後，更進一步的離開了心動的境界，連不知何故的心動現象都不存在了，就進入第四禪的境界中，這樣也是「心得止」；但這些都是屬於四禪八定的三三昧範圍，我們稍後再來說。所以修學佛法所說的止觀，既不同於外道也修的四禪八定的止觀，也不同於二乘法裡所說的斷我見與我執的止觀，因爲二乘法是聲聞解脫道的行法，不是佛菩提道的行法。

什麼是「觀」呢？馬鳴菩薩說：觀就是很清楚的看見了因果的生滅之相。眾生在三界六道中有種種的生滅型態，三界六道二十五有中，種種的生滅型態都是果；可是這個果一定要從因中生出來，這些果都是以眾生的實相心爲因；如果沒有這個因，就不可能有所有的果。因爲如果沒有這個實相因，「所造業不亡」這句話，就得要推翻掉了，那就意味著：殺人越貨以後的惡業都會消失不見了，業怎麼可能還會存在呢？正因爲有實相心執藏了眾生所造的善業、惡業、淨業的所有業種，所以這些業種留到未來世去，遇到眾緣和合而成熟的時候，業種就現行了，果報就實行了。緣假使不熟，果報就不會現行。阿羅漢們就是怕緣熟而使得果報現行，所以他們想要入涅槃；入了涅槃以後，剩下未報的業果就永遠不會成熟，果報就不會現行，就不會受惡報。

所以在佛法裡面說：「如果有人講：『如是因、如是果，必定受報。』」那你就告訴他：「你是外道，因爲如是因、不一定會有如是果而受報的呀！如果成爲阿羅漢以後，捨報入了涅槃，還受什麼報？」可是如果有人告訴你說：「如是因，絕對無報。」那你也可以向他說：「你也是外道。」因爲眾生都會落入兩邊呀：「你說『如是因、如是果，是外道。』那我就講：『有這個因，沒有果報。』」他以爲這樣答就對了，沒想到又錯了。因爲還沒有成爲阿羅漢的話，未來世中因緣際會時「果報還自受」呀！還是跑不掉的。菩薩世世在人間自度度他，永遠不離三界，所以善因、惡因在未來無量世中總有一世會成熟的，還是得要受報呀！但是惡因如果遇到大善緣，可能就會變成受善報了。所以如是因，不一定會受如是果。

如果想要成佛，而不是想要成爲阿羅漢捨壽時取涅槃，那就千萬不要造惡因；造淨因、善因才可以，惡因就千萬免了，因爲未來往往不免受報。有時候成佛了，也不免要示現一些惡因的轉輕果報給五濁眾生看，這也算是成佛時針對五濁眾生的責任吧！　釋迦佛不是說無量劫以前敲了那條魚三下？結果成佛之後還得示現頭痛三天呢！所以釋迦族被滅時，　佛則是頭痛了三天。所以，如是因、如是果，有時是以慈悲心而示現一切業因都有業報，有的則可以免掉而永遠不受果報的。譬如定性阿羅漢，心決定不變，決定入無餘涅槃，永遠都不迴向大乘法中行菩薩道；入了涅槃，他就永遠都不受報；但在入涅槃前，往往有些果報還是逃不掉的，所以神通第一的目連尊者才會被人亂石打死而入涅槃。這就是說，業種再也沒辦法遇到合適的緣起了，所以就不受果報，因爲他已經進入無餘界了；無餘界無界，十八界法中的任何一界都不再存在了，善惡報的緣就無法成熟了；眾生既然都是在三界中不斷輪迴，輪迴的過程當中就一定會有眾緣出現，只是早現晚現的差別罷了！所以說「見因果生滅之相」，有這個智慧的現觀，那才叫做觀門的證得。

造了謗法的大惡業，能不受報嗎？不可能不受報的；因爲如果有人會造謗法的大惡業，就表示他絕無可能成爲阿羅漢，就一定會有緣熟的一天（捨壽時）而受果報。所有的阿羅漢都一定不會誹謗大乘法，他們雖然不懂般若，但絕對不敢妄自誹謗，因爲阿羅漢們都已經知道入了無餘涅槃以後並不是斷滅；既然 佛說入了無餘涅槃以後不是斷滅，確實有涅槃的本際、實際、如、眞如、心繼續獨存，當然一定有第八識存在的，所以他們絕對不會誹謗如來藏妙法；假使誹謗如來藏，謗爲實無，將來有一天迴向大乘修學佛菩提道時，這果報不就跑不掉了嗎？假使妄謗實相理體第八識心，謗爲實無如來藏，捨壽報時就入不了無餘涅槃了，地獄身一定會現前而使他無法取涅槃；所以他們都很謹愼口業，絕對不會去謗大乘法，這是說他們已經清楚的看見因果的局部了。但是如果眞的要說已經「明見」的話，那就必須要先在大乘別教法中證悟明心，悟後進修才能眞正的明見。

如果沒有證悟明心的話，這個因果的明見，你絕無可能現前明見的，因爲你心中一定這樣子想：「到底有沒有這第八識心體能含藏善惡業的種子？我既沒證得第八識，誰知道有沒有呢？這是你們正覺同修會講的呀！你們講的話，我能眞的相信嗎？」那可不一定欸！有時候也許嘴巴裡說信，心裡面始終還是要打個問號的。因爲無法確定有這個執藏業種的眞實心存在，還沒有實證確定時當然多少就會有所懷疑呀！有懷疑時，一定無法眞正的相信。每一個人的意識覺知心，都可以很清楚的知道自己還沒有證實第八識心眞如，所以意根自然而然的就一定會抱持著懷疑的態度；有所疑的意識絕對無法說服末那識接受有這第八識。雖然經本翻出來讀，讀到 佛的開示說有，意識心裡相信是有，但是末那識始終還是會抱持懷疑的態度；特別是讀到印順：等應成派中觀師否定大乘經典的說法時，更會有所懷疑。必須等到你眞的找到了這個心，心中確定了：「果然是有，眞的是有。」意根才會認定確實有這個心眞如。

但是這時只有總相智，般若智慧還沒有很深妙的發起，還得要有能力現前觀察：**心眞如確實是執藏業種的心，而自我十八界的每一個法界，也都是從心眞如中出生的**，這時才可以說確實能夠明見因果啦！可是，如果明心的境界是人家跟你明講的，你無法體驗心眞如的本然存在與能生萬法的自性性，你就沒有什麼受用呀！你心裡還是懷疑：「**到底這個心是不是眞的眞如心呢？人家都告訴我說這個是眞心，到底祂是不是眞心呢？**」一直在懷疑著！智慧就出不來了！雖然號稱明心開悟了，其實沒什麼功德受用，這樣就無法明見因果生滅之相。如果你是親自辛苦參出來的，經歷過種種意識妄心的變相境界，確定那些都是意識的變相境界，都是生滅法；然後才一念相應而證悟到心眞如，不是打聽來的；再從這個第八識眞實心上去做種種的體驗，檢查、證實以及深入的瞭解祂、體驗祂，智慧才有可能出現，之後就會很清楚的知道：自己所造的一切業行的種子，都是在這個根本心如來藏裡面收存著，這樣才能明見因果。

這個心眞如就是萬法的根本因，就是宇宙中一切萬法的第一因，推究到最後，一定都是從祂而來的。緣覺乘的十二因緣法中所講的因，是以前一支作爲後一支的因緣，但是往前歸結到最後一支的無明支，要擺到何處去？善惡業的種子又要擺到何處去？無明與善惡業的種子，都不可能擺到虛空去嘛！因爲虛空只是人所施設的一個名詞，二乘法的論中說虛空是色邊色，也就是根據物質的邊際無物處來施設虛空一名，所以虛空是無法，是依附於色法而存在的法相。可是眾生的實相心並不是無法呀！是實有一個心體能生萬法的呀！一般的善知識常常這樣解釋說：「五陰、十二處、十八界都會壞掉，壞掉了以後就叫做空性。」像這樣的話，斷滅空應該就是空性了嘛！可是空性並不是斷滅空呀！空性確實有眞實的自體性存在，祂是實體法，我們的五陰、十二處、十八界等法，都是從這個第八識空性心而出生的；五陰、十二處、十八界都會壞，而祂絕對不會壞，無量世以來不曾一剎那斷滅過，所以祂是實體法，所以祂就叫做空性。

如來藏也應該叫做「有性」，因爲三界一切有，都是從祂而生，祂具足出生萬有的自性；所以如果要爲祂正名的話，祂眞正的名稱應該叫做「空、有性」。可是因爲眾生都執著有，爲破眾生的執有，所以就叫做空性，不讓眾生落入祂能生三界有的自性中，才能證得解脫果。大乘菩薩們若想要得解脫，就要實證祂的空性，祂無形無色而又離見聞覺知，不與所有煩惱相應，常住於寂滅境界中，從來無生亦無滅，所以稱爲本來自性清淨涅槃。如果眾生落在斷滅空中，墮入斷見外道的邪見中，你就告訴他如來藏的「有性」，以免眾生落入斷滅空的邪見中；譬如對印順導師和他的追隨者，你就得要告訴他們：空性也是有性，不是斷滅性、無性的**滅相眞如**，因爲一切眞正明心的人，都知道祂確實有眞實的自體性。可是當你告訴他們說：「**心眞如有眞實的自性，不是無性法。**」他們就會立刻指責說：「**你這樣子就是執著實有如來藏，就是自性見。**」

所以，般若實相的眞實義，眞是很難與凡夫溝通的；因此，了義的佛法——特別是究竟了義的佛法——很難弘傳啊！難以弘傳而導致失傳於天竺，不是沒有原因的，會被天竺密宗外道以常見外道法及左道密宗的外道法所取代，也被斷見論、無因論、兔無角論的應成派中觀所取代，其實是很正常的；因爲如來藏——

心眞如——眞的很難修證，在善知識幫助下而親證的人，也很難不退轉，除非信根、善根、定根深厚，而又願意接受善知識的攝受。所以諸位發下了四宏誓願，想要出來弘揚了義正法，當你剛開始弘傳的時候，一定是非常艱辛的，一定是非常困頓的，一定是內憂外患時時發生的；因爲你所弘揚的正法和那些悟錯了的大師們不同，一定會招來大師們的抵制；即使你不破邪顯正，他們也會抵制你，因爲別人問起雙方所悟不同，哪一方才悟得眞時，他們一定會說你悟錯了，一定會說你大妄語、邪魔、外道，否則就不能自圓其說而主張他們的悟才是眞悟。同時又因爲你所度來的人，不一定每個人悟後都會毫無疑心的信受奉持呀！所以常常會有信力、決定力不足的人生疑而退轉，就像 佛所度化的數億人天之中，有八萬人退失一樣，所以了義而且究竟的正法，確實是很難弘傳的，因爲人間學佛者的信力與慧力不足的人，永遠都是多數而不是少數，所以有人會退失才是正常的。

光是一個明心，就已經困難了，海峽兩岸的當代諸方大師們，個個都無法親證心眞如，也都無法現觀如來藏的空性與有性，對於悟後深入觀行才能現觀的因果生滅相，他們又如何能眞正的了知？所以說，想要明見因果的生滅相，必須要先證得心眞如；證得以後，可以詳細的觀察：所有的無記業種、所有淨業善業惡業種子的未來功德、福德、惡報，都在心眞如裡面所含藏以及現行出來。確實的觀察而證實了，才能明見因果生滅之相；能如此現前觀見因果生滅之相，才是般若之中眞正的觀行，這才是 馬鳴菩薩所說的止觀中的「觀」。

所以這裡所講的觀，是講智慧門中的觀行；所講的止，是說對於息滅戲論境界已經「心得決定」，不會退轉了。換句話說，佛種性已經具足、成就了，不會再轉變爲二乘種性了，已能在實義上安住而息滅戲論境界，並且心得決定了，這就叫做止。可是這個止，卻是要由觀而來，離了觀就不可能有止；可是如果剛證悟的時候不能止——心不能決定不變——這個觀也就隨之不能成立；然而觀才是止的決定性力量，正因爲觀得很深入而得決定不變，所以才能安止。觀如果作得不好，因爲對於般若實義仍然會忽信忽疑，心中始終不能決定不轉：對自己的信心不夠，對法的信心不夠，對善知識的信心也不夠，假使遇到有一個大名聲的假名善知識向他否定，隨即被轉退了，還以爲是增上進修。這就是不能安止，也就是無力生起忍法。假使有很好的慧力，能作詳細體驗、觀察、檢驗，也可以心得決定而安止於離戲論境界中；假使止的心行很好，也可以因爲止的緣故而更深入的起觀，使止的層次再提升。所以，止與觀二法，是互相產生作用的，二者可以互相增益，但也可以互相扯後腿。這就是大乘般若中的止觀，這裡講的止觀，並不是四禪八定上面的止觀。

「初各別修，漸次增長」：這是說，剛開始入門時，一定是各別的先修止，然後再各別的修觀，不是止與觀同時合修的。初上課的時候，我們的親教師們會不斷的灌輸你正確的佛法知見，讓你的心能夠定下來，這就是初步的修止呀！並不是在那邊打坐才叫修止。打坐中所修的止，也就是止於一境，那是修定，不是修學般若止觀的止。正覺親教師們的功勞就在這個地方，他們觀察你證悟的因緣還沒有成熟時，絕對不會對你動手引導，絕對不會擅使機鋒而揠苗助長；都會讓你自己去悟，悟後你的智慧才能像泉湧一樣不斷的噴出來。就好像種水稻一樣，要讓它自己成長，你不能去拉拔它，你應該作的就是保持水分與養分肥料的充足，以及除掉雜草對水稻的遮障；只有愚人才會一天把它拉高一公分，十天以後稻子就死掉了。我們會中有些人的法身慧命水稻，就像這樣被少數不守親教師規則的人拉高而死掉的呀！他們的法身慧命就這樣死掉，所以後來就心疑：這心是不是如來藏？甚至於謗法而造就了地獄業（編案：詳見《燈影、假如來藏、辨唯識性相、眞假開悟、識蘊眞義》五書之辨正與說明）。

換句話說，你種的水果，一定要讓它自己熟，不要每天去把它捏軟，也不要拿火在果樹下催熟；否則的話，不用十天半個月，幾天後就會爛掉了。一定要等待時節因緣的到來而自然成熟，千萬不能急；所以剛開始時，親教師們一定只傳授你正確的知見和作功夫的方法，有了正確的知見和功夫以後，去到禪三打三的時候，就不會茫茫然不知所措，不曉得四天三夜之中都在幹什麼，只看著左鄰右舍一個一個喝起無生水了，結果自己還是摸不著邊。這就是知見不夠，不曉得從哪個方向去探索。所以我們剛開始時，一定只教你正確的知見；教導這些正確知見的目的，是要讓你的心可以安止於正知見中；透過善知識的教導，在兩年半的熏習而建立正知見、捨棄邪見以後，心中已經可以確定：**實相法一定是這樣的，一定是有第八識存在的，不然的話一切法界就不可能成立了**。從此以後，心就安止下來，決定不變了，所以才會堅定心志的一定要去參加禪三。也因爲這個緣故，所以有的人接到不錄取通知的時候呢，心裡面就很難過。正因爲相信這是正法，所以我要去參加禪三精進共修嘛！可是名額有限，難免有遺珠之憾，眞是憾事一件。

至於「觀」，去到禪三道場以後所做的事情都是觀，不叫你修止啦！就是要你把已經決定不移的覺知心，努力的觀察；在行、住、坐、臥一切境緣上面，都去觀察：觀察你自己的心眞如在哪裡？只叫你去尋找祂，別的事情都不讓你作，只要你不斷的尋尋覓覓。可是有的人找來找去找了四天三夜，始終都找不到心眞如，失望的回到家中，忽然一回頭：「哦！伊人原來就在燈火闌珊處。」終於找到了，眞是踏破鐵鞋無覓處，得來全不費功夫；像這樣回家才找到的人，也不在少數呀！下回禪三就可以在第一天喝無生水了！可是爲什麼他能夠找得到呢？除了受教於正確的知見以外，主要的就是有一個能觀的覺知心，一直都在觀行：究竟我的心眞如在哪裡？這就是「觀」。

因爲一直沒有放棄尋覓實相心的意志，所以疑情就一直淡淡的掛在你的心頭：不經意的找來找去。從意識的表面上看來，似乎並沒有眞的在尋找心眞如；可是末那識一直在執著：一定要找到祂、一定要找到祂。所以末那識就促使意識不斷的在很沉潛的意識中保持著疑情；當因緣成熟時，突然間：「啊呀！原來是祂！」所以有人千呼萬喚找不到祂，後來歷盡千辛萬苦而找到的時候，心情好激動，激動得不得了：「原來我跟祂共住了幾十年，共同度過了幾十年光陰；原來認爲自己所貪著的配偶是最親密的人，現在才知道他不是我最親密的人，原來心眞如才是最最親密的『人』。」原來以爲家裡的太太才是最親密的，後來才知道她其實不是最親密的人，只有祂才是最親密的。有些人找到心眞如的時候，心中會害怕，覺得很生分、很陌生：「怎麼有這個東西一直在我身中？我從來都不知道祂，好陌生、好奇怪的感覺。」但是，那是你自己家裡面的，不是從外來的，你怕什麼？這個參禪的過程，就是大乘般若的修觀。

止，就是教導你，先讓你的心能在難知難解的了義法中安定下來，這就是初步的止；剛開始修止，一定要這樣分門別類去修；禪三前一個月時間的看話頭，也是讓你增長止的功德。去到禪三道場時，就不再跟你講那些知見了，也不再去告訴你：因爲什麼道理所以說確實有這個眞實心。都不再爲你講這些了，都不再爲你住於定見而作任何事項，都不再以使你安止爲目的而開示任何法義。去到禪三道場時，就要求你一直不斷的觀照，這就是初步的觀行。等你觀照一兩天下來，抓到觀行的要領了，表示你確實已經懂得修觀了，觀的功夫增長了；再以公案開示的方式，以及提示參究方法的各別指示，不斷的、迅速的增長你在觀上的功德；一直到你與自己的眞實心相應了才算數，這都是初步的觀。

可是等你找到心眞如以後，體驗了祂，領受了祂的體性，證明祂確實就是眞心如來藏之後，從此開始就是又止又觀、並行雙運了。這時因為找到心眞如以後，不斷以經中的聖教和理證上面，加以檢驗比對，這個過程也還是觀的內涵。等到全部都確認無誤以後，心裡就確定下來，心得決定：「確實無誤。」心中確定而不再改變了，不會再落入對於實相的戲論中了，戲論就此止息了，這也就是止。此後又繼續觀照祂，繼續驗證祂的更深細體性，更深入的觀察祂更細膩的部分，這也都是觀。但是越觀越深細的時候，智慧也隨著越深細，心也隨著越堅定不移，所以觀與止之間，是不斷互動的。所以到最後階段，見地增長、較為廣泛而深入以後，般若智慧的見地初步完成了，就會使止與觀自然而然的任運雙行。

所以，當你找到第八識眞實心的時候，把祂的總相與別相內涵深入整理以後，接下來的止與觀一定是任運雙行的，不會是這一小時只在止上面決定相信心眞如的實有而安住，而於下一個鐘頭中只作心眞如的觀行而非同時心得決定；一定是作更深細觀行時，同時決定安止於親證心眞如所發起的般若智慧之中；所以，悟後的止和觀是分不開的，是雙行止觀而且是任運的雙行。

論文：【其修止者，住寂靜處結跏趺坐，端身正意、不依氣息、不依形色、不

依虛空、不依地水火風，乃至不依見聞覺知，一切分別想念皆除；亦遣除想，以一切法不生不滅皆無相故。】

講解　關於修止，這一段論文中講的是比較廣泛的止；這一段文中說，要住於寂靜之處結跏趺坐——盤起腿來打坐。因爲在寂靜處不受人打擾，比較容易參究實相；我們正是因此而施設禪三的四天三夜精進共修，護三菩薩及監香老師們爲你們守護，讓你們可以專心參究而不會被人打擾；你怎麼坐都好，我們都無限制；馬鳴菩薩還規定要結跏趺坐，但我們可以隨意坐。雖然如此，但仍然有人在這四天三夜中，覺得腿酸難過；我們還沒有規定你必須單盤或雙盤呢！隨便你抱膝坐、跨鶴坐、散盤坐，或者坐累了也可以起來禮佛，這樣子還叫喚腿酸，那我要怎麼辦呢？我在早上最少要盤腿四個鐘頭來跟你們小參呀！下午也是一樣盤腿四個鐘頭小參呀！晚上公案開示完了繼續小參，還要盤腿一、兩個鐘頭，那我可怎麼辦呢？我也是自己鍛鍊來的腿功呢！

所以平常上課時，最好不要遲到，至少每週鍛鍊一次腿功也好嘛！每次盤腿坐半個鐘頭而已，盤慣了就可以漸漸的增長腿功啊！主三的工作還眞的不容易欸！尤其去年十月禪三時天氣很熱，這樣子四天三夜流汗的盤下來，兩條大腿都長了濕疹，現在還在擦藥，希望可以痊癒。所以，修禪定上面的止，想要得定，必須要在寂靜的地方，沒有人打擾，在寂靜處盤腿靜坐，這一句是講禪定的修止，先讓你的心安定下來而不受外境的干擾。

有些人破參明心的時候，可能會覺得明心跟做無相念佛的功夫、做看話頭的功夫，似乎無關。確實是無關，但是也不能說無關；因爲沒有定力的時候，心很散亂而粗糙，根本無法在參禪的法上用功，哪有可能破參明心、悟入實相？所以《大般涅槃經》說：「先以定動，後以智拔。」眾生的根本煩惱是牢不可拔的，得要先用定力把煩惱搖動、搖鬆，才好拔除；就好像一根很堅固的木樁，釘在地上牢牢不動；你想要拔掉它，絕對拔不動的；聰明人就先搖它，左搖右搖、前後搖動，把它晃動一段時間，它就鬆弛了，再拔時就起來了。同理，眾生的無明煩惱根深柢固，很難拔除；不如先叫他修定；修定的功夫就是用制心一處的功夫，把心猿意馬繫縛在法上，綁久了自然就乖了，不會再到處攀緣種種法，才能專心一意用我們所教的智慧來參禪，才能破參明心而打破無始無明，才能同時斷除見惑煩惱；這就是「先以定動，後以智拔」的道理。

在外面道場打禪七，先不說他們有沒有眞正的禪；那些人去打禪七，不論數息也好、參禪也好，其實都是妄想一大堆，有哪一個人能夠眞正的定下心止於禪法呢？沒有！所以我們施設無相念佛法，再施設看話頭、參話頭的法，把你的心定下來；定下來以後，你憶佛憶慣了，煩惱就不容易進來嘛！煩惱不容易進來時，你已得到受用了，覺得身心輕安呀！身心輕安的受用以後，專心一意的參禪時，就很容易悟了；當你有定力，能夠專心一意參禪，包括所有微細的部分都不會放過，就容易悟入。心細的人，去到禪三時會發覺說，原來主三和尚的一舉一動都是禪，終於他發覺了；其實等到他們發覺到的時候，其實都已經太晚了，都是累了很久、辛苦很久，最後破參明心時才發覺到這一點。但是能發覺到這一點的人，就表示他的心眞的夠細了，所以每一個很微細的機鋒都可以領受到。所以想悟入般若禪的人，一定要先修止，要有能力讓自己的覺知心制心一處而不攀緣外塵。

又如看話頭的功夫，其實都沒有人會白看話頭的；這個看話頭的功夫沒有做好，永遠都別想會看得見佛性；在看話頭的功夫成熟滿足以前，我假使先爲你引導出來，絕對只有害你，對你絕對不會有益處。我以前因爲太相信別人對我說謊，相信他們所說的功夫確實作得很好，所以沒有長時間的觀察就相信他們的話，就把他們引導出來，結果就看不見佛性，就不相信佛性眞的可以眼見，就誹謗說：「明心即是見性，看見如來藏的成佛之性時，就是眼見佛性。」他們十之八九，一輩子都不可能再看得見佛性了！我已經這樣子害過人了，心裡很難過，所以到現在還是對自己訶責，仍然放不掉這個自責。因爲我的判斷錯誤，到現在還在自責，一直覺得很對不起人；所以後來對於眼見佛性這一關，假使沒有絕對的把握，我絕對不會動手引導，寧可晚一點讓你自己去參出來，也絕對不想再因爲你們有的人求情，就勉強的先引導出來，因爲那一定會害你這一生永遠看不到佛性了。

見性這一關，如果定力差一點點、慧力也差一點，但如果是自己參出來的，多多少少都會看得見一些；如果在這種情況下，早計成熟而先跟你引導出來，你這一輩子就很難看見佛性了。我到現在還很懊惱自己以前沒有很詳細去觀察透徹就動手引導，因爲有時候，我們希望某人可以做爲同修會的骨幹，以後可以帶領學員共修，是個親教師的人材，所以急著引導他見性這一關，結果因爲早計成熟而被我搞砸了，我到如今還在自責，心中想要放下來，但就是放不下來。不過，這樣子自責也好，以後就可以減少害人的機會。但是，我對於引導見性的事情，在引導之前，心中一直都很害怕被引導出來的人看不見佛性，心中一直都有很大的壓力；到現在爲止，一直都是這樣。

這就是說，你的動態定力如果還沒有具足（作者案：還得要有大福德及慧力同時具足），你就不要求過第二關，眼見佛性的證境絕對跟你無緣。而所有已經眼見佛性的人，禪三回來後，如果不再繼續做功夫，放逸的過日子而不再禮佛保持定力，只要半年、一年就夠了，他將會發覺漸漸的又看不見佛性了；心中警覺，又重新好好的做功夫，兩、三週以後終於又回復看見佛性的境界了。如果一直都沒有失掉見性境界的人，不相信我的話，當然可以完全的放逸半年、一年試試看！你將會發覺你確實看不見佛性了；繼續再禮佛做功夫來增長定力以後，你會發覺又重新看得見了；但是明心以後，絕對不會因爲沒有繼續修定，就使得明心的智慧境界退失；所以明心與見性兩關的差異極大，是完全不同的證境。

見性後定力退失而看不見佛性的人，重修定力以後就又可以重新看得見了；經過這個過程與體驗，你就會相信我跟你說的話都是誠實語，都不是誑語：**沒有定力的人絕對看不見佛性，定力退失的見性人也會看不見佛性，定力回復以後就可以重新再看得見佛性**。因爲事實確是這樣，所以在般若的修證以前，一定要先修定力，基本的定力具備了以後，你才有辦法明心；心很粗糙的人，是無法破初參的；因爲定力發起了，你的心已經比以前細膩了，才有可能找到心眞如而破參。

除非有人爲你明講，否則你不會有因緣破參的。可是有人爲你明講了，你將會發覺自己破參前跟破參後的智慧好像沒什麼差別，智慧不容易出生；可是人家擠破頭才參出來的人，卻可以頭頭是道，智慧好得很！爲什麼會這樣呢？差異就在於有沒有自己親自經歷參禪的過程，有沒有自己親自走過來。

所以參禪的過程是很重要的，雖然自己參究會很辛苦，但是辛苦得來的絕對不會讓你白費功夫；就像梅花要開花以前，一定要先凍過一段時間，才會開得很好；所以黃蘗禪師才會這麼講：「不是一番寒徹骨，爭得梅花撲鼻香。」有些蘭花也一樣呀！譬如報歲蘭，若沒有經過寒冷的冬天，一直都保持在溫暖氣候下，種上三年五年，它照樣不開花；得要冷過以後，它才會抽出花芽，才會開花。禪就是這樣子，佛菩提道就是這樣子，所以才會教你先修定力，用定力把煩惱根搖動、搖動，鬆動了以後再用智慧來把煩惱拔掉。所以先要教你修習基本的定力，使覺知心能夠制心一處、專心不搖動。

「端身正意」來修止觀，意思是說不作表面功夫。一般修習止觀的人，多是以定爲禪，雖然志在證悟，卻以修定作爲閉關之標的；但是別人爲他護關，結果他在關房中卻是一天到晚都在靜坐打妄想，連定境都修不好，何況是證悟般若？

那麼別人爲他護關的恩德，他未來三世做牛做馬都還不完的；如果能夠正心誠意的修定，至少還能多少回報別人的護關功德，因此修定也得要端身正意。端身是說在關房裡得要端身而坐，既不是睡覺與休息，當然不可隨意的躺下來。除了端身而坐，還要端正心意，不許亂打妄想。很多人不瞭解這個道理，心裡面想：「修定眞辛苦，我放逸一下也好，反正也沒有人知道，不然心情太緊了，萬一弄出病來怎麼辦？」都不曉得自己心裡面正在自言自語打妄想的時候，護法神可是聽得清清楚楚、明明白白：「哎！這個傢伙在打妄想呢！亂想一堆，都已經想入非非了。」

凡夫打妄想時，鬼神界的眾生可眞的是聽得清清楚楚、明明白白呀！可是他以爲人家都不知道。所以有時某一個人靜坐時打妄想、起歹念，某甲護法神去跟某乙護法神講，漸漸就在神道界中傳開了。這種事常常有的，有些大師們心中打什麼主意，護法神都從他心裡聽得明明白白的，心事都被護法神知道了！所以修定的人一定要正心誠意，意不能亂動，特別是不好的意願；心意亂動時，別人都在看他；他以爲沒有人知道，卻不知道有很多神、有很多鬼，都會知道。

接著 馬鳴菩薩說：「不依氣息。」不依氣息的意思是說，他所講的止觀是「大止觀」，不是教你修數息、隨息的定功；數息與隨息的法，是二乘人所修的小法。

南傳佛法的安那般那，還有一個方法是觀鼻頭白，但這些法都不是證悟般若的方法，而是四念處中的修法方便之一；可是以前也有大師把它弄到禪宗般若禪的行門裡面來，眞是亂搞禪宗的法門。觀鼻頭白，就是觀出入息，觀到後來鼻頭變白時，覺知心就安定下來了，有點兒類似觀想的方法。這一類修法都是「依於氣息」，凡是南傳佛法所講的安那般那，講的就是數息法、隨息法；像這樣子依於氣息而修的方法，絕不是大乘般若止觀的正修。

還有一種人所謂的修學佛法，完全是依氣息在修的，而且是以氣息爲內涵的修法；這和南傳的安那般那假藉氣息而修心止，又大不相同；二乘雖假藉氣息而修，但不以氣息本身爲修行的標的；但是另外一種佛門外道，卻是完全以氣息本身爲修行的標的，那就是西藏密宗，他們完全依氣息在修。他們不是想要修拙火、明點嗎？不是努力在修練氣功嗎？這就是西藏密宗所修的法。他們很會瞎掰：說人身上有中脈、帶脈、左脈、右脈，細分成八萬四千脈，說這八萬四千脈就是八萬四千種煩惱。眞奇怪！八萬四千脈跟 佛說的八萬四千煩惱有什麼關係？一點兒關係也沒有！竟也可以牽強附會到這種地步！竟也會有愚人相信他們瞎掰的妄說！這眞是很奇怪的事情。

接著他們就以這種荒謬的理論，就開始練習中脈的白菩提、紅菩提的觀想，就觀想菩提心在中脈裡上下升降（他們妄認觀想出來的明點就是菩提心如來藏）；中脈及明點觀想完成以後，就作秘密灌頂，接受異性上師指導性交的技巧，與異性上師上床合修雙身法，學習怎樣可以達到樂空雙運、遍身都受淫樂的第四喜享受境界；然後再與其他的上師及密宗行者共修，輪座雜交；交合的時候，男行者要觀想自己中脈裡的白明點（白菩提心），從下體進入女行者或女上師的中脈海底輪內，再上升與女方中脈裡的紅明點會合，他們說這就是紅、白菩提心會合，在這種情境下觀察淫樂與覺知心都是空無形色，就是證得樂空雙運，就成為報身佛了。以這種外道邪淫、一點兒都不清淨的極貪、極低層次的境界受，作為報身佛的清淨無染果報的境界。

他們修鍊的中脈明點氣功，就是為了將來與異性上師合修雙身法而作準備，目的是在與異性同道或上師合修，而取證樂空雙運的外道境界相；所以他們的禪定是以氣息為主而修的，這就是「依於氣息」而修止觀。所以陳健民上師所說的「佛教禪定」，全部以雙身法的樂空雙運為內容，一點兒四禪八定的意涵都沒有，一點兒佛教般若止觀的內涵都沒有；有興趣的人，可以去讀他寫的《佛教禪定》

上下二冊，就知道我沒有一點點冤枉藏密（編案：也可以詳閱《狂密與眞密》一至四輯的舉證與細說）。但這完全是外道法，與佛法一點兒都扯不上關係。修學大乘般若正法的人，連二乘法的隨息、數息都不准修了，還可以修外道法的氣功嗎？而且是極淫穢的藏密氣功？可是有很多人不瞭解這個道理，一直跟著在修，又有誰知道他們的錯誤呢？他們練習盤著腿跳躍，也只是爲了交合時的持久目的，以及行淫後把氣從下體分散到全身，所以都是爲了雙身法的交合而修氣息（氣功）。

「不依形色」：講的就是不依色界的天身來修。馬鳴菩薩會提示「不依形色」而修止觀，是有緣故的；因爲自古以來，一直都有很多人以爲：「**當我們修定能夠一心不亂，能夠遠離五塵，住在內心的境界中，不和五塵相接觸時，這就是無餘涅槃的境界。**」但這只是楞嚴中　佛所斥的外道五種現見涅槃中的第三個，我們隨後開講《楞嚴經》的時候會說明外道的五種現見涅槃境界；但五現見涅槃都不是眞實的涅槃，都是意識心的境界相，都無法出離分段生死。但是，有人認爲二禪等至位中，有時候還是會起一個細念一閃而過，雖然那個念是什麼意思？自己都不知道，但是仍然有細念動了一下；他想：「這樣還是不行呀！還要再往上修，進修三禪。」三禪以後進入四禪中，連那個念都不會再現起了，然後他就以爲是眞正的涅槃境界了，這就是外道五現涅槃中的第五種，但這些都不是佛所講的涅槃。

有的人比較有知見，他想：「根據佛法的意義來看，在這五種外道涅槃的境界裡面還是有意識覺知心存在的時候，那當然就不是無餘涅槃呀！所以我應該要把意識滅掉呀！」他是怎麼想的呢？他想：「我在第四禪中得把覺知心的我滅掉，那才是涅槃。可是意識滅了以後不就是斷滅嗎？」他不曉得還有意根存在，更不曉得還有第八識心眞如存在，誤以爲滅掉意識以後就是斷滅，因爲他只知道總共有六個識：「這樣子不行！我得要把這個四禪天的天身留著，不可把它毀壞了，不然我就成爲斷滅了。」出生了這種見解以後，他就不願捨掉四禪天身，只把第四禪定境中的意識覺知心滅掉，他認爲這樣就是無餘涅槃；自從產生了這種見解以後，他就每天打坐想要進入涅槃中試試看，所以就起涅槃想而把意識滅掉，這樣作的結果卻不是實證涅槃，而是進入四禪後的無想定中，成就外道的無想定境界，這就是「依形色」而修止觀。

關於禪定中的四禪境界，所說的禪都是世間定，始從欲界定，上至色界的第四禪與無想定，都是依形色而修止觀，都是有色的禪定境界法。上週講到結束前，曾說過要大略的說明四禪八定境界，今天就在這個地方先大略的說明初禪。因爲外面有很多人把初禪亂說一氣，結果誤導佛子們很嚴重；甚至有個居士把幻覺中感覺色身變大的境界，誤認爲親證初禪的境界，成就了世間妄語。譬如說北台灣○○鄉有個○○禪寺，他們的指導老師叫做○○○；他是從農禪寺出來的，他的口氣蠻大的，所以教出來的學生個個心高氣傲；他們如果有緣轉到我們這裡來，就不會再心高氣傲了，就會知道自己過去所學的什麼都不是，就不會再心高氣傲了。那他們說什麼樣的境界是初禪境界呢？他們的老師如此教導：「打禪七的時候，在前五天都不要睡，每天熬夜，很努力用功打坐；一直熬到後來，有一天正在打坐的時候，突然感覺身體變大了，這就是證得初禪天的天身，就是成就初禪定境了。」

但我告訴你：那是證得幻境。他們說那個就是初禪天的天身，阿彌陀佛！根本是亂講一通！眞是不懂禪定，他們根本就是用自己的想像去解說初禪。初禪天身是怎麼得的？這就要從初禪的身樂開始說起了！在禪境裡面，初禪得身樂；可是證得初禪的人，爲什麼能獲得身樂？人身原來的構造，會有樂觸的地方就只有男女根才會有；可是初禪的身樂不然，是在胸腔中隨時隨地都會有樂觸的；發起初禪樂觸的時候，則會有種種不同，有的人從手掌開始，有的人從會陰開始，有的人從頭部開始。那你們會覺得很奇怪：「手掌怎麼會有樂觸？胸腔怎麼會有樂觸？奇怪！不可能嘛！」所以有的人會問：「為什麼初禪會有樂觸呀？不是在男女根，怎麼會有樂觸呢？又是什麼道理而產生樂觸的呀？」

我跟你講：那就是由於你的初禪定心境界成就了，發起初禪天身了，所以使得你初禪天的天身在你的欲界色身之中出現了，接著就由於初禪的色界天身和你的欲界肉身和合在一起，和合在一起就一定會有兩身的摩擦，所以就有清淨觸而產生了無淫欲的樂觸，因此而產生了初禪樂的觸覺。如果沒有證得初禪境界，就不會有初禪天身發起；沒有初禪天身，就不會有這個樂觸。可是，當你發起初禪的時候，你不一定看得見這個初禪天身呀！你也找不到你身中的初禪天身呀！這又是什麼緣故？這是因為你的初禪善根發的境界相不夠好，因為你不是剎那間遍身發起嘛！所以就不能了知初禪天身的狀況。所以初禪善根的發起，它有兩種，第一種初禪的發起是運運而動的，第二種是突然間遍身發。

運運而動的發起初禪善根，又有兩種情形不同，第一種情形是從頭部開始發起，覺得頭部裡面就好像麻糬一般，一點一點慢慢蠕動的感覺，從頭頂開始；只要是運運而動的地方，就會伴隨著樂觸生起；如果是這樣子往下發展而漸漸的遍身具足，正受這種無欲愛的樂觸時，就叫作初禪的善根發已經具足。但是大部分人是從會陰開始運運而動，伴隨著無淫欲之樂觸而從會陰開始漸漸往上升，直到頭部整個全身具足樂受，這樣才叫做初禪的善根發具足圓滿。運運而動的善根發有這兩種，但是這兩種善根發，究竟有什麼不同呢？大有不同！從下而發、漸漸遍身的人，這種初禪定境不會退失；只要有每天禮佛做無相念佛的功夫，或者每天打坐常住於一念不生的境界中，就永遠不會退失。若是從上而發的人，十人有九人會退失掉；另一個不會退失的人，還得要每天花很多的時間打坐、禮佛，這樣努力的維持，好不容易才能勉強保持住，但是很不容易全身具足發起初禪，所以這兩種人還是有所不同的。

可是，運運而動的發起初禪善根的初禪人，不管是從上而發、從下而發，這二類人都不可能曉得初禪天人的天身到底是怎麼回事？只有刹那間遍身發起初禪善根的人，才會知道初禪天身是怎麼回事；因爲遍身發起初禪善根而受樂時，他一定會以心眼（也就是初禪天人之報得眼根）照見身內並無五臟六腑，也沒有骨頭與肌肉，裡面只是如雲如霧一般而已；但是全身皮膚猶如保鮮膜一般，可是更薄；每個毛細孔都是內外相通，從所有毛細孔的內外相通之中發起樂觸、遍身領受，這就是初禪天身。知道了初禪天身以後，二禪天身、三禪天身、四禪天身都是一樣的，只是比較高廣而已。但是初禪天的高廣身，並不是發起初禪而仍然在人間生活時，就可以同時出現高廣的初禪天身給人瞧見，而是和欲界小身一樣的大小，完全無異；因爲你還沒有捨壽，來世的初禪天人異熟果還沒有現前，當然不可能獲得初禪天的高廣身，得要捨壽往生去初禪天以後，才會因爲異熟果的緣故而獲得高廣的初禪天身；在捨壽之前，初禪天身常處於你的欲界小身中，是與欲界身一樣大小的和合在一起的，所以與欲界身就會有所摩擦而產生了樂觸。

以上是從初禪發起的現象上來說，可是如何才是發起初禪的原因呢？初禪的發起原理，一般人都不知道，總以爲很努力打坐修定，就可以發起初禪境界。所以他們每天一大早就起來打坐，下班回來洗完澡時又把握時間趕快去打坐；家裡同修生病快死了，他還是照樣坐，不太關心家人、同修，因爲他一心想要獲得初禪天身、想要獲得初禪的快樂。結果呢！每天很努力的打坐修定，然而經過十幾年了，初禪境界並不是珊珊來遲，而是始終不現前。爲什麼會這樣呢？這有兩個原因，第一是他的瞋心重，第二是他的貪心重。瞋！脾氣大！動不動就生氣！不管是什麼芝麻綠豆大的小事，他也要生氣；只要稍不小心的說一句話小小的得罪他，就會記恨你一輩子，這就是瞋心重，被瞋心所障而無法證得初禪；瞋心不除的話，不論他怎麼樣用功精進打坐，都沒有用，永遠得不到初禪境界。

第二種障礙初禪的惡法就是貪心，貪金銀財寶與淫欲，但是最大的障礙還是貪男女欲；男女欲很重的人，絕對不可能證得初禪。曾經有個男眾看見他的同修坐在我身旁的座位，他心裡就吃醋了，醋意眞是太濃了！我告訴你：這個人永遠都不會證得初禪的。這眞是情執深重，沒有辦法！眞的有這樣的同修呀！我們不要說是誰啦！這是人家的私事。我們只是藉例子來說明，不是在說人。凡是瞋心重、貪愛重的人，永遠都得不到初禪。初禪的現前，並不是你定力很好就能得，並不是你憑著深厚的定力要得就能得，而是除了定的力量以外，還要有消除五蓋的功夫，才能發起初禪善根的。

五蓋總稱爲性障，常常有人問我：「什麼叫做五蓋？什麼叫做性障？」我說給諸位聽：貪欲蓋、瞋恚蓋、掉悔蓋、疑蓋、睡眠蓋。這五個法會障礙你，使你不能發起初禪，把你的初禪善根蓋住了，讓你的初禪境界被遮障住而不能發起，所以叫做五種蓋，這五蓋會蓋住你的初禪善根，所以是惡法。

掉悔則是一般人所常見的，也是一般學佛人所對治不了的。來到我們同修會學法以後，如果有眞的在努力用功，半年之中，掉悔就不見了。掉悔就是掉散以及悔恨，使心定不下來，一天到晚想東想西；心裡希望不想事情，祂就偏偏會想，控制不了，心定不下來，這叫作掉散。悔，人家說「悔箭入心」：你如果想要修學禪定，絕對不要幹惡事；特別是誹謗三寶、破壞正法的事，千萬不要做；萬一做了誹謗三寶、破壞正法的事，不管你是誹謗凡夫僧寶二眾，或是誹謗大乘勝義僧寶四眾，我跟你打包票，你的禪定功夫一定現不起來，修不成禪定的；那些事情一定會障礙你，這就是初禪善根發的五蓋中的一個：掉悔蓋。爲什麼會悔呢？因爲一定會悔箭入心；這個悔，就像箭一樣射到深心裡面去。譬如箭射到心臟去，能拔得掉嗎？不能拔呀！一拔就立刻死掉了！同理，悔箭入心是障礙禪定的最重要課題；這一關過不了，再怎麼斷除瞋恚、斷除貪欲，也都沒有用，永遠都修不起初禪境界來。因爲只要一上座，悔恨的念頭就一定會生起來：「我以前誹謗如來藏是外道神我思想，怎麼辦呢？」又想起以前謗佛、謗法、謗勝義僧，將來該怎麼辦呢？它會圍繞著你，始終沒有辦法斷除。這時，唯一能做的事情就是去　佛前發露、去懺悔，起大誓願，永不復做；該對首懺的惡業就趕快對首懺，該對眾懺的惡業就趕快對眾懺，然後還要每天佛前至誠懺悔，一直到見好相而滅除罪業。

只有這樣做，沒別的辦法！謗佛與謗法，更須要見好相，沒有見好相，業絕對沒有辦法消除，絕對無法起禪定的，因爲一定會被掉悔蓋障住的。謗法的人，只要對眾懺以後，努力的護持正法，盡形壽努力的作，罪業也可以消除，不必見好相，只看他作得夠不夠努力。

第二蓋是瞋恚，第三蓋是貪欲，方才說過了；剛入門修定時，主要就是掉悔蓋，入門以後最大的障礙就是貪欲蓋和瞋恚蓋。第四蓋就是「疑」蓋，心中老是懷疑到底有沒有初禪境界可證：「我打坐修定這麼久了，都沒有看到初禪是什麼模樣？也沒有聽人家講過初禪的親證是怎麼回事！可能初禪境界是假的吧！」然後又懷疑：「這種末法的時候，有什麼人能證初禪？應該不可能的。」這個疑蓋也會把你障住了，爲什麼呢？因爲你老是懷疑，疑心不除就沒有辦法專精去修初禪的禪定，你也沒有辦法專心的去把貪欲蓋與瞋恚蓋消除，結果初禪就發不起來，這個就是疑蓋。

最後一個最輕微的障礙就是睡眠蓋，睡眠蓋就是：不管他每天睡十個鐘頭或十二個鐘頭，睡得飽飽的，精神很好，但是只要一上座修定就會昏沈的打瞌睡，不上座時精神卻又好得不得了，什麼事也沒有，活蹦亂跳的；但是只要一上座，不久就打瞌睡；即使是睡上十二個鐘頭剛才睡醒，一上座又打瞌睡了；下座時又生龍活虎般，這就是睡眠蓋。為什麼會有這個現象呢？這是因為他的定力還沒有發起來，這是指導老師的問題，沒有方便善巧對治他的睡眠蓋。這種人修什麼法門最容易對治呢：無相念佛！當你無相念佛很純熟的時候，一上座就不會被瞌睡蟲障住；睡眠蓋嚴重的人不能修打坐的靜中功夫，他只可以修動中的功夫；所以有睡眠蓋的人修我們這個法門不會有障礙，去學打坐，他就沒有辦法修，上座時不是在打坐，而是坐著睡覺。

你們別懷疑說：「打坐時坐著怎麼會是睡覺？打坐是專心修定呀！」我告訴你：就是會睡覺呀！前些時候，王驤陸的外孫女，來台灣幫人主持禪七，據參加者說：她和大眾一起打坐的時候，也是打瞌睡，並且還坐著打呼呢！這是有證人的，人家現場看見、聽見了。也許有人說：「她的名氣不大，不算數，並不是每一位大師都這樣。」那我告訴你：河北的○○禪寺，也就是古時的○○○院，他們的住持和尚○○法師，打坐的時候不但打瞌睡，還會打鼾；證得禪定的人打坐時會打鼾嗎？既然是坐在那邊打呼，那當然是睡覺！不是打坐！

證得初禪的人，他上座後，腿一盤起來，身定下來以後，要入初禪等至位中，只要半秒鐘就夠了；一旦進到初禪去，不管身體怎麼累，他就是不會打瞌睡，更別說是打呼嚕了；可是他一下座，好大的呵欠又開始打起來了，嘴巴一直沒辦法緊緊閉著，一直打呵欠，因爲他身體的累還是繼續存在呀！他只是靠定力在定中安住，可是身體的疲勞並沒有被消除，所以下了座以後又繼續打呵欠，身體的勞累還是得要靠睡眠才能消除掉，只能坐著睡著了，才能消除掉身體的疲勞。可是他如果這樣想：「**我身體太累了，應該讓它休息休息了！這次上座就不入初禪吧！我就睡覺休息好了。**」這回他一上座就睡著了。所以眞正證得初禪的人，他也可以睡、也可以定，由自己操控，這樣才叫作眞正親證初禪的人，睡眠蓋不能障礙他入初禪中安住。

上座以後努力修定的人，還會在那邊睡著而且打呼，哪裡是有禪定證境的人？他們講起禪定來，都是神乎其神，好像境界妙得不得了、四禪都具足了；可是眞正加以檢查時，一禪也沒有！眞正有禪定的人，如果他原來睡覺就是會打呼的，他以後睡覺時照樣還會打呼；但是一旦進入初禪，就不會與睡眠蓋相應，何況是坐在座位上打呼呢？所以 窺基大師睡覺打呼，但是入定時絕對不會打呼；所以睡覺時打呼，跟他的禪定證境無關，我們得要有這些禪定上的正知見。

初禪的發起固然主要是把五蓋除掉，但是還要具備未到地定的功夫，並不是單把五蓋除掉就可發起初禪。什麼樣的未到地定功夫可以發起初禪呢？如果你把無相念佛的功夫做得很好，時時刻刻都在憶佛的念當中，這個定力就夠你入初禪了；有這個功夫而仍然入不了初禪，是因爲性障五蓋所障。初禪在什麼時候會發起呢？這不一定！你的定力具足，性障也除掉了，可能當你正在走路的時候住於一心不亂的心境中在走路（絕對不會是你打妄想的時候發起，正在打妄想的時候一定不會發起），當你一心不亂在走路的時候，它突然間就出現了。有時候你正在吃飯，專心的憶佛在吃飯，它就忽然出現了；有時可能你正在出恭——正在蹲馬桶的時候——它突然出現了；出現的狀況並不一定，種種狀況不一而足，隨時都可能會出現。

有時候是正在打坐時出現了，但我得初禪時跟別人都不一樣，大概你們會像我這樣出現的機會也不大。那是大約十年前的事了，當時因爲我同修重感冒，病了很久都好不了，所以那一天例外由我起來照顧孩子；因爲我的工作一向做得很晚、很累，通常是由她起早照顧孩子早餐上學；那天改由我照顧，當我送孩子出去以後，想睡個回籠覺；可是那段期間我其實是正在參牢關，並不是在修禪定；

當時一心不亂，睡覺時也矇矇矓矓的參，都沒有專心的睡覺；當時因爲身體很累，想去睡回籠覺；爬上樓回房間去，就這樣一面在參牢關的時候，剛剛坐上床鋪，兩腳剛離地，兩手還沒有碰到床鋪，四肢都剛好懸空時，突然間就出現了！那時我還不曉得這就是初禪境界，但是當時覺得很奇特、睡意全消，就很小心的注意觀察裡面的所有境界和演變的過程。後來就把所有內容先寫下來，再去把禪經搬出來檢驗；因爲沒有地方可以問，全台灣沒有人證得這個東西而寫出來過，只好自己去找經論檢驗，後來才知道是初禪。

當時一剎那間，整個身體就像有一陣很強烈的靜電通過的感覺，好像靜電都佈滿了整個皮膚；我就起了一個沒有語言文字的想法：「這是什麼？」心中也不起妄念，我就保持著原有的速度緩慢的躺下去，以吉祥臥而側躺著注意去觀察；我發覺全身皮膚就像是很薄的保鮮膜一樣，但是每一個毛細孔都是內外相通的，這時候全身每一個毛孔都有樂觸，渾身上下從頭頂到腳底都有！當時無語言文字的想著：「怎麼會這樣？這是什麼境界？」再起一個念往身內一看，怎麼裡面都是空的？沒有五臟六腑，也沒有骨頭與肌肉。心眼都看見了：沒有五臟六腑，裡面都是如雲如霧一般。智者大師說：「初禪善根發時，身內如雲如影。」我說他形容得不很恰當，應該是如雲如霧。

什麼叫作如雲如霧呢？晴天不是天上有白雲嗎？很濃的白雲而又很白；但初禪天身中的雲沒有那麼濃，也沒有那麼白，就像是起霧的時候；可是霧卻是很稀薄的，不像晴天高空的白雲那麼濃，初禪天身中的雲霧又比霧濃一點，介於高空白雲與霧兩者之中間，所以我說它是如雲如霧。這時所見全身裡面三十六物統統不見了，心眼只看見身中如雲如霧，而這些雲霧從毛細孔中與外面相通，正覺內外通流的時候，每個毛細孔就都有很強烈的樂觸；正因爲雲霧有在內外流動，所以才有毛孔的樂觸，樂觸就是從那裡來的。這時候的薄皮所裹的雲霧身，就是初禪天身。從此時開始，你如果本就修得神足通，你用神足通去到初禪天的時候，你的身量就和初禪天人一樣高廣。但是處在欲界身中的時候，不入定使用神足通去初禪天時，你的初禪天身就同住在欲界小身之中，就和你的欲界色身一樣大小。

但是你的欲界色身有五臟六腑，你的初禪天身沒有五臟六腑；你的欲界色身得要吃五穀雜糧，才能維持色身健康與存活；你的初禪天身則是不吃五穀雜糧的，他得要以禪悅爲食，你得要每天修定，定力的增長就使得初禪天身具足充滿，永不消失，所以說禪悅爲食。但是有的大師誤會了，就說：「證得初禪天身的人，他不必吃飯。」說錯了！你證得初禪天身時，你以禪悅供養它，它就永遠不壞；可是你的欲界色身還在，欲界色身還是要用五穀雜糧的團食來餵飽它呀！你不餵它團食，它就沒力氣；長時間不餵它，它就壞掉了，就只好往生初禪天去了！欲界身若沒有力氣，也沒辦法修定了；長時間不修定，你的初禪天身就漸漸消失掉，樂觸也會跟著漸漸消失掉。所以初禪天的天身以禪悅爲食，你如果把定力喪失掉——不再繼續修定來保持定力——那麼初禪天身就一定會漸漸的消失掉，消失掉以後樂觸就不見了。因爲沒有初禪天身和欲界肉身的摩觸，所以樂觸就不見了。

已經證得初禪的人，如果不信的話，你就懈怠個半年、一年試試看，你就會證實我說的沒錯。因爲這是我自己親自走過來的經驗之談。你只要不再修定，不把定力保持住，樂觸就不見了；不管你心裡怎麼提，它都不會出現了，這就意味著你的初禪天身因爲沒有禪悅的長養而漸漸衰弱、乃至消失了；所以長養初禪天身的唯一方法，就是繼續增長定力，或者至少保持定力，讓你身中的初禪天身可以有禪悅爲食。

初禪的樂觸有兩個階段，第一個階段的樂觸，你得要起個念去提它，樂觸才會生起來。這個「提」不是像練氣功「提肛」的提，只是心念一動希望樂觸出現，它就會隨意而出現樂觸；你不想要樂觸出現，心中不起作意，它就不會出現，根本不必動到色身，只需起念去提或放就可以。這是第一個階段。

如果想要邁向二禪，在邁向二禪的修證過程當中，你得要把這個樂觸丟掉，心中不要再起念想要享受胸腔中的這種樂觸；因爲這個樂觸是屬於身識的範圍，屬於身識所對的觸塵，你不丟棄的話就不能修得二禪，所以你一定要丟棄。從此以後，一面努力修定，但是永遠都不再去提起樂觸來享受，樂觸就不會再出現了，經過一段長時間都不去提起樂觸來享受，它就會漸漸消失掉了；最後即使要提起它也提不起來了。樂觸消失掉了，可是你不擔憂；你繼續深入的修定，仍然可以用無相念佛的方法，加上每天靜坐一到三小時；我在早期跟諸位講過，無相念佛功夫的禮佛方法，可以讓你修到三禪的定力，到現在這個說法依舊不改，還是確定的；以後也不會改，但是它不是讓你入三禪的定境中，而是把你三禪應有的定力修起來；定力修起來之後，你只要一打坐，想入定境就可以進去了。

這個功夫太好了，所以拜佛是非常好的功夫。你這樣繼續修定，繼續消除性障；性障消除得更少的時候，因爲性障地地不同，粗的性障除了，還有細的性障；細的除了還有更細的，這樣次第漸除以後，你繼續在用功，突然有一天會從胸間，它自己開始有點酥酥麻麻癢癢的感覺開始出現了；剛開始很輕微，後來會愈來愈充足；但是這時的樂觸比前面必須起心去提才會出現的樂觸，更加的微細，但更加勝妙。它還有一個特性，就是從此以後你都不必再起意去提，不管你要不要它，它就始終跟定你而一直存在著，在胸腔裡一直都有這個樂觸存在。在這階段，不必像前階段一樣起一個念想要有樂觸它才會出現，樂觸始終都自然存在；並且會隨著專心的講經說法、隨著專心的讀經而不斷增長增強；所以有一段時間，我講課講到一半時，必須要停下來深呼吸幾口氣，因爲那個樂觸太強，影響到我講課，所以要把它遣散掉。這就是說，這個階段你不必要再起作意，樂觸就會一直存在著。只有睡著、意識覺知心斷了，它才會消失。可是如果你睡到一半作夢，作夢的時候它又會出現了；夢完睡著了，它又不見了，醒來時它又出現了，它和前一階段不同，是一直都自動存在著。

在修證具足初禪的過程當中，會有一些特別的現象，就是在半年之內（我的經驗是在初禪現起的半年之內），會有一些引誘的狀況出現，那就是天魔在搗蛋。天魔不是有三個女兒嗎？當年我在前半年內連續三週，一一遇到他的三個女兒；她們出現來引誘你，好在我們是先明心、先見性的；並且當年破參之前，我也曾先讀過智者大師的《釋禪波羅蜜》，知道這些都是虛幻的魔擾，所以他那三個女兒變來變去引誘我，都起不了作用；第一次變個洋人模樣的白種女人，美得像世界小姐一般；第二次變成像印度人一般皮膚有點兒黑的女人，但是非常嬌媚而且漂亮；最後一次是像歐洲的女人，不但很美，並且乾脆脫光了身子示現。但是我心裡面覺得好笑：「從來沒有人在定中遇見哪一個女人，可以把他娶回家裡當太太、當小老婆的，所以你們也就不必來了。」就這樣在心裡面講了幾句話，她們都是這樣子就消失了；知道對我沒辦法引誘了，也就走掉了。這件事情，你們也得知道，免得未來有一天在初禪等持位中，被魔所引誘。

爲什麼你在初禪中她們會出現？因爲初禪天的境界離欲界最近，跟欲界的他化自在天緊鄰在一起，所以他們可以來跟你搗蛋，希望影響你，讓你不能超過天魔的境界；天魔的境界是在欲界天之內的，假使你不超過欲界天境界的話，那就是活在天魔所管轄的範圍中，這才是他所希望的。你若不理他、不受誘惑，繼續修行，你才可以從初禪進入到無覺有觀三昧中，再度往上修證。在初禪中，天魔雖然管不到你，但還是可以找到你；如果進入無覺有觀三昧時，天魔就接觸不到你了。以上所講的，才是證得初禪天身的正確修行方法，才是具足初禪的正確修法。所以那些人講：「你只要打坐一念不生就好。當你坐到出現了身體很大的感覺的時候，就是證得初禪天身。」他說那個身體多大呢？說好像一棟大樓那麼大。我聽到這種說法，心裡面就笑了；套一句台灣諺語：「初禪天人咖哈綏，伊的身體恁麼小？」（編註：意爲「初禪天人的果報哪有這麼衰？他的身體這麼小？」）

那種身體變大的境界其實只是幻覺，我這一世在初學「禪」而打坐時，不過才半年就體驗過了；那時在身體的觸覺上感覺到色身變得很大，觸覺上的領受是超出房子很多，單是手臂就比我住的二層樓高大；可是我當時很好奇，想證實是不是身體眞的變大了，就張開眼睛看；可是眼睛所見卻沒有變大，但身體的觸覺卻仍是很大，那個感覺眞的很怪異。可是我知道那只是幻覺，瞄了一、二秒鐘就又把眼睛閉起來不管它，十幾分鐘以後，觸覺就漸漸的回復常態了；以後就永遠都不再出現了。如果你害怕而不能夠不理它，以後每一次上座時，它又會再度出現。我有一位哥哥就是這樣，不敢放下不理它，所以每次上座都會這樣，後來他就不敢再打坐，就只好專心唸佛號了。

初禪天人的色身是以由旬來算的，而他們的幻覺大身才只有一個大樓那麼大，能算老幾？欲界四王天的天人的身體都比一個大樓大過好多倍，何況是超過欲界第六天的初禪天人身量？所以那個居士說的初禪天身都是亂講，根本就不懂！初禪天身是什麼模樣？他也沒有體驗過、沒有證驗過，而說他有禪定，那都是騙人嘛！光是講初禪這些境界，你若沒有親自走過來，你能像我這樣不看講稿、綱要，就詳細的一一不停的講出來嗎？即使聽了我的話，做了筆記，將來講的時候還是得要拿著筆記一面看一面講。我可不必，因爲這是我心裡面的境界，是我親自走過來的路嘛！這就是說：沒有親自體驗過，你就說不出來；你有這樣去走過，親自體驗過，你才能直接從心裡面說出它。

所以有人私下在講：「**正覺同修會是修慧而不修定，所以我們要去法鼓山安和分院去打坐修定。**」那其實都是亂講的（編案：這是蔡□□講的，平實導師一直都不曾指出他的姓名），事實上我們出來弘法，是先講小止觀的實修法門與證境，然後才講般若禪慧的，哪裡是修慧而不修定？而且說句老實話，現在有哪個道場的大師、居士證得初禪？又有誰能從自心中直接講出初禪的修證內容和體驗及變化來？根本就沒有！以前講《小止觀》時，也曾有人問我說：「**初禪的樂觸，比男女欲的樂觸，哪個勝妙？**」我告訴他：「**見仁見智。**」你如果見仁，那就說男女欲妙；你如果見智，那就會說初禪勝妙。男女欲的樂觸是粗糙的，是動亂的，不安靜的，不清淨的，短時間的；初禪的樂觸，則是一心不亂而細緻的，是清淨的，是心一境性，是離男女欲的貪愛以後的梵心所生之樂觸，是長時間裡一直都有的。男女欲的樂觸較強烈，是在男女根中；初禪善根發時的樂觸是遍全身的，善根發以後的樂觸則是離男女根而在胸腔中恆時存在的，並且比較淡泊而不會影響日常作息；特別是後面的階段非常的淡，除非初禪增長到很強烈，否則平常不會很強烈，都不會影響作息與修行，而淫欲之樂會影響作息與修行。但是初禪樂持續不斷，只要覺知心現前時樂就會在，經年累月的每天所有時間都會在，成爲平常、經常的覺受；男女欲的樂觸則只有短暫的時間就過去了，初禪樂卻可以整天延續不斷，經年累月都是這樣子。所以二者有很大的不同，你如果問我到底是哪個勝妙？我眞的很難說，但是我可以告訴你們，實情就是這樣：見仁見智。

有心修行前進的人，當然說初禪的樂觸好；世俗人則可能會說：「**我才不要呢！我喜歡男女欲的樂觸。**」所以這是見仁見智而會有不同的。但這裡面確實有差別，它們的差別就在這裡，我現在已經跟各位說過了！你若沒證得初禪的具足境界相，你會知道那個差別嗎？你如果想要去找智者大師的《釋禪般羅蜜》，或者去看《摩訶止觀》，他沒有寫到這麼詳細啦！你找不到這些境界相的敘述，經論中也沒敘述這些的，只有親自走過來的人才會知道的。可是這些道理，外面那些自稱證得二禪、四禪的大師或居士們，他們知道嗎？一點兒都不知道！可是這個初禪，我們修得以後還要捨，爲什麼？因爲初禪等持位仍然不離五塵，初禪的等至位也仍然不離三塵；不離五塵、三塵，那就是叢鬧境界，叢鬧就無法往無餘涅槃（生前取證俱解脫）的境界前進；你想要獲得俱解脫的無餘涅槃、有餘涅槃，你就得要去把這三塵、五塵捨掉，所以還得要把初禪第二階段的微妙樂觸捨掉；捨掉以後繼續用功，最後無覺有觀三昧就現前了，要進入二禪了。

正在進修無覺有觀三昧時，如果被人打擾了，脾氣往往會很大；因爲他很努力、很努力的修，漸漸的離開了粗糙覺，終於只剩下較細的觀，才剛安住下來，突然旁邊有一個人或者隔壁敲敲打打，弄出聲響來，又把他拉回到有覺有觀三昧中了，又退回初禪了；第一次被打擾而拉回初禪，也許他不覺得怎麼樣，他會很努力、很努力繼續進修無覺有觀三昧；剛剛進入無覺有觀三昧中，突然間有個孩子拿個籃球往牆壁上丟來丟去的玩球，聲音就吵到他，又把他拉回初禪中了，這時候他就會有點兒不高興了；如果是接二連三、再三再四的一直玩下去呢，他就會氣起來了，他就會下座去罵那個孩子。

你也許懷疑說：「他不是已經離五蓋了？怎麼還會這麼生氣？」不是的，他這不是因爲世間法而起的瞋，他是爲了修行、修定而被障礙所生的瞋，屬於法瞋。菩薩也可以起瞋呀！如果有人謗法、毀壞正法，他也可以起瞋的，這就是「法瞋」；雖然他心中沒有瞋，但是想破斥對方的胡說、誤導眾生，這就是種智中所說的法瞋。菩薩也可以有貪呀！譬如「法貪」。我說「法瞋」、「法貪」這二法，不到成佛以前不可以斷；不是斷不了，而是不可以斷；成佛以前斷了它們，就不能成佛了。而且，地地都有五蓋，初禪人只是斷了修證初禪所應斷的五蓋，但是修證二禪所應斷的五蓋，他還未斷啊！所以這個人會去罵人。

那麼他很努力這樣修，到後來，他終於可以很長時間的安住於無覺有觀三昧中。能夠很長時間的安住在無覺有觀三昧中以後，再把其中的「觀」捨掉。「觀」就是對初禪境界中的三塵還有被動性的觀照，不是主動性的觀照。「覺」就是對三塵有作意去攀緣而捨不掉，「觀」則是完全被動的，三塵只是進來心中，可是完全不動於心；最後連這個觀也捨了，不觸知五塵、三塵了，才能進入二禪等至位。在二禪等至位中，完全是住在覺知心自己內心的內境中，已經沒有初禪等持位中的五塵，也沒有初禪等至位中的三塵了，色聲香味觸都不在了；既沒有看見，也沒有聽見；也沒有觸覺，冷熱觸都不見了，這樣才算是進入了二禪的「等至位」。

有人拿了一個問題來問我：「我們《菩薩正道》書裡面不是有寫嗎：『你那境界都還不能算是二禪的等持，怎麼可以算是二禪的等至？』這樣看來，似乎是等至比較高。可是想要證得等持，不是先要證得等至嗎？等至層次不是比較低嗎？」（編案：《菩薩正道》書中敘述禪定境界的這段話，其實是平實導師爲作者增補的敘述）這其實是一般人的想法，還沒有證得二禪的人，不曉得其中的關鍵，所以會有這個問題，也是正常的。因爲一般的想法以及實際情況，一定是先要證得「等至」，「等至位」的境界純熟以後才能夠轉入「等持位」中；在二禪以上都是這樣的，但是初禪則不然，初禪是只要發起「等至」，以後在「等持」與「等至」位二種境界相上，都是可以隨你運轉而不必先作加行的；在定外境界中時，想要先入初禪的等持位也可以，想要先入等至位也可以，是隨心所欲的；在初禪境界都是這樣的，所以在平時都會住在初禪的等持位中，也多是先入等持位而後再轉入等至位的。

但是二禪以上就不同了，因爲初禪是有覺有觀三昧，所以可以安住在初禪等持位中講經說法，所以經上講：「大龍常在定。」「大龍」也就是 佛陀，說 佛二六時中都在定中，爲什麼呢？因爲 佛跟大眾講經時，都是退到初禪的等持位中爲大眾講經說法的。這沒什麼問題，對於證初禪的人而言，不但是很簡單的事情，也是必然如此的，所以我一樣是住在初禪中說法，都是在初禪的等持位中說法，不是在等至位中，所以經中 佛的說法是如實語、眞實語。

但是二禪的「等至」和「等持」就不太一樣了，你要修二禪的「等至」境界，得要很努力修，而且要修很久，後來終於才能夠在「等至」中長時間安住。剛開始證得二禪的等至時，進去定境中可能只有三秒鐘、五秒鐘；第一次進入時你自己往往會嚇一跳：「怎麼我全部都聽不見了？」嚇一跳時立刻就退回初禪中了。假使沒有人跟你指導，你就不知道禪定的境界和原理，就以爲自己修定好像出問題了，永遠都不敢再進入那個狀況，怕死了！因爲人總是怕自己有缺陷、走岔路，心裡懷疑說：「進去那裡面，既看不見也聽不見，什麼感覺都沒有了，只有覺知心的自己存在。」似乎是覺知心進入不可知、有問題的境界中了，心裡就慌了、怕了。但其實不應該怕，那境界才是正確的二禪等至位境界；這表示你進入無覺無觀三昧了，因爲離開五塵、三塵的覺觀了。但也有人不知道二禪等至位的內容而誤會了，他其實是打坐到睡著了，忘了時間過去了，意識睡著而沒有外塵的接觸，醒後就誤以爲他入了無覺無觀三昧，那可就誤會大了。

無覺無觀三昧當中是清清楚楚、明明白白的，覺知心一直都很清楚的存在，但是沒有五塵，沒有色、聲、香、味、觸，這才叫無覺無觀三昧的等至。或許有人會抗議：「不對！你講錯了，無覺無觀就是『覺』『觀』統統消失了，才叫作無覺無觀，所以應該像是坐到睡著無夢一樣，覺與觀都消失了，才是無覺無觀三昧境界。」然而這其實是禪定知見完全不具足的人，才會講出來的荒唐話。四禪八定的「無覺無觀三昧」的等至、等持境界，是相對於五塵覺觀、相對於欲界五塵的有無，而說已經離開了覺與觀，才稱為無覺無觀，並不是完全無覺也無觀的；無覺無觀三昧的二禪等至位，是離開了欲界的五塵覺觀，所以才叫作無覺無觀；所以無覺無觀三昧中的覺知心一直都還是存在的，而且是很清明、一念不生的存在，並且是很清楚的了知自己確實存在著；既然覺知心意識仍然存在，那就表示仍有覺知而不是全無覺知的。所以無覺無觀的意思，只是離欲界五塵的覺與觀，方便說為無覺無觀三昧，並不是完全沒有定境法塵的覺觀，所以是對二禪等至位中的定境法塵仍然有覺知的。因此，並不是你的意識心斷了，像睡著無夢一樣的完全無知無覺（那是睡覺，不是禪定）；那是意識心斷了，不叫「無覺無觀三昧」。如果坐著睡覺而斷了意識覺知心，可以叫作無覺無觀三昧，那麼每一個人都去睡覺就好了，就都証得無覺無觀三昧了；那每天都必須睡覺的我們，應該死後都可以往生色界天了！所以，現代學佛人，不單是在禪宗般若禪的知見上面誤會很多，關於修學禪定的錯誤知見也非常之多；特別是末法時代的今天，並不是只有北傳佛法才這樣，南傳佛法中也是這樣的，大多不曉得禪與定的分際。

發起初禪一段時間，漸漸具足初禪境界以後，接著你努力修定，如果有正確的知見，你知道定境中離開五塵境界才是正確的修證，就可以漸次練心而安住在無覺無觀三昧中了。當你嫻熟這個無覺無觀三昧的境界以後，從初禪等持位中想要進入二禪的等持位時，就可以迅速的直接進入二禪的等持位中，在等持位中才可以修學神通⋯等等；但是想要從初禪等持位重新再進入二禪的等至位中，仍然還要費一番功夫的等引，才能進入二禪的等至位中；不像進入二禪的等持位中，是隨時隨地都可輕易進入的；所以前面那個人的問題，是因爲還沒有親證二禪的境界相，才會產生那個提問；但是，一般人會有那個疑問是很正常的，沒什麼奇怪的地方，也不該對他的發問動機給與絲毫的懷疑。

可是剛證得無覺無觀三昧的人，當他住在無覺無觀三昧中，心中只要起了一個念；那個妄念雖然並沒有語言文字，只是起一個念而覺知：「我終於進入無覺無觀境界，進入了二禪了。」你只起這麼一個念，你立刻就會退回初禪等至位去了。所以，剛開始是無法安住很久的，心中只要起一個念，二禪等至境界馬上又不見了，又退到初禪地去了。得要經過很長時間不斷的熏習、不斷的鍛鍊：不斷的練習長時間安住的方法，使自己的心能夠在這種比較細的境界當中安住不動。這樣長時間的練習，使安住的時間漸漸的延長；最後很純熟了以後，才可以藉二禪的定力轉入等持位中，以等持位中的覺知心來修習神通等法。若還不很熟習等至，就因爲可以常常在等持位中安住，就只住在等持位中辦事，那麼二禪等至的境界將會漸漸的退失，接著就會影響二禪的等持位定力跟著退失；所以在等至境界還不很嫻熟時，不可提早運用等持位的功德，以免退失二禪定力。

可是當你嫻熟二禪等至境界的時候，你以後想要入二禪時，都一定是先從初禪轉入二禪的等持位，再藉等引而進入等至位中，這和二禪的修證過程是顚倒過來的。這些道理，在禪經上並沒說明這個過程與道理，只有親自走過來的人才會知道。所以不知道禪定的人，讀到《菩薩正道》書中那一段時，很可能以爲我們寫錯了，其實不是錯了，事實本來就是那樣的。所以你的二禪等至境界練成以後，將來是要先從二禪的等持位中修等引，然後才能進入等至位的；如果你不是要進位切入，然後才切進等至位，它的過程正是這樣的。

入二禪的等至位，你不必像一般人想的那樣要打坐很久，就可以很快的從初禪轉入二禪的等持位中，如果以前有修習神通成功，就可以在二禪的等持位中隨意現起，並且比以前更勝妙。所以對於二禪等至已經修成的人來講，等持位是比等至位容易進入的；而且證得二禪以後想要進入二禪的等至位，一定都得要先從等持位切入，然後才切進等至位，它的過程正是這樣的。

這個內容，還是得要親自走過來才會知道，如果沒有親自一一經歷而走過來，你怎麼瞎掰也掰不出來的，因爲禪經裡面並沒有說到這個內容，所以這是唯証乃知的事。我剛始摸索二禪的時候，很辛苦的；到處去找資料，總是找不到資料。《釋禪波羅蜜》翻出來細讀，他那樣講，我也是弄不懂，因爲他的論中的語意還是說得不很清楚，令人懷疑智者大師是否已親證二禪了。我又把阿含部的經典以及本緣部的經典翻出來，　佛說的更簡單，只有四個字：「住一識處。」後來我就從這裡下手，思惟什麼叫作「住一識處」？不斷的整理思惟分析，好幾個月才弄清楚，才確定：原來就是只剩下「第六識」一個識。二禪的等至，就是住在第六識一識的境界中，前五識都不見了；前五識不見了，當然就沒有五塵呀！然後再回來讀《釋禪波羅蜜》，才確定沒有錯，才算是有一個方向去修二禪。不然的話，方向根本不曉得，要怎麼修？也沒有人講過！你要去讀《釋禪波羅蜜》，講的也是很儱侗，讀不懂的，意思根本就弄不清楚。這都要各人親自去走過來，我今天講的這些東西，隨便你去哪裡問大法師、大居士們！你問得到嗎？你一定問不到，現在的名師們，沒有人能說得清清楚楚的讓你知道；我今天在這裡說清楚了，已經證得初禪的人，將來想要修證二禪時就知道方向，也容易多了。

說到這裡，大家對禪定有些瞭解了，就可以作個結論而回到論文，接下來的論文內涵，解說起來時大家就容易聽懂了。凡是從欲界定、未到地定，進修初禪、二禪、三禪、四禪，所修得的都是依於形色而修。欲界定是依欲界的肉身而修的，當欲界定發起的時候，突然間身體被持住而不動搖了；很自然的不會動，讓身體很輕鬆坐著，根本不必用力，它自然的就可以安住；身體就像被一層薄薄的膜（好像荔枝、龍眼外面粗殼剝掉以後裡面的那一層薄皮一樣）就好像是被那種薄皮裹住一樣，讓你的身體都不會動搖，把你的身體很輕安的維持不動；但不是想動而動不了，而是想要安坐不動時，可以非常安定而輕鬆的坐著，你可以靠著欲界定而使身體不會搖晃；這就是欲界定的持身法：將你的色身持住不動。

從欲界定到四禪爲止，都是**依於形色而修止觀**；爲什麼是依於形色？因爲都是有色身的法。欲界定依欲界色身而修證，所以欲界肉身壞了，欲界定就無法現起；初禪到四禪也一樣都有色界天身，也都一樣是依於色界天身而修的法；如果色界天身因爲你不再保持定力而消失了，初禪到四禪的境界也就隨著消失了，所以都是依於形色而修止觀。一般人都很寶愛這個身體，但是你如果要修解脫道，就得要瞭解：色法越輕越好，最好是都消失了，才能與無餘涅槃相應；境界也是愈少愈好，境界全部消失了，才容易與無餘涅槃相應。境界愈多是愈不好的，身體與境界也是愈粗重就愈差的，愈細是愈好的；到最後連形色都不執著，你才能入四空定。人間的肉身有五臟六腑、三十六物，像個活動尿桶、屎桶；到了色界天就全部都沒有五臟六腑，裡面是如雲如霧的，所以也不吃五穀雜糧，他們都是以禪悅來維持他的色界天身，所以才叫做禪悅爲食。

假使沒有得初禪以上的定力，上座跟人家講禪悅爲食；每天中午過五觀堂時又在那邊唱：「當願眾生禪悅爲食。」唱唸的時候總是覺得不好意思，因爲都是白唸的。等到証得以後，唱到「禪悅爲食」四字時，心想：「果然是禪悅爲食。」所以色界天人都不以五穀雜糧爲食，都離團食；他們的色身愈往上進修，裡面的如雲如霧就愈淡薄；愈往上到四禪天，就愈淡薄，但身量卻是越往上一天，就越比下一天要高、要廣；這就是說，越往上面，對色身的執取性越淡泊。如果完全不執著色界身了，就可以轉入四空定，那也是不依形色而修的了。可是四空定的修證者雖然是不依形色，卻是依覺知心而修的；因爲四空定中你的覺知心還在，了知性還在時，就表示仍然是依覺知心而修的，那仍然不是佛法出世間的眞正止觀行門。

初學佛法時，對於六識心的見、聞、嗅、嚐、覺、知的功能自性，是很執著的，希望這六識的功能可以一直的存在著。這就是說，你若想要修初禪，就得捨棄對鼻舌識能嗅能嚐自性的執著，也得捨棄對於男女二根自性的貪著；再往上修，還得要捨棄對於眼識、耳識、身識的見性、聞性、覺性的執著，才能證得第二禪；再往上修，還得要捨棄對於欲界身、色界身的執著，才能捨棄身愛；得要經過這些過程，才能進到四空定的境界，最後才能進入到非非想定中。但是這樣子，還沒辦法證得滅盡定，無法進入無餘涅槃，非非想定中的極細覺知心、極細意識，還得要再捨掉，才能取證滅盡定的，所以對意識覺知心自身的執著也得滅除。

可是四空定裡面最粗淺的空無邊處定，當代的大師與學人們已經都不能瞭解的了。所以現在根本就沒有人瞭解：無所有處和非想非非想處，這二種定所講的

「想」是和一般人所講的「想」不一樣的。台灣教禪的大師中，有人曾說：「我們心中沒有打妄想時，就叫做無想定。」這是誰講的？是南懷謹老師講的。但是他錯了！並不是沒有語言文字的妄想就可以叫做無想定。無想定是四禪後的覺知心境界，無想定的想字，說的是了知的知，得要把意識心滅了才是無想的境界，不是他處於欲界定中的覺知心離語言妄想的境界。第四禪境界也被很多人誤會了，總是把覺知心處於無念狀態中，就誤以為是證得捨念清淨的第四禪了，誤會眞的很大！無想定，是從初禪修到四禪之後，再作涅槃想而把第四禪等至位中的覺知心捨掉，卻仍然留著色界身與意根，誤以爲這就是不落入斷滅境界的無餘涅槃，這才是無想定。因爲覺知心不在了，「知」滅了，所以才叫作無想。這個「想」是講「想陰」的想，不是講「打妄想」的想，想陰的想就是意識心的了知性。

你看！連一代大師的南懷瑾居士，也一樣誤會了世俗定的四禪八定中的無想定，證明他的知見嚴重的不足，那他對禪宗的般若禪會產生誤會，也就成爲必然的了。等而下之的大法師與一般學人，也就可想而知了。無想定，如果要認眞的說起來，他的境界是比非想非非想定高的，因爲他可以把眾生最難捨的覺知心捨棄；可是它的執著性卻比非想非非想定的實證者重，因爲他執著四禪天的天身，不肯捨棄，所以無想定的實證者，其實也是依於形色而修止觀；因為他不能捨棄對色界身的執著，所以說他的執著重。可是，非想非非想定的實證者，可以把色界的天身丟棄，不依形色修止觀，所以他的執著顯得比較輕；但是他也有知見上的盲點，也就是執著覺知心的自己，不肯讓覺知心的自己滅掉，這就是未斷我見的凡夫。這是由於他以前證得無所有處定，人家告訴他：「你證得無所有處定，還不是出三界境界。你証得這個定境，還很清楚的知道『我』住在無所有處：離開了空無邊處，也離開了識無邊處，所以無所有。有『我』住在無所有境界當中，這就是『我』還存在呀！『我』既然知道『我』住在無所有當中，那就表示你自己那個『我』還是在。『我』還在，就不是涅槃。」

他聽到了就想：「那我應該也要把這個了知心自我丟掉。」他自以為把了知心丟掉了，其實卻只是把了知心能返觀的了知性消除而已，了知心其實仍然還在；結果他就轉入非想非非想定中。他在非非想定當中，不返觀自己了，不知道自己住在非非想定當中了，那這時候看來似乎是沒有「知」存在了，所以說是非想；所以想陰也就是「知」。可是非有想為什麼又叫作非無想呢？今天時間又到了，且聽下回分解。

上週講到不依形色修止觀，還沒講完。非想非非想定，既然沒有想陰的了知性存在，所以說是「非想」，爲什麼卻又說它是「非非想」呢？因爲在這個定境中，他把「知」滅了，所以沒有反觀自己的覺知性仍然存在，他自以爲覺知性確實滅了；其實還沒有滅盡，因爲他的我見還在，對意識覺知心自我的執著還存在，還沒有滅除，所以他只是把粗意識滅了，使意識覺知心對自己不起返觀覺照：因爲想要滅掉覺知性，所以不起返觀自己的了知性；但是由於我見未斷的緣故，所以覺知心畢竟還存在，還沒有滅除，所以其實還是有知（還是有想陰），並不是眞正的無想，只是不返觀自己而已，所以不是眞的無知、無想，這個非想的定境必須加以「非非想」的名稱，就合稱爲「非想非非想定」。也就是說，他雖然不依形色而修了，但是卻仍然執著覺知心自己，我見還沒有斷，是依覺知心而修。修成非想非非想定時，他只要遇到眞善知識，教他正確的知見與觀行法門，把我見確實斷了，當場就可以取證滅盡定，使他從外道身、凡夫身而直接成爲俱解脫的大阿羅漢。所以，一般人都是**依形色而修止觀**的，修成的止觀境界當然就成爲外道或凡夫境界了；在佛法中修止觀的人，則往往是依覺知心、想陰而修止觀的；眞修止觀的人，是不依形色、也不依覺知心而修止觀的，是依法界實相本源的第八識如來藏而修止觀的。

現在接著要從「不依虛空」講止觀的修習。爲什麼要說「不依虛空而修止觀」？這有兩個原因：第一個原因是有些古人（或者是外道，或者是佛門學人），當他證得空無邊處定的時候，就認爲是涅槃境界了，這就是依於虛空（依於空無邊處）來修佛法。因爲在空無邊處當中，意識心還在，也就是說，在空無邊處中還有一個能覺知的「我」安住著，這個我在覺知空無邊的境界，落在虛空中。這個境界既然空無邊際，自己住在這種境界中證驗，就覺得是涅槃無相的境界了，這是第一種認定虛空爲涅槃境界的凡夫，其實仍然落在有中，因爲三界有的覺知心還在。

第二種人就是虛空外道，虛空外道是誤會了佛經的義理，他們想：「佛經上面說，眞如豎窮三際、橫遍十方，唯識的經典又說有虛空無爲。」他們又聽善知識開示：「涅槃猶如虛空。」所以心想：「眞如就是虛空。」這種錯認眞如就是虛空的外道見，並不是現在末法時才有，古時候就有了！現代的代表者，就是蓮生「活佛」盧勝彥先生，他的書裏面明明白白寫著：「虛空就是眞如。」我們的佈告欄上也有人貼文舉證他是虛空外道。不曉得貼文現在還在不在？

他說虛空就是眞如，所以就成了虛空外道見；他依虛空見而修，認爲我們這個覺知心是以這個虛空爲依歸，當然捨報的時候，就會像月溪法師說的一樣：「遍滿虛空大自在」。他們都不曉得虛空只是**色邊色**：虛空只是依於色法的邊際而施設的一個概念，其實沒有虛空這個東西。依於色法的邊際，而說色法外面沒有物質障礙的地方叫做虛空，所以虛空是「色邊色」，是依物質而施設的性空唯名的無實法；既然虛空是依他施設的空無法，怎會是眞如？

從色法上面來施設的依色法而存在的觀念，就叫作虛空，所以虛空是色邊色，所以虛空是色法，所以 佛在《楞伽經》中說「虛空隨入色法」。不懂的人剛聽到說「虛空是色」，心想：「不對啊！明明空無一物，怎麼虛空會是色法？」經上又說**虛空隨入色法**，很多人就更迷糊了：虛空既然是無法，怎麼會是色法呢？很多人就誤會這一句經文，永遠都弄不懂。但是，我們要跟諸位說明：虛空是依附於色法的邊際來施設虛空名相，所以虛空是附屬於色法而有的名相與概念，既然附屬於色法，當然 佛說「虛空隨入色法」，所以**虛空是色法邊際的色法**，因它依於色法而有，離開色法就沒有虛空可言，所以虛空其實還是色法中的一種；所以虛空之性空而無實，只是覺知心中的一個觀念，純是名詞施設，其性空無，所以虛空可以說是**性空唯名**之法。但是虛空無爲，講的是心眞如第八識心體猶如虛空無形無色，性如虛空而不可壞，又不墮入有為有作的七識心自性中，所以叫作虛空無為，講的是凡夫、異生第八識心體的自性，而不是在講虛空的體性啊！盧勝彥那個居士不懂，就認定虛空即是眞如，就成為虛空外道了。當然他還兼有其他外道的本質，我們這裡就不說他了（編案：詳見〈正覺電子報〉《眞假活佛》專欄的連載）。

有的人更荒唐，譬如西藏密宗有一種人，就說虛空即是眞如，主張虛空中有星球爆炸的能量繼續存在，所以他們練氣功、練拙火、觀明體的時候，就要從虛空裏面去攝取能量；又說虛空中的能量就是萬法的根源，說他們將來捨報的時候要跟這個能量合而為一，這種人也叫做虛空外道。盧勝彥居士也是走西密的路子，所以他書裡面也有這種說法，這也是虛空外道見的另一種。這些人都是依虛空而修佛道，所修的當然都是外道法，都與佛法無關，但是他們並不知道。而且虛空中並沒有某一種能量可以被他們所攝取，他們依虛空而修得的所有能量，其實也都是來自他們的第八識如來藏，但是他們永遠都不會瞭解的。所以修學佛法的人不可依於虛空而修，也不應該依地水火風而修。

「不依地水火風」而修止觀，這也就是講道家一類的修法。可是這部《起信論》是馬鳴菩薩在印度寫的啊！所以他這一句講的一定不是指中國的道家，而是指天竺專修氣功強身的外道們。中國道家也講五行，依金木水火土等特性，施設修行的法門；可是在《起信論》中所講的依地水火風而修，說的其實是印順法師定位為天竺**晚期佛教**的密宗外道。密宗講究地水火風空，但是這些東西，《楞嚴經》中有講：地水火風空識，稱為六大，密宗則講五種；但這不是我亂編瞎說的，我們都是有根據而說的。譬如常常有人問我說：「外面有印順法師的徒眾們，說蕭平實亂指責人家，人家印順法師沒有說過『彌陀信仰是太陽崇拜的淨化』，你們蕭老師怎麼可以這麼講？」有些同修就來問我，我近來也覺得每次舉證解釋，眞不是辦法，乾脆把證據找出來，我自己把它打字列印成兩張，交待給印刷行印兩千張，下週你們來共修時就可以拿到；我們將把它放在知客處前面的抽屜裏面，需要的人自己可以去拿。所以我們如果說了、或作評論了，一定都是有根據才會說。

密宗他們常常這麼講：「人死了以後，身中的地大會融入水大，水大再融入火大，火大再融入風大，風大再融入空大。」請問他們：「地大如何能融入水大？」根本就不可能，因為地大是極微元素，水大也一樣是極微元素，四大極微元素是不可能互相融入的，否則就不是極微元素了。四大只能經由人工結合在一起，只能經由阿賴耶識去攝取而造色身才融合在一起，但仍然是四大聚在一起，而不是互相融入的，所以仍然是四大不相入的，怎可能把地大元素融入水大元素中？密宗這種說法是很荒唐的！凡是知道一切種智的人，都會很清楚的知道，他們的說法是妄想。

捨身時是第八識阿陀那識捨棄了色身中的地水火風四大，是分分捨棄色身而離開，是每捨離一分色身時，所捨離的那一分色身中四大一時都捨，而不是把全部色身中的地大先融入水大，也不是先捨棄地大之後再捨棄水大。假使依西密的說法，全身的地大全部融入水大時，色身就一定會化成一灘臭水了，但是每一個人捨報完成而進入中陰階段時，都沒看見有人色身融成一灘水啊！怎麼會說是地大先融入水大呢？眞是荒唐！他們又說，地大融入水大以後，接著是水大再融入火大；融成火大以後就應該已經變做一堆火、或者變作一堆能燒的能源了啊！火大又要再融入風大，那不是再變成一陣風而吹掉不見了？可是明明沒有啊！明明看見人們捨身而進入中陰階段時，屍體都還好好的沒變；而且屍體還要再燃燒火葬，才會變成骨灰嘛！哪裏有地大先融入水大……等等過程？根本沒這回事！所以他們所說的死亡的過程，都是自己妄想出來籠罩世俗人的邪見，與諸佛開示一切種智中所說的捨身過程完全不符，所以都是他們自己的邪見想像出來的。

我們說他們這樣妄想，絕不是空口白話，必有根據，我們就舉出龍欽巴的開示作證據。龍欽巴在藏密紅教裏面，人家都尊稱他是蓮花生以來的第二佛，所以他在紅教中的地位很崇高；我唸一段他的著作開示給諸位聽聽看，他說在臨終的時候，中陰階段應該怎麼樣爲亡者開示；如果是你自己捨報的話，你那個時候應該要怎樣瞭解捨報的過程，他說：「其時以地融於水故，覺身重而無力；以其同時色融於聲故，眼識不明。其後，水融於火，色即合身中之血，黃水得屍糞；其時聲融入香故而不聞聽。其後火融入風故，暖色入心；其時香攝入胃故，鼻嗅不感。其後風融入視故，斷氣絕息；其時胃融入觸故，舌不知味。識融入空故，粗細之所執消沫；其時觸融於法故，滅受想。尤其紅白明點相交於心間，空融入光明時，樂明無念智，一識刹那生起，法性融入本初地故，輪迴至性解脫，於涅槃近矣。」

這眞的很荒唐，完全都是妄想，色法會融入聲音裏面嗎？如果色法可以融入聲音，就不應該建立色界——物質的界限，就不該有色塵界的存在與成立；也不應該建立聲界——聲音的界限：色法界與聲法界都不應該立界！色法界與聲法界如是，其餘各種法界也如是，也都不應該建立界限了！可是 佛明明立界，說地水火風四大元素是有界限的，也說六塵是有界限的，都是不相融的，所以密宗這些死亡過程的說法都是虛妄想。可是學密的人沒有智慧，所以聽了以後就迷信而不能思索正確與否，就跟著喇嘛們的說法團團轉，到死亡時就希望生前學習的死亡過程之觀想可以應用到，可以利益自己。可是他們死亡以後，一定會怨恨密宗上師、喇嘛們，因爲死亡時的過程根本就與他們所說的完全不符合。這就是**依地水火風來修佛法**。可是久學密宗的信徒們，把密宗上師講的背起來，倒背如流以後，等到將來入了正死位，一定會發覺自己受騙了；因爲四大元素法界是不可能互相融合的，是不可能互相併呑的，只能把它們集合起來聚在一起而成爲人身、天身、餓鬼身…等身，而不能互相融合爲一種的；而六塵也是不與物質色身互相融合的，各有各的界限而不能互相融入合併的。

所以西密就是依地水火風來修佛法，是錯誤的外道知見，佛法絕對不是這樣修的。佛法只有兩個要門：第一是二乘菩提所證得的解脫道；這個解脫道共大乘菩薩，所以菩薩們也都會在適當時機加修解脫道的法。第二是諸佛菩薩所修而不共二乘的法，即是佛菩提道，也就是我們所宣講的大乘道次第；但這個道次第並不是我創立的，我只是依　佛說的經典把它們摘列出來，所以我只是把它整理出來而已，其實不是我建立的。佛法其實就只是這二個道，除這二道以外，沒有別的佛法了。密宗卻另外發明佛法修學的理論與行門，而且以那些外道邪見冠於眞正佛法之上，說是比 世尊的法更高的「佛」法；其實那些東西都是錯誤的邪見，我們要有正確的知見來加以簡擇判別，免得走錯了路：努力精進修學一世，到老卻發覺都是唐捐其功。

爲什麼我說道家也是依地水火風來修道？因爲他們很講究五行；練內丹也要講五行，練外功也要講五行；譬如形意拳，形意拳是以內功爲主要行門的道法，他們以五種動物來象徵金木水火土，那也是不離地水火風的，我年輕時也練過。我是一個很雜學的人，我當學生時，對課本沒什麼興趣，總是喜歡這些課外的東西，很奇怪！我練過很多東西，武術就不談了，光是氣功部分，我最早學過的是科學氣功，那是很早的年代，現在已經沒有人學這個了；接下來就是因是子靜坐法，後來又學一貫道的九節玄功；在中部時，我也學過鶴拳的氣功，那時候都是清晨四點起來練功，還曾經嚇到一個賣豆腐的人以爲有鬼而到處宣揚！後來我到台北以後還去學過九九神功，這樣就有五種了；可是追求到後來，發覺都不是我要的法；直到接觸了佛法，才知道這正是我要的，然後就一頭栽進去，永遠都不想再改變了。

我以前一直在摸索，一定要追求一個什麼？但究竟是要什麼？我也不知道。只是很納悶：一個人生來是要作什麼的？活著又是爲了什麼？總不是爲了生老病死世世輪迴而來的吧？生命的存在，一定有它的存在意義，可是究竟生命的意義是什麼？還得詳細的探討。所以我也讀過《荒漠甘泉、但丁神曲、標竿、新約聖經、舊約聖經》……等等，就是沒讀過佛經，也不想讀；因爲我們當年在學校裡的老師和書本中都說佛教是迷信，所以年輕時就不肯讀。後來接觸到佛法，才知道這是我眞正要的，然後就一頭栽進去了。這就是說，那些東西我都接觸過，大概你們學鶴拳的話，打火肢、水肢，可能不會打得比我好，假使有人不信的話，講經完了可以留下來，我們商量商量看！那時候我們練推手，也很用心練，這推手也是有訣竅的。這就是說，我學過很多法，我是個雜學的人。

但是那些都不是究竟法，都是與地水火風有關係的外道法；眞正想學佛法的人，絕不可以落在地水火風上面去學。因爲學那些東西都是有漏的有爲法，這些有爲法學得來的東西，對於菩提道、解脫道的修證，完全沒有助益，只是在浪費你的生命。可是密宗的學人大部分都不曉得眞理，所以上師們都會用佛法的名相來附會，哄得大家一愣一愣的以爲密宗修的眞是佛法，就跟著他們走下去了；可是走到最後時，往往是人財兩失：或者失了女色，或者失了男色，同時還一定會失了財物；到最後則是於佛法上一無所證，都落到外道法中去了（編案：詳《狂密與眞密》第一至第四輯的舉例與辨正）。一生努力修行苦練氣功，原來只是爲了想要在雙身法中保持不洩精而已，原來只能成就外道淫樂技藝而已，與佛法的修證完全無關；這眞是令人非常可悲的一件事，我們不得不把它說出來，救救密宗的學人們！這就是說，修學佛法時不可依地水火風而修，「風」指的正是西密的氣功。馬鳴菩薩又說：乃至不可依見聞覺知而修。

「不依見聞覺知」，意思是說：修學佛菩提道，要用見聞覺知的心，來尋覓你本來就在的離見聞覺知的第八識心，那個第八識心眞如，才是諸法的實相。修證大乘法的人，絕不可依見聞覺知的六識心作爲修證之標的，應依離見聞覺知的第八識如來藏作爲修證之標的，這才是眞修實相法的有智慧人。因爲一切法都是從那個實相心而來（或者直接從祂生出來、或是間接從祂生出來）；而且證悟的人所知道的第八識法性的一切般若智慧佛法，也都是由祂直接出生或顯現的；至於一般人所受用的世間種種的法，也都是從這個第八識心間接出生、乃至輾轉出生的。但是不知道的人，就一定會落在六識心的見聞覺知性上；見聞覺知都是六轉識的自性，如果所悟的心是有六塵中的見聞覺知性的心，就違背 馬鳴菩薩的開示了。

所以有智慧的學人，應該向離開見聞覺知的方向去尋覓實相心如來藏；但是離了見聞覺知的方向，想要找到心眞如時，在這中間還有一個意根的體性存在，祂是介於**有見聞覺知**和**離見聞覺知**的中間。意根已經不像六轉識那樣具足六塵中的見聞覺知性，但祂還有一種很微細、很低劣的了別慧；意根就憑著這種低劣的了別慧，遍緣一切法；祂藉五塵上的法塵而遍緣一切法，可是祂的了別慧很差，自己無法分辨，也無法返觀自己；如果法塵有重大變動，祂就要喚起意識加以分別，才能決定要做什麼或不作什麼，祂本身沒有辦法判斷決定的；在祂要決定以前，先要依意識的分別判斷，才能作決定。就譬如眠熟無夢時，遇到外境有重大變動，此時應該作什麼應變？祂自己無法決定，因爲祂的了別慧很差，所以必須喚起意識覺知心醒來分別外境，然後才能決定該如何應變、或者該繼續睡覺？所以說，在這眠熟位意識斷滅時，末那識看來似乎是離見聞覺知的，但實際上祂不是完全離見聞覺知的，仍然有極細的了知性存在；但祂因爲沒有六塵中的證自證分，所以祂並不了知自己的存在，只是執著一切法而繼續爲自己當一個看守者。

可是這個眞實義，得要等你悟了，找到心眞如以後，才會眞正理解我這個意思；所以，在大乘佛法中修證上面的最大問題，就是沒辦法具備正知正見，不能往離見聞覺知的方向去尋覓實相心，總是把見聞覺知性的妄心當做是眞實心，所以就會以意識的變相當做是心眞如、當作是如來藏，就誤以爲自己是證悟者，往往因此而在自認爲悟的狀況下成就大妄語業，也跟著開始誤導眾生了。所以，「離見聞覺知」這個觀念很重要，應該常常開示給外面的佛弟子們聽聞。但是外面的人常常會誤解你的意思：以爲是要他們把能見聞覺知的意識心捨離見聞覺知。他們往往會這麼想：「我若聽你的話，把見聞覺知滅了，那要怎麼修道？」可是我們講的是：用見聞覺知的第六意識心，去找從來離見聞覺知的第八識如來藏心，不要往見聞覺知的方面去用心。我們講的是這個意思，可是外面有很多人誤會了。但是產生誤會也是正常的，因爲他們還沒有悟嘛！所以，大家都得要瞭解：追求般若的證悟，就必須要去證得實相心如來藏；想要親證實相心，一定得要用你見聞覺知的意識心，去尋覓另一個同時存在的離見聞覺知的心，這樣子才是離見聞覺知而修學佛法，這就是 馬鳴菩薩所開示的「不依見聞覺知」。

「一切分別想念皆除」：一切分別想都除掉，是講非如理作意的分別都滅掉了，而不是把所有的如理作意分別也滅掉。外面常常有人跟我們爭執說：「你講眞如心離分別，那你證得眞如心時，你就變成沒有分別的白痴了，那你又怎麼能夠跟人家講話、說法？」都是這樣誤會我們的意思。我們所說的離分別（悟後離分別），是講悟後就離開虛妄的分別，是離開了不如理作意的虛妄分別；佛從來沒叫人家斷滅分別心，佛從來說的都是斷除不如理作意的分別、虛妄分別。從來都是教人以能分別的覺知心意識，來尋覓從來就不曾起分別的第八識如來藏；找到不分別的如來藏以後，覺知心就離開虛妄的分別而生起智慧了；從來都是這樣講的，三乘諸經莫非如是；我們也是完全依照 佛的這個開示來弘揚佛法，從來不曾教人把第六意識覺知心變成離見聞覺知而不分別。

佛只對一種人說要把分別心斷掉，就是對於定性的阿羅漢想要取無餘涅槃（定性聲聞捨報一定要入無餘涅槃）。他們問 佛：「我捨報時要怎麼樣入涅槃？」 佛告訴他們：「你只須把自己的十八界滅盡，滅盡以後就進入無餘涅槃了。」只對定性聲聞人才這麼說。換句話說，他們入無餘涅槃的時候，不但分別心都要斷盡，連自己也都要全部滅掉，滅掉自己十八界了才是眞正的無我，這樣才是無餘涅槃，這樣才符合三法印。所以 佛只對這種人說應該滅掉能覺能觀的覺知心。但是 佛對諸菩薩眾們都開示：「於一切的虛妄分別想念（也就是《楞伽經》講的妄想妄念。

《楞伽經》講的妄想妄念並不是講一般人打妄想的語言妄念，是講虛妄想的種種念），應該斷除。」正是 馬鳴菩薩講的「一切分別想念皆除。」

如果佛弟子們都能夠「不依氣息，不依形色，不依虛空，不依地水火風，乃至不依見聞覺知，分別想念皆除」，這樣修習而證得如來藏的話，似乎已經是眞的實證清淨心了，似乎就是眞實的證悟了；但其實還是不夠，因爲還沒有轉依成功。眞正的開悟，並不是知道開悟的內容以後就算是悟了，而是應該心中確實接受不疑，能安忍而實地轉依所悟得的第八識心了，才算是得忍的聖者；也就是說，證得實相心或者得知實相心以後，轉變覺知心的自己和處處作主的意根自己，依止第八識實相心的無所得無所失、不垢不淨、不生不滅、寂靜涅槃的第八識清淨涅槃的自性，使我見、我執及種種煩惱不能再影響到自己，由此而獲得一分解脫正受，這樣轉依成功以後才算是眞正的開悟聖人。如果知道答案、知道實相心如來藏的所在，但是不能眞實的信受無疑而安忍，不能轉變自己而依止實相心的無得無失……等境界，那就不算是眞正的開悟，縱使所知道開悟的答案正確，仍然不是開悟的人，因爲忍法還沒有生起，就沒有解脫正受與智慧正受，這就是向人打聽密意或被善知識明講密意的愚人。

如果轉依成功了，算是證悟了，也仍然有事要作：放下所悟的如來藏。既然自己的如來藏沒有任何人、沒有任何大力眾生能夠加以毀壞，那又何必記掛著祂？悟後還在執著所證得的實相心境界者，其實還是初見道者，只能算是眞見道位的七住菩薩，進不了上一層次的。因此，悟後固然必須深入整理思惟領受，由此發起深妙般若實智，但是卻不必記掛著祂不放，否則就會使自己對如來藏不斷的生起「分別想念」，就成爲**恆內執如來藏爲我**的人了。所以除了專作進修的思惟時，不必時時想念著如來藏，要把這種想念也除去。除去以後，千萬別在心中想著：「**我已經把對如來藏的想念除掉了。**」當你這樣子想的時候，那又多出一個「我」和「除掉」的想念了；所以 馬鳴菩薩接下來說：「亦遣『除』想，以一切法不生不滅故。」這個除字要把它加個引號，就是要把「除掉一切分別想念」的這個「除」想，也得捨棄；換句話說，你就處於類似無所有處的狀態，也類似非想非非想處。一切分別想念皆除以後，也不可存著已除一切分別想念的「已除」之想。

爲什麼要這樣安住呢？「以一切法不生不滅皆無相故。」還沒有證悟的人會說：「**《大乘起信論》是僞論，因爲一切法緣起性空、都有生滅，不可能沒生滅，……**」這種說法就好像誤會《楞嚴經》者的說法，《楞嚴經》告訴我們：見聞覺知性都是虛妄的，七識心都是虛妄的。可是後面卻又告訴我們：見聞覺知性都是**本不生滅**。既然已說是從眾緣所生的虛妄生滅法，後來又怎麼會說**本不生滅**？意思是說：見聞知覺性都是從如來藏心體中所出現的，固然都是從緣而起，但卻是如來藏心體中所蘊含的自性，卻是從如來藏中藉緣而生起的，生起之後也是附著於如來藏而存在、而運作，所以都應攝歸如來藏，攝屬如來藏的無量自性之一，所以就依如來藏的不生滅而說見聞知覺性不生滅。

這就好像「**『一心說』唯通八識**」的意思：如果要說眾生都是只有一個心的話，那唯一的一個心就是阿賴耶識；是以阿賴耶識這個心函蓋第八識如來藏、第七識意根、前六識的意識及眼等五識。《楞嚴經》的開示也是同樣的意思：如果說眾生只有一個心的話，那個心就是如來藏，因爲前七識本來是如來藏心體所生，而且只在如來藏心體表面運作，本就應該攝歸如來藏的；所以，在前面讓眾生瞭解六識心的見聞知覺性和意根的思量作主性以後，把前七識自性和第八識如來藏自性的不同處，加以分別解說以後，眾生就可以很容易的找到如來藏心體了。但是佛不希望眾生因此就滅掉七轉識的見聞知覺性而入涅槃，否則就沒有七識心能再攝度眾生，證悟者自己也將因此而無法成就佛道了，所以接著就說明：其實前七識也都攝歸如來藏，所以七識心王的見聞知覺性也都屬於如來藏所有，所以才開示說五陰、六根、六塵、六識以及六識的見聞知覺性「**本如來藏妙眞如性**。」但是末法時代的大師們，都把這個過程給省略掉了，就不管前面經文所說「見聞知覺性虛妄」的各章中的說法，只斷取後面一章經文而作如此的謬說：「《楞嚴經》中說：見聞知覺性本如來藏妙眞如性，所以七識心的見聞知覺性不是虛妄法，所以見聞知覺性就是如來藏，就是眞如、佛性。」

般若眞實智慧的難修難證也就在此：在把見聞知覺性攝歸如來藏而說「見聞知覺性本如來藏妙眞如性」之前，必須先找到如來藏，必須先確實眼見佛性，然後再觀察證實一**切法都是從如來藏所生、所顯，將一切法都攝歸不生滅的如來藏，所以才說一切法不生亦不滅**，所以才把見聞知覺性攝歸如來藏所有，才可以說**見聞知覺性本如來藏妙眞如性**。不可以跳過這個親證如來藏、親見如來藏離六塵見聞覺知的過程，也不可以跳過親眼看見佛性的過程（不可省略現觀如來藏另一面貌的實證），不可省略現觀一切法都攝歸如來藏的內涵，而直接將七識心見聞知覺性當作是如來藏的自性，當作就是眞如、佛性。但是《楞嚴經》中和馬鳴菩薩所說的「一切法不生不滅、皆無相故」，絕不是指見聞知覺性本身不生不滅而無相，而是依祂們攝歸如來藏的實相境界來說一切法不生不滅、無相。

但是，依如來藏的不生不滅而說一切法不生不滅，而說七識心王的見聞知覺性不生不滅，意思並不是說：因爲如來藏不生不滅所以一切法在實際上都不曾生滅。在現象界的實際境界中，一切法仍然是有生有滅的。所以你今天晚上睡著了，見聞覺知性斷滅了，明天早上見聞覺知性又出現了，所以你又醒過來了；見聞知覺性都是如來藏所出生的，祂們都屬於如來藏心體所蘊含的種種體性中的一部分；如果想要成佛，就不能夠把六識心滅除，就不能把六識心的見聞覺知性丟掉，才能具足一切法而成佛。如果把祂們丟掉以後，你就不能成就佛道了；把祂們丟掉以後，將會變成無餘涅槃，如同聲聞阿羅漢入無餘涅槃一般。常住於無餘涅槃中有什麼意義呢？下不能利益廣大眾生，中不能成就佛道，上則愧對諸佛。所以是無意義的事。所以不能把見聞知覺性認作實相心，要以祂們爲工具去修證一切種智，要轉變祂們成爲無漏的有爲法，才能依般若智慧次第修學，邁向佛地。

然而一切法事實上有生有滅，把一切法轉依如來藏、攝歸如來藏以後，一切法既攝屬如來藏心體，而如來藏不生不滅故，所以一切法當然也就不生不滅了。不可以離開如來藏、否定如來藏，而說一切法不生不滅；也不可以單從緣起性空而念念生滅的一切法自身，而說一切法都不生不滅、而說一切法有眞如法性。因此，一切法在現象界看來是有生滅的，可是從不生滅的如來藏來攝一切法，就說一切法不生不滅了。因爲見聞知覺性在今晚眠熟時滅了，明天又可以從如來藏心體中生起來了；見聞覺知及一切法在今生死了滅了以後，中陰身中的一切法又生起來了；投胎後五根滿足了，見聞覺知等一切法又漸漸生起來了。所以，如果不入無餘涅槃的話，一切法將是無窮無盡的；除非你成爲定性聲聞而入了無餘涅槃，永遠不再出現於三界中；否則的話，不論是諸聖或是凡夫，一切法都是永遠無盡的，既然永遠無盡，又怎麼可以說一切法有生滅呢？所以說一切法不生不滅。

以上 馬鳴菩薩所講的是：依**似有眞如**的概念來修止觀。凡夫或是二乘聖者迴入大乘法中，還沒有證得眞如心以前，先在覺知心裏面建立一個知見：有一個心眞如——第八識心體；而心眞如是離六塵見聞覺知性的心，不是六識心，祂自己的功德是不與六識所了知的六塵相應的；所以 馬鳴菩薩教我們說：不依見聞覺知，也不依氣息、形色、地水火風等法而修止觀，應依第八識心眞如**不壞我**來修止觀。在這個階段中修般若的止觀時，當然是事倍功半；因爲你根本不知道眞如心是怎麼回事，總是在妄想第六意識覺知心住在某一個狀況時就會變成第八識眞如心。所以你要修般若實智的止觀，確實不容易修，必須假藉眞善知識爲你建立正知正見，才有希望建立自己眞正的正知正見；建立正知正見以後，才有可能實證心眞如第八識。在未悟之前，在悟後尚未轉依第八識心自性之前，以及在初轉依而尚未修除性障之前，想要修禪定時都不容易修的；因此到這個階段爲止，於佛法中修學止觀都是事倍功半的。（未完，詳於第六輯中續解）

佛教正覺同修會〈修學佛道次第表〉

第一階段

* 以憶佛及拜佛方式修習動中定力。
* 學第一義佛法及禪法知見。
* 無相拜佛功夫成就。
* 具備一念相續功夫—動靜中皆能看話頭。
* 努力培植福德資糧，勤修三福淨業。

第二階段

* 參話頭，參公案。
* 開悟明心，一片悟境。
* 鍛鍊功夫求見佛性。
* 眼見佛性〈餘五根亦如是〉親見世界如幻，成就如幻觀。
* 學習禪門差別智。
* 深入第一義經典。
* 修除性障及隨分修學禪定。
* 修證十行位陽焰觀。

第三階段

* 學一切種智真實正理—楞伽經、解深密經、成唯識論…。
* 參究末後句。
* 解悟末後句。
* 透牢關—親自體驗所悟末後句境界，親見實相，無得無失。
* 救護一切衆生迴向正道。護持了義正法，修證十迴向位如夢觀。
* 發十無盡願，修習百法明門，親證猶如鏡像現觀。
* 修除五蓋，發起禪定。持一切善法戒。親證猶如光影現觀。
* 進修四禪八定、四無量心、五神通。進修大乘種智，求證猶如谷響現觀。

佛菩提二主要道次第概要表——二道並修，以外無別佛法

佛菩提道——大菩提道

遠波羅蜜多

資糧位

十信位修集信心——一劫乃至一萬劫

初住位修集布施功德（以財施爲主）。

二住位修集持戒功德。

三住位修集忍辱功德。

四住位修集精進功德。

五住位修集禪定功德。

六住位修集般若功德（熏習般若中觀及斷我見，加行位也）。

外門廣修六度萬行

見道位

七住位明心般若正觀現前，親證本來自性清淨涅槃。

八住位起於一切法現觀般若中道。漸除性障。

十住位眼見佛性，世界如幻觀成就。

一至十行位，於廣行六度萬行中，依般若中道慧，現觀陰處界猶如陽焰，至第十行滿心位，陽焰觀成就。

一至十迴向位熏習一切種智；修除性障，唯留最後一分思惑不斷。第十迴向滿心位成就菩薩道如夢觀。

內門廣修六度萬行

初地：第十迴向位滿心時，成就道種智一分（八識心王一一親證後，領受五法、三自性、七種第一義、七種性自性、二種無我法）復由勇發十無盡願，成通達位菩薩。復又永伏性障而不具斷，能證慧解脫而不取證，由大願故留惑潤生。此地主修法施波羅蜜多及百法明門。證「猶如鏡像」現觀，故滿初地心。

二地：初地功德滿足以後，再成就道種智一分而入二地；主修戒波羅蜜多及一切種智。滿心位成就「猶如光影」現觀，戒行自然清淨。

解脫道：二乘菩提

→ 斷三縛結，成初果解脫

→ 薄貪瞋癡，成二果解脫

→ 斷五下分結，成三果解脫

入地前的四加行令煩惱障現行悉斷，成四果解脫，留惑潤生。分段生死已斷，煩惱障習氣種子開始斷除，兼斷無始無明上煩惱。

近波羅蜜多 — 大波羅蜜多 — 圓滿波羅蜜多

修道位 — 究竟位

三地：二地滿心再證道種智一分，故入三地。此地主修忍波羅蜜多及四禪八定、四無量心、五神通。能成就俱解脫果而不取證，留惑潤生。滿心位成就「猶如谷響」現觀及無漏妙定意生身。

四地：由三地再證道種智一分故入四地。主修精進波羅蜜多，於此土及他方世界廣度有緣，無有疲倦。進修一切種智，滿心位成就「如水中月」現觀。

五地：由四地再證道種智一分故入五地。主修禪定波羅蜜多及一切種智，斷除下乘涅槃貪。滿心位成就「變化所成」現觀。

六地：由五地再證道種智一分故入六地。此地主修般若波羅蜜多——依道種智現觀十二因緣一一有支及意生身化身，皆自心眞如變化所現，「非有似有」，成就細相觀，不由加行而自然證得滅盡定，成俱解脫大乘無學。

七地：由六地「非有似有」現觀，再證道種智一分故入七地。此地主修一切種智及方便波羅蜜多，由重觀十二有支一一支中之流轉門及還滅門一切細相，成就方便善巧，念念隨入滅盡定。滿心位證得「如犍闥婆城」現觀。

八地：由七地極細相觀成就故再證道種智一分而入八地。此地主修一切種智及願波羅蜜多。至滿心位純無相觀任運恆起，故於相土自在，滿心位復證「如實覺知諸法相意生身」故。

九地：由八地再證道種智一分故入九地。主修力波羅蜜多及一切種智，成就四無礙，滿心位證得「種類俱生無行作意生身」。

十地：由九地再證道種智一分故入此地。此地主修一切種智——智波羅蜜多。滿心位起大法智雲，及現起大法智雲所含藏種種功德，成受職菩薩。

等覺：由十地道種智成就故入此地。此地應修一切種智，圓滿等覺地無生法忍；於百劫中修集極廣大福德，以之圓滿三十二大人相及無量隨形好。

妙覺：示現受生人間已斷盡煩惱障一切習氣種子，並斷盡所知障一切隨眠，永斷變易生死無明，成就大般涅槃，四智圓明。人間捨壽後，報身常住色究竟天利樂十方地上菩薩；以諸化身利樂有情，永無盡期，成就究竟佛道。

七地滿心斷除故意保留之最後一分思惑時，煩惱障所攝色、受、想三陰有漏習氣種子全部斷盡。 ←

煩惱障所攝行、識二陰無漏習氣種子任運漸斷，所知障所攝上煩惱任運漸斷。 ←

斷盡變易生死成就大般涅槃

圓滿成就究竟佛果

佛子蕭平實 謹製

（二〇〇九、〇二 修訂）

（二〇一二、〇二 增補）

佛教正覺同修會 共修現況 及 招生公告 2017/12/21

一、共修現況：（請在共修時間來電，以免無人接聽。）

台北正覺講堂 103 台北市承德路三段 277 號九樓 捷運淡水線圓山站旁 Tel..**總機** 02-25957295（晚上）（**分機：九樓**辦公室 10、11；知客櫃檯 12、13。 **十樓**知客櫃檯 15、16；書局櫃檯 14。 **五樓**辦公室 18；知客櫃檯 19。**二樓**辦公室 20；知客櫃檯 21。）Fax..25954493

第一講堂 台北市承德路三段 277 號九樓

禪淨班：週一晚班、週三晚班、週四晚班、週五晚班、週六下午班、週六上午班（共修期間二年半，全程免費。皆須報名建立學籍後始可參加共修，欲報名者詳見本公告末頁。）

進階班：週一晚班、週三晚班、週四晚班、週五晚班（禪淨班結業後轉入共修）。

增上班：瑜伽師地論詳解：每月單數週之週末 17.50～20.50。平實導師講解，2003 年 2 月開講至今，預計 2019 年圓滿，僅限已明心之會員參加。

禪門差別智：每月第一週日全天 平實導師主講（事冗暫停）。

大法鼓經詳解 詳解末法時代大乘佛法修行之道。佛教正法消毒妙藥塗於大鼓而以擊之，凡有眾生聞之者，一切邪見鉅毒悉皆消殞；此經即是大法鼓之正義，凡聞之者，所有邪見之毒悉皆滅除，見道不難；亦能發起菩薩無量功德，是故諸大菩薩遠從諸方佛土來此娑婆聞修此經。平實導師主講，定於 2017 年 12 月底起，每逢周二晚上開講，第一至第六講堂都可同時聽聞，歡迎已發成佛大願的菩薩種性學人，攜眷共同參與此殊勝法會現場聞法，不限制聽講資格。本會學員憑上課證進入第一至第四講堂聽講，會外學人請以身分證件換證進入聽講（此爲大樓管理處安全管理規定之要求，敬請諒解）；第五及第六講堂（B1、B2）對外開放，不需出示任何證件，請由大樓側門直接進入。

第二講堂 台北市承德路三段 267 號十樓。

禪淨班：週一晚上班。

進階班：週三晚班、週四晚班、週五晚班、週六下午班。禪淨班結業後轉入共修。

大法鼓經詳解：平實導師講解。每週二 18.50~20.50 影像音聲即時傳輸

第三講堂 台北市承德路三段 277 號五樓。

禪淨班：週六下午班。

進階班：週一晚班、週三晚班、週四晚班、週五晚班。

大法鼓經詳解：平實導師講解。每週二 18.50~20.50 影像音聲即時傳輸

第四講堂 台北市承德路三段 267 號二樓。

進階班：週一晚上班、週三晚上班、週四晚上班（禪淨班結業後轉入共修）。

大法鼓經詳解：平實導師講解。每週二 18.50~20.50 影像音聲即時傳輸

第五、第六講堂

念佛班 每週日晚上，第六講堂共修（B2），一切求生極樂世界的三寶弟子皆可參加，不限制共修資格。

進階班：週一晚班、週三晚班、週四晚班。

大法鼓經詳解：平實導師講解。每週二 18.50~20.50 影像音聲即時傳輸。第五、第六講堂為**開放式講堂**，不需以身分證件換證即可進入聽講，台北市承德路三段 267 號地下一樓、地下二樓。每逢週二晚上講經時段開放給會外人士自由聽經，請由大樓側面梯階逕行進入聽講。**聽講者請尊重講者的著作權及肖像權，請勿錄音錄影，以免違法；若有錄音錄影被查獲者，將依法處理。**

正覺祖師堂 大溪區美華里信義路 650 巷坑底 5 之 6 號（台 3 號省道 34 公里處 妙法寺對面斜坡道進入）電話 03-3886110 傳眞 03-3881692 本堂供奉 克勤圓悟大師，專供會員每年四月、十月各三次精進禪三共修，兼作本會出家菩薩掛單常住之用。除禪三時間以外，每逢單月第一週之週日 9:00~17:00 開放會內、外人士參訪，當天並提供午齋結緣。教內共修團體或道場，得另申請其餘時間作團體參訪，務請事先與常住確定日期，以便安排常住菩薩接引導覽，亦免妨礙常住菩薩之日常作息及修行。

桃園正覺講堂（第一、第二講堂）：桃園市介壽路 286、288 號 10 樓（陽明運動公園對面）電話：03-3749363(請於共修時聯繫，或與台北聯繫)

禪淨班：週一晚上班（1）、週一晚上班（2）、週三晚上班、週四晚上班、週五晚上班。

進階班：週四晚班、週五晚班、週六上午班。

增上班：雙週六晚上班（增上重播班）。

大法鼓經詳解：平實導師講解。每週二晚上，以台北正覺講堂所錄 DVD 放映；歡迎會外學人共同聽講，不需出示身分證件。

新竹正覺講堂 新竹市東光路 55 號二樓之一 電話 03-5724297（晚上）

第一講堂：

禪淨班：週一晚上班、週五晚上班、週六上午班。

進階班：週三晚上班、週四晚上班（由禪淨班結業後轉入共修）。

增上班：單週六晚上班。雙週六晚上班（重播班）。

大法鼓經詳解：平實導師講解。每週二晚上，以台北正覺講堂所錄 DVD 放映。歡迎會外學人共同聽講，不需出示身分證件。

第二講堂：

禪淨班：週三晚上班、週四晚上班。

大法鼓經詳解：每週二晚上與第一講堂同時播放佛藏經詳解 DVD。

第三、第四講堂：裝修完畢，即將開放。

台中正覺講堂　04-23816090（晚上）

第一講堂　台中市南屯區五權西路二段 666 號 13 樓之四（國泰世華銀行樓上。鄰近縣市經第一高速公路前來者，由五權西路交流道可以快速到達，大樓旁有停車場，對面有素食館）。

禪淨班：週三晚上班、週四晚上班。

進階班：週一晚上班、週六上午班（由禪淨班結業後轉入共修）。

增上班：**增上班**：單週六晚上班。雙週六晚上班（重播班）。

大法鼓經詳解：平實導師講解。每週二晚上，以台北正覺講堂所錄 DVD 放映。歡迎會外學人共同聽講，不需出示身分證件。

第二講堂　台中市南屯區五權西路二段 666 號 4 樓

禪淨班：週一晚上班、週三晚上班、週六上午班。

進階班：週五晚上班（由禪淨班結業後轉入共修）。

大法鼓經詳解：每週二晚上與第一講堂同時播放佛藏經詳解 DVD。

第三講堂、第四講堂：台中市南屯區五權西路二段 666 號 4 樓。

嘉義正覺講堂　嘉義市友愛路 288 號八樓之一　電話：05-2318228

第一講堂：

禪淨班：週一晚上班、週四晚上班、週五晚上班、週六上午班。

進階班：週三晚上班（由禪淨班結業後轉入共修）。

增上班：單週六晚上班。雙週六晚上班（重播班）。

大法鼓經詳解：平實導師講解。每週二晚上，以台北正覺講堂所錄 DVD 放映。歡迎會外學人共同聽講，不需出示身分證件。

第二講堂　嘉義市友愛路 288 號八樓之二。

台南正覺講堂

第一講堂　台南市西門路四段 15 號 4 樓。06-2820541（晚上）

禪淨班：週一晚上班、週三晚上班、週四晚上班、週五晚上班、週六下午班。

增上班：**增上班**：單週六晚上班。雙週六晚上班（重播班）。

大法鼓經詳解：平實導師講解。每週二晚上，以台北正覺講堂所錄 DVD 放映。歡迎會外學人共同聽講，不需出示身分證件。

第二講堂　台南市西門路四段 15 號 3 樓。

大法鼓經詳解：每週二晚上與第一講堂同時播放佛藏經詳解 DVD。

第三講堂　台南市西門路四段 15 號 3 樓。

進階班：週三晚上班、週四晚上班、週六上午班（由禪淨班結業後轉入共修）。

大法鼓經詳解：每週二晚上與第一講堂同時播放佛藏經詳解 DVD。

高雄正覺講堂　高雄市新興區中正三路 45 號五樓 07-2234248（晚上）

第一講堂（五樓）：

禪淨班：週一晚班、週三晚班、週四晚班、週五晚班、週六上午班。

增上班：單週週末下午，以台北增上班課程錄成 DVD 放映之，限已明心之會員參加。

大法鼓經詳解：平實導師講解。每週二晚上，以台北正覺講堂所錄 DVD 放映。歡迎會外學人共同聽講，不需出示身分證件。

第二講堂（四樓）：

進階班：週三晚上班、週四晚上班、週六上午班（由禪淨班結業後轉入共修）。

大法鼓經詳解：每週二晚上與第一講堂同時播放佛藏經詳解 DVD。

第三講堂（三樓）：

進階班：週四晚班（由禪淨班結業後轉入共修）。

香港正覺講堂　**☆已遷移新址☆**

九龍觀塘，成業街 10 號，電訊一代廣場 27 樓 E 室。

（觀塘地鐵站 B1 出口，步行約 4 分鐘）。電話：(852) 23262231

英文地址：Unit E，27th Floor, TG Place, 10 Shing Yip Street, Kwun Tong, Kowloon

禪淨班：雙週六下午班 14:30-17:30，已經額滿。
雙週日下午班 14:30-17:30。
單週六下午班 14:30-17:30，已經額滿。

進階班：雙週五晚上班（由禪淨班結業後轉入共修）。

增上班：單週週末上午，以台北增上班課程錄成 DVD 放映之。

增上重播班：雙週週末上午，以台北增上班課程錄成 DVD 放映之。

大法鼓經詳解：平實導師講解。雙週六 19:00-21:00，以台北正覺講堂所錄 DVD 放映；歡迎會外學人共同聽講，不需出示身分證件。

美國洛杉磯正覺講堂　**☆已遷移新址☆**

825 S. Lemon Ave Diamond Bar, CA 91789 U.S.A.
Tel. (909) 595-5222（請於週六 9:00~18:00 之間聯繫）
Cell. (626) 454-0607

禪淨班：每逢週末 15：30~17：30 上課。

進階班：每逢週末上午 10：00~12：00 上課。

大法鼓經詳解：平實導師講解。每週六下午 13：00~15：00 以台北所錄 DVD 放映。歡迎各界人士共享第一義諦無上法益，不需報名。

二、招生公告 本會台北講堂及全省各講堂、香港講堂，每逢四月、十月下旬開新班，每週共修一次（每次二小時。開課日起三個月內仍可插班）；但美國洛杉磯共修處之禪淨班得隨時插班共修。各班共修期間皆爲二年半，全程免費，欲參加者請向本會函索報名表（各共修處皆於共修時間方有人執事，非共修時間請勿電詢或前來洽詢、請書），或直接從本會官方網站(http://www.enlighten.org.tw/newsflash/class)或成佛之道網站下載報名表。共修期滿時，若經報名禪三審核通過者，可參加四天三夜之禪三精進共修，有機會明心、取證如來藏，發起般若實相智慧，成爲實義菩薩，脫離凡夫菩薩位。

三、新春禮佛祈福 農曆年假期間停止共修：自農曆新年前七天起停止共修與弘法，正月 8 日起回復共修、弘法事務。新春期間正月初一～初七 9.00～17.00 開放台北講堂、正月初一~初三開放桃園、新竹、台中、嘉義、台南、高雄講堂，以及大溪禪三道場（正覺祖師堂），方便會員供佛、祈福及會外人士請書。美國洛杉磯共修處之休假時間，請逕詢該共修處。

密宗四大派修雙身法，是外道性力派的邪法；又以生滅的識陰作為常住法，是常見外道，是假的藏傳佛教。

西藏覺囊巴以他空見弘揚第八識如來藏勝法，才是真藏傳佛教

佛教正覺同修會　弘法行事表　2017/12/07

1、**禪淨班**　以無相念佛及拜佛方式修習動中定力，實證一心不亂功夫。傳授解脫道正理及第一義諦佛法，以及參禪知見。共修期間：二年六個月。每逢四月、十月開新班，詳見招生公告表。

2、**進階班**　禪淨班畢業後得轉入此班，進修更深入的佛法，期能證悟明心。各地講堂各有多班，繼續深入佛法、增長定力，悟後得轉入增上班修學道種智，期能證得無生法忍。

3、**增上班 瑜伽師地論**詳解　詳解論中所言凡夫地至佛地等 17 師之修證境界與理論，從凡夫地、聲聞地……宣演到諸地所證無生法忍、一切種智之眞實正理。由平實導師開講，每逢一、三、五週之週末晚上開示，僅限已明心之會員參加。2003 年二月開講至今，預定 2019 年講畢。

4、**大法鼓經**詳解　詳解末法時代大乘佛法修行之道。佛教正法消毒妙藥塗於大鼓而以擊之，凡有眾生聞之者，一切邪見鉅毒悉皆消殞；此經即是大法鼓之正義，凡聞之者，所有邪見之毒悉皆滅除，見道不難；亦能發起菩薩無量功德，是故諸大菩薩遠從諸方佛土來此娑婆聞修此經。平實導師主講。定於 2017 年 12 月底開講，歡迎已發成佛大願的菩薩種性學人，攜眷共同參與此殊勝法會聽講。

本經破「有」而顯涅槃，以此名爲眞實的「法」；眞法即是第八識如來藏，《金剛經》《法華經》中亦名之爲「此經」。若墮在「有」中，皆名「非法」，「有」即是五陰、六入、十二處、十八界及內我所、外我所，皆非眞實法。若人如是俱說「法」與「非法」而宣揚佛法，名爲擊大法鼓；如是依「法」而捨「非法」，據以建立山門而爲眾說法，方可名爲眞正的法鼓山。此經中說，以「此經」爲菩薩道之本，以證得「此經」之正知見及法門作爲度人之「法」，方名眞實佛法，否則盡名「非法」。本經中對法與非法、有與涅槃，有深入之闡釋，歡迎教界一切善信（不論初機或久學菩薩），一同親沐 如來聖教，共沾法喜。由平實導師詳解。不限制聽講資格。

5、**精進禪三**　主三和尚：平實導師。於四天三夜中，以克勤圓悟大師及大慧宗杲之禪風，施設機鋒與小參、公案密意之開示，幫助會員剋期取證，親證不生不滅之眞實心——人人本有之如來藏。每年四月、十月各舉辦二個梯次；平實導師主持。僅限本會會員參加禪淨班共修期滿，報名審核通過者，方可參加。並選擇會中定力、慧力、福德三條件皆已具足之已明心會員，給以指引，令得眼見自己無形無相之佛性遍布山河大地，眞實而無障礙，得以肉眼現觀世界身心悉皆如幻，具足成就如幻觀，圓滿十住菩薩之證境。

6、**不退轉法輪經**詳解　本經所說妙法極爲甚深難解，時至末法，已然無有知者；而其甚深絕妙之法，流傳至今依舊多人可證，顯示佛學眞是義學而非玄談，其中甚深極妙令人拍案稱絕之第一義諦妙義，平實導師將會加以解說。待《大法鼓經》宣講完畢時繼續宣講此經。

7、**阿含經**詳解　選擇重要之阿含部經典，依無餘涅槃之實際而加以詳解，令大眾得以現觀諸法緣起性空，亦復不墮斷滅見中，顯示經中所隱說之涅槃實際—如來藏—確實已於四阿含中隱說；令大眾得以聞後觀行，確實斷除我見乃至我執，證得**見到**眞現觀，乃至**身證**……等眞現觀；已得大乘或二乘見道者，亦可由此聞熏及聞後之觀行，除斷我所之貪著，成就慧解脫果。由平實導師詳解。不限制聽講資格。

8、**解深密經**詳解　重講本經之目的，在於令諸已悟之人明解大乘法道之成佛次第，以及悟後進修一切種智之內涵，確實證知三種自性性，並得據此證解七眞如、十眞如等正理。每逢週二 18.50~20.50 開示，由平實導師詳解。將於《大法鼓經》講畢後開講。不限制聽講資格。

9、**成唯識論**詳解　詳解一切種智眞實正理，詳細剖析一切種智之微細深妙廣大正理；並加以舉例說明，使已悟之會員深入體驗所證如來藏之微密行相；及證驗見分相分與所生一切法，皆由如來藏—阿賴耶識—直接或展轉而生，因此證知一切法無我，證知無餘涅槃之本際。將於增上班《瑜伽師地論》講畢後，由平實導師重講。僅限已明心之會員參加。

10、**精選如來藏系經典**詳解　精選如來藏系經典一部，詳細解說，以此完全印證會員所悟如來藏之眞實，得入不退轉住。另行擇期詳細解說之，由平實導師講解。僅限已明心之會員參加。

11、**禪門差別智**　藉禪宗公案之微細淆訛難知難解之處，加以宣說及剖析，以增進明心、見性之功德，啓發差別智，建立擇法眼。每月第一週日全天，由平實導師開示，僅限破參明心後，復又眼見佛性者參加（事冗暫停）。

12、**枯木禪**　先講智者大師的《小止觀》，後說《釋禪波羅蜜》，詳解四禪八定之修證理論與實修方法，細述一般學人修定之邪見與岔路，及對禪定證境之誤會，消除枉用功夫、浪費生命之現象。已悟般若者，可以藉此而實修初禪，進入大乘通教及聲聞教的三果心解脫境界，配合應有的大福德及後得無分別智、十無盡願，即可進入初地心中。親教師：平實導師。未來緣熟時將於正覺寺開講。不限制聽講資格。

註：本會例行年假，自 2004 年起，改爲每年農曆新年前七天開始停息弘法事務及共修課程，農曆正月 8 日回復所有共修及弘法事務。新春期間（每日 9.00~17.00）開放台北講堂，方便會員禮佛祈福及會外人士請書。大溪區的正覺祖師堂，開放參訪時間，詳見〈正覺電子報〉或成佛之道網站。本表得因時節因緣需要而隨時修改之，不另作通知。

佛教正覺同修會　贈閱書籍 目錄　2015/09/29

1.**無相念佛**　平實導師著　回郵 10 元
2.**念佛三昧修學次第**　平實導師述著　回郵 25 元
3.**正法眼藏—護法集**　平實導師述著　回郵 35 元
4.**真假開悟簡易辨正法&佛子之省思**　平實導師著　回郵 3.5 元
5.**生命實相之辨正**　平實導師著　回郵 10 元
6.**如何契入念佛法門**（附：印順法師否定極樂世界）平實導師著　回郵 3.5 元
7.**平實書箋**—答元覽居士書　平實導師著　回郵 35 元
8.**三乘唯識**—如來藏系經律彙編　平實導師編　回郵 80 元
（精裝本　長 27 cm　寬 21 cm　高 7.5 cm　重 2.8 公斤）
9.**三時繫念全集**—修正本　回郵掛號 40 元（長 26.5 cm×寬 19 cm）
10.**明心與初地**　平實導師述　回郵 3.5 元
11.**邪見與佛法**　平實導師述著　回郵 20 元
12.**菩薩正道**—回應義雲高、釋性圓…等外道之邪見　正燦居士著　回郵 20 元
13.**甘露法雨**　平實導師述　回郵 20 元
14.**我與無我**　平實導師述　回郵 20 元
15.**學佛之心態**—修正錯誤之學佛心態始能與正法相應　孫正德老師著　回郵35元
附錄：平實導師著**《略說八、九識並存…等之過失》**
16.**大乘無我觀**—《悟前與悟後》別說　平實導師述著　回郵 20 元
17.**佛教之危機**—中國台灣地區現代佛教之真相（附錄：公案拈提六則）
平實導師著　回郵 25 元
18.**燈　影**—燈下黑（覆「求教後學」來函等）　平實導師著　回郵 35 元
19.**護法與毀法**—覆上平居士與徐恒志居士網站毀法二文
張正圜老師著　回郵 35 元
20.**淨土聖道**—兼評**選擇本願念佛**　正德老師著　**由正覺同修會購贈**　回郵 25 元
21.**辨唯識性相**—對「紫蓮心海《辯唯識性相》書中否定阿賴耶識」之回應
正覺同修會 台南共修處法義組 著　回郵 25 元
22.**假如來藏**—對法蓮法師《如來藏與阿賴耶識》書中否定阿賴耶識之回應
正覺同修會 台南共修處法義組 著　回郵 35 元
23.**入不二門**—公案拈提集錦 第一輯（於平實導師公案拈提諸書中選錄約二十則，
合輯爲一冊流通之）平實導師著　回郵 20 元
24.**真假邪說**—西藏密宗索達吉喇嘛《破除邪說論》真是邪說
釋正安法師著　回郵 35 元
25.**真假開悟**—真如、如來藏、阿賴耶識間之關係　平實導師述著　回郵 35 元
26.**真假禪和**—辨正釋傳聖之謗法謬說　孫正德老師著　回郵 30 元

27.**眼見佛性**—駁慧廣法師**眼見佛性的含義**文中謬說

游正光老師著　回郵 25 元

28.**普門自在**—公案拈提集錦 第二輯（於平實導師公案拈提諸書中選錄約二十則，合輯爲一冊流通之）平實導師著　回郵 25 元

29.**印順法師的悲哀**—以現代禪的質疑為線索　恒毓博士著　回郵 25 元

30.**識蘊真義**—現觀識蘊內涵、取證初果、親斷三縛結之具體行門。
—依《成唯識論》及《惟識述記》正義，略顯安慧《大乘廣五蘊論》之邪謬

平實導師著　回郵 35 元

31.**正覺電子報** 各期紙版本　免附回郵　每次最多函索三期或三本。
（已無存書之較早各期，不另增印贈閱）

32.**現代人應有的宗教觀**　蔡正禮老師 著　回郵 3.5 元

33.**遠惑趣道**—正覺電子報般若信箱問答錄　第一輯　回郵 20 元

34.**遠惑趣道**—正覺電子報般若信箱問答錄　第二輯　回郵 20 元

35.**確保您的權益**—器官捐贈應注意自我保護　游正光老師 著　回郵 10 元

36.**正覺教團電視弘法三乘菩提 DVD 光碟（一）**

由正覺教團多位親教師共同講述錄製 DVD 8 片，MP3 一片，共 9 片。有二大講題：一爲「三乘菩提之意涵」，二爲「學佛的正知見」。內容精闢，深入淺出，精彩絕倫，幫助大眾快速建立三乘法道的正知見，免被外道邪見所誤導。有志修學三乘佛法之學人不可不看。（製作工本費 100 元，回郵 25 元）

37.**正覺教團電視弘法 DVD 專輯（二）**

總有二大講題：一爲「三乘菩提之念佛法門」，一爲「學佛正知見(第二篇)」，由正覺教團多位親教師輪番講述，內容詳細闡述如何修學念佛法門、實證念佛三昧，以及學佛應具有的正確知見，可以幫助發願往生西方極樂淨土之學人，得以把握往生，更可令學人快速建立三乘法道的正知見，免於被外道邪見所誤導。有志修學三乘佛法之學人不可不看。（一套 17 片，工本費 160 元。回郵 35 元）

38.**佛藏經** 燙金精裝本　每冊回郵 20 元。正修佛法之道場欲大量索取者，請正式發函並蓋用大印寄來索取（2008.04.30 起開始敬贈）

39.**喇嘛性世界**—揭開假藏傳佛教譚崔瑜伽的面紗　張善思 等人合著

由正覺同修會購贈　回郵 20 元

40.**假藏傳佛教的神話**—性、謊言、喇嘛教　張正玄教授編著　回郵 20 元

由正覺同修會購贈　回郵 20 元

41.**隨　緣**—理隨緣與事隨緣　平實導師述　回郵 20 元。

42.**學佛的覺醒**　正枝居士 著　回郵 25 元

43.**導師之真實義**　蔡正禮老師 著　回郵 10 元

44.**淺談達賴喇嘛之雙身法**—兼論解讀「密續」之達文西密碼

吳明芷居士 著　回郵 10 元

45.**魔界轉世**　張正玄居士 著　回郵 10 元

46.**一貫道與開悟**　蔡正禮老師 著　回郵 10 元

47.**博愛**—愛盡天下女人　正覺教育基金會 編印　回郵 10 元

48.**意識虛妄經教彙編**—實證解脫道的關鍵經文　正覺同修會編印　回郵25元

49.**邪箭囈語**—破斥藏密外道多識仁波切《破魔金剛箭雨論》之邪說

陸正元老師著　上、下冊回郵各 30 元

50.**真假沙門**—依 佛聖教闡釋佛教僧寶之定義

蔡正禮老師著　俟正覺電子報連載後結集出版

51.**真假禪宗**—藉評論釋性廣《印順導師對變質禪法之批判

及對禪宗之肯定》以顯示真假禪宗

附論一：凡夫知見 無助於佛法之信解行證

附論二：世間與出世間一切法皆從如來藏實際而生而顯

余正偉老師著　俟正覺電子報連載後結集出版　回郵未定

52.**假鋒虛焰金剛乘**—揭示顯密正理，兼破索達吉師徒《般若鋒兮金剛焰》。

釋正安 法師著　俟正覺電子報連載後結集出版

★ 上列贈書之郵資，係台灣本島地區郵資，大陸、港、澳地區及外國地區，請另計酌增（大陸、港、澳、國外地區之郵票不許通用）。尚未出版之書，請勿先寄來郵資，以免增加作業煩擾。

★ 本目錄若有變動，唯於後印之書籍及「成佛之道」網站上修正公佈之，不另行個別通知。

函索書籍請寄：佛教正覺同修會　103 台北市承德路 3 段 277 號 9 樓

台灣地區函索書籍者請附寄郵票，無時間購買郵票者可以等值現金抵用，但不接受郵政劃撥、支票、匯票。大陸地區得以人民幣計算，國外地區請以美元計算（請勿寄來當地郵票，在台灣地區不能使用）。欲以掛號寄遞者，請另附掛號郵資。

親自索閱：正覺同修會各共修處。　★請於共修時間前往取書，餘時無人在道場，請勿前往索取；共修時間與地點，詳見書末正覺同修會共修現況表（以近期之共修現況表爲準）。

註：正智出版社發售之局版書，請向各大書局購閱。若書局之書架上已經售出而無陳列者，請向書局櫃台指定洽購；若書局不便代購者，請於正覺同修會共修時間前往各共修處請購，正智出版社已派人於共修時間送書前往各共修處流通。 郵政劃撥購書及 大陸地區 購書，請詳別頁正智出版社發售書籍目錄最後頁之說明。

成佛之道 網站：http://www.a202.idv.tw　正覺同修會已出版之結緣書籍，多已登載於 成佛之道 網站，若住外國、或住處遙遠，不便取得正覺同修會贈閱書籍者，可以從本網站閱讀及下載。　書局版之《宗通與說通》亦已上網，台灣讀者可向書局洽購，售價 300 元。《狂密與眞密》第一輯~第四輯，亦於 2003.5.1.全部於本網站登載完畢；台灣地區讀者請向書局洽購，每輯約 400 頁，售價 300 元（網站下載紙張費用較貴，容易散失，難以保存，亦較不精美）。

＊＊假藏傳佛教修雙身法，非佛教＊＊

正智出版社 籌募弘法基金發售書籍目錄 2018/05/13

1.**宗門正眼**—公案拈提 第一輯 重拈 平實導師著 500元
因重寫內容大幅度增加故，字體必須改小，並增爲 576 頁 主文 546 頁。比初版更精彩、更有內容。初版《禪門摩尼寶聚》之讀者，可寄回本公司免費調換新版書。免附回郵，亦無截止期限。(2007 年起，每冊附贈本公司精製公案拈提〈超意境〉CD 一片。市售價格 280 元，多購多贈。)
2.**禪淨圓融** 平實導師著 200 元 (第一版舊書可換新版書。)
3.**真實如來藏** 平實導師著 400 元
4.**禪—悟前與悟後** 平實導師著 上、下冊，每冊 250 元
5.**宗門法眼**—公案拈提 第二輯 平實導師著 500 元
(2007 年起，每冊附贈本公司精製公案拈提〈超意境〉CD 一片)
6.**楞伽經詳解** 平實導師著 全套共 10 輯 每輯 250 元
7.**宗門道眼**—公案拈提 第三輯 平實導師著 500 元
(2007 年起，每冊附贈本公司精製公案拈提〈超意境〉CD 一片)
8.**宗門血脈**—公案拈提 第四輯 平實導師著 500 元
(2007 年起，每冊附贈本公司精製公案拈提〈超意境〉CD 一片)
9.**宗通與說通**—成佛之道 平實導師著 主文 381 頁 全書 400 頁售價 300 元
10.**宗門正道**—公案拈提 第五輯 平實導師著 500 元
(2007 年起，每冊附贈本公司精製公案拈提〈超意境〉CD 一片)
11.**狂密與真密 一～四輯** 平實導師著 西藏密宗是人間最邪淫的宗教，本質不是佛教，只是披著佛教外衣的印度教性力派流毒的喇嘛教。此書中將西藏密宗密傳之男女雙身合修樂空雙運所有祕密與修法，毫無保留完全公開，並將全部喇嘛們所不知道的部分也一併公開。內容比大辣出版社喧騰一時的《西藏慾經》更詳細。並且函蓋藏密的所有祕密及其錯誤的中觀見、如來藏見……等，藏密的所有法義都在書中詳述、分析、辨正。每輯主文三百餘頁 每輯全書約 400 頁 售價每輯 300 元
12.**宗門正義**—公案拈提 第六輯 平實導師著 500 元
(2007 年起，每冊附贈本公司精製公案拈提〈超意境〉CD 一片)
13.**心經密意**—心經與解脫道、佛菩提道、祖師公案之關係與密意 平實導師述 300 元
14.**宗門密意**—公案拈提 第七輯 平實導師著 500 元
(2007 年起，每冊附贈本公司精製公案拈提〈超意境〉CD 一片)
15.**淨土聖道**—兼評「選擇本願念佛」 正德老師著 200 元
16.**起信論講記** 平實導師述著 共六輯 每輯三百餘頁 售價各 250 元
17.**優婆塞戒經講記** 平實導師述著 共八輯 每輯三百餘頁 售價各 250 元
18.**真假活佛**—略論附佛外道盧勝彥之邪說（對前岳靈犀網站主張「盧勝彥是證悟者」之修正） 正犀居士（岳靈犀）著 流通價 140 元
19.**阿含正義**—唯識學探源 平實導師著 共七輯 每輯 300 元

20.**超意境** CD 以平實導師公案拈提書中超越意境之頌詞，加上曲風優美的旋律，錄成令人嚮往的超意境歌曲，其中包括正覺發願文及平實導師親自譜成的黃梅調歌曲一首。詞曲雋永，殊堪翫味，可供學禪者吟詠，有助於見道。內附設計精美的彩色小冊，解說每一首詞的背景本事。每片 280 元。【每購買公案拈提書籍一冊，即贈送一片。】

21.**菩薩底憂鬱** CD 將菩薩情懷及禪宗公案寫成新詞，並製作成超越意境的優美歌曲。1.主題曲〈菩薩底憂鬱〉，描述地後菩薩能離三界生死而迴向繼續生在人間，但因尚未斷盡習氣種子而有極深沈之憂鬱，非三賢位菩薩及二乘聖者所知，此憂鬱在七地滿心位方才斷盡；本曲之詞中所說義理極深，昔來所未曾見；此曲係以優美的情歌風格寫詞及作曲，聞者得以激發嚮往諸地菩薩境界之大心，詞、曲都非常優美，難得一見；其中勝妙義理之解說，已印在附贈之彩色小冊中。2.以各輯公案拈提中直示禪門入處之頌文，作成各種不同曲風之超意境歌曲，值得玩味、參究；聆聽公案拈提之優美歌曲時，請同時閱讀內附之印刷精美說明小冊，可以領會超越三界的證悟境界；未悟者可以因此引發求悟之意向及疑情，眞發菩提心而邁向求悟之途，乃至因此眞實悟入般若，成眞菩薩。3.正覺總持咒新曲，總持佛法大意；總持咒之義理，已加以解說並印在隨附之小冊中。本 CD 共有十首歌曲，長達 63 分鐘。每盒各附贈二張購書優惠券。每片 280 元。

22.**禪意無限** CD 平實導師以公案拈提書中偈頌寫成不同風格曲子，與他人所寫不同風格曲子共同錄製出版，幫助參禪人進入禪門超越意識之境界。盒中附贈彩色印製的精美解說小冊，以供聆聽時閱讀，令參禪人得以發起參禪之疑情，即有機會證悟本來面目而發起實相智慧，實證大乘菩提般若，能如實證知般若經中的眞實意。本 CD 共有十首歌曲，長達 69 分鐘，每盒各附贈二張購書優惠券。每片 280 元。

23.**我的菩提路**第一輯　釋悟圓、釋善藏等人合著　售價 300 元

24.**我的菩提路**第二輯　郭正益、張志成等人合著　售價 300 元

25.**我的菩提路**第三輯　王美伶等人合著　售價 300 元

26.**我的菩提路**第四輯　陳晏平等人合著　售價 300 元

27.**鈍鳥與靈龜**—考證後代凡夫對大慧宗杲禪師的無根誹謗。

平實導師著 共 458 頁 售價 350 元

28.**維摩詰經講記** 平實導師述 共六輯 每輯三百餘頁 售價各 250 元

29.**真假外道**—破劉東亮、杜大威、釋證嚴常見外道見　正光老師著　200 元

30.**勝鬘經講記**—兼論印順《勝鬘經講記》對於《勝鬘經》之誤解。

平實導師述　共六輯　每輯三百餘頁　售價 250 元

31.**楞嚴經講記** 平實導師述 共 **15** 輯，每輯三百餘頁 售價 300 元

32.**明心與眼見佛性**—駁慧廣〈蕭氏「眼見佛性」與「明心」之非〉文中謬說

正光老師著　共 448 頁　售價 300 元

33.**見性與看話頭** 黃正倖老師 著，本書是禪宗參禪的方法論。

內文 375 頁，全書 416 頁，售價 300 元。

34.**達賴真面目**—玩盡天下女人 白正偉老師 等著 中英對照彩色精裝大本 800 元

35.**喇嘛性世界**—揭開假藏傳佛教譚崔瑜伽的面紗 張善思 等人著 200 元

36.**假藏傳佛教的神話**—性、謊言、喇嘛教 正玄教授編著 200 元

37.**金剛經宗通** 平實導師述 共九輯 每輯售價 250 元。

38.**空行母**—性別、身分定位，以及藏傳佛教。

珍妮·坎貝爾著 呂艾倫 中譯 售價 250 元

39.**末代達賴**—性交教主的悲歌 張善思、呂艾倫、辛燕編著 售價 250 元

40.**霧峰無霧**—給哥哥的信 辨正釋印順對佛法的無量誤解

游宗明 老師著 售價 250 元

41.**第七意識與第八意識？**—穿越時空「超意識」

平實導師述 每冊 300 元

42.**黯淡的達賴**—失去光彩的諾貝爾和平獎

正覺教育基金會編著 每冊 250 元

43.**童女迦葉考**—論呂凱文〈佛教輪迴思想的論述分析〉之謬。

平實導師 著 定價 180 元

44.**人間佛教**—實證者必定不悖三乘菩提

平實導師 述，定價 400 元

45.**實相經宗通** 平實導師述 共八輯 每輯 250 元

46.**真心告訴您(一)**—達賴喇嘛在幹什麼？

正覺教育基金會編著 售價 250 元

47.**中觀金鑑**—詳述應成派中觀的起源與其破法本質

孫正德老師著 分爲上、中、下三冊，每冊 250 元

48.**藏傳佛教要義**—《狂密與真密》之簡體字版 平實導師 著 上、下冊

僅在大陸流通 每冊 300 元

49.**法華經講義** 平實導師述 共二十五輯 每輯 300 元

已於 2015/05/31 起開始出版，每二個月出版一輯

50.**西藏「活佛轉世」制度**—附佛、造神、世俗法

許正豐、張正玄老師合著 定價 150 元

51.**廣論三部曲** 郭正益老師著 定價 150 元

52.**真心告訴您(二)**—達賴喇嘛是佛教僧侶嗎？

—補祝達賴喇嘛八十大壽

正覺教育基金會編著 售價 300 元

53.**次法**—實證佛法前應有的條件

張善思居士著 分爲上、下二冊，每冊 250 元

54.**涅槃**—解說四種涅槃之實證及內涵 平實導師著 上下冊 各 350 元

預定 2018/09/30 出版上冊，11 月底出版下冊

55.**廣論之平議**—宗喀巴《菩提道次第廣論》之平議 正雄居士著

約二或三輯 俟正覺電子報連載後結集出版 書價未定

56.**末法導護**—對印順法師中心思想之綜合判攝 正慶老師著 書價未定

57.**菩薩學處**—菩薩四攝六度之要義　陸正元老師著　出版日期未定。
58.**八識規矩頌**詳解　○○居士 註解　出版日期另訂　書價未定。
59.**印度佛教史**—法義與考證。依法義史實評論印順《印度佛教思想史、佛教史地考論》之謬說　正偉老師著　出版日期未定　書價未定
60.**中國佛教史**—依中國佛教正法史實而論。○○老師 著　書價未定。
61.**中論正義**—釋龍樹菩薩《中論》頌正理。
孫正德老師著　出版日期未定　書價未定
62.**中觀正義**—註解平實導師《中論正義頌》。
○○法師（居士）著　出版日期未定　書價未定
63.**佛藏經講記**　平實導師述　出版日期未定　書價未定
64.**阿含經講記**—將選錄四阿含中數部重要經典全經講解之，講後整理出版。
平實導師述　約二輯　每輯 300 元　出版日期未定
65.**寶積經講記**　平實導師述　每輯三百餘頁 優惠價 300 元　出版日期未定
66.**解深密經講記**　平實導師述 約四輯　將於重講後整理出版
67.**成唯識論略解**　平實導師著　五～六輯　每輯300 元　出版日期未定
68.**修習止觀坐禪法要講記**　平實導師述　每輯三百餘頁
將於正覺寺建成後重講、以講記逐輯出版　出版日期未定
69.**無門關**—《無門關》公案拈提　平實導師著　出版日期未定
70.**中觀再論**—兼述印順《中觀今論》謬誤之平議。正光老師著 出版日期未定
71.**輪迴與超度**—佛教超度法會之真義。
○○法師（居士）著　出版日期未定　書價未定
72.**《釋摩訶衍論》平議**—對偽稱龍樹所造《釋摩訶衍論》之平議
○○法師（居士）著　出版日期未定　書價未定
73.**正覺發願文**註解—以真實大願為因 得證菩提
正德老師著　出版日期未定　書價未定
74.**正覺總持咒**—佛法之總持　正圜老師著　出版日期未定　書價未定
75.**三自性**—依四食、五蘊、十二因緣、十八界法，說三性三無性。
作者未定　出版日期未定
76.**道品**—從三自性說大小乘三十七道品　作者未定　出版日期未定
77.**大乘緣起觀**—依四聖諦七真如現觀十二緣起 作者未定　出版日期未定
78.**三德**—論解脫德、法身德、般若德。　作者未定　出版日期未定
79.**真假如來藏**—對印順《如來藏之研究》謬說之平議　作者未定 出版日期未定
80.**大乘道次第**　作者未定　出版日期未定　書價未定
81.**四緣**—依如來藏故有四緣。　作者未定　出版日期未定
82.**空之探究**—印順《空之探究》謬誤之平議　作者未定 出版日期未定
83.**十法義**—論阿含經中十法之正義　作者未定　出版日期未定
84.**外道見**—論述外道六十二見　作者未定　出版日期未定

正智出版社有限公司 書籍介紹

禪淨圓融：言淨土諸祖所未曾言，示諸宗祖師所未曾示；禪淨圓融，另闢成佛捷徑，兼顧自力他力，闡釋淨土門之速行易行道，亦同時揭櫫聖教門之速行易行道；令廣大淨土行者得免緩行難證之苦，亦令聖道門行者得以藉著淨土速行道而加快成佛之時劫。乃前無古人之超勝見地，非一般弘揚禪淨法門典籍也，先讀爲快。平實導師著 200元。

宗門正眼—公案拈提第一輯：繼承克勤圜悟大師碧巖錄宗旨之禪門鉅作。先則舉示當代大法師之邪說，消弭當代禪門大師鄉愿之心態，摧破當今禪門「世俗禪」之妄談；次則旁通教法，表顯宗門正理；繼以道之次第，消弭古今狂禪；後藉言語及文字機鋒，直示宗門入處。悲智雙運，禪味十足，數百年來難得一睹之禪門鉅著也。平實導師著　500元（原初版書《禪門摩尼寶聚》，改版後補充爲五百餘頁新書，總計多達二十四萬字，內容更精彩，並改名爲《宗門正眼》，讀者原購初版《禪門摩尼寶聚》皆可寄回本公司免費換新，免附回郵，亦無截止期限）（2007年起，凡購買公案拈提第一輯至第七輯，每購一輯皆贈送本公司精製公案拈提〈超意境〉CD一片，市售價格280元，多購多贈）。

禪—悟前與悟後：本書能建立學人悟道之信心與正確知見，圓滿具足而有次第地詳述禪悟之功夫與禪悟之內容，指陳參禪中細微淆訛之處，能使學人明自眞心、見自本性。若未能悟入，亦能以正確知見辨別古今中外一切大師究係眞悟？或屬錯悟？便有能力揀擇，捨名師而選明師，後時必有悟道之緣。一旦悟道，遲者七次人天往返，便出三界，速者一生取辦。學人欲求開悟者，不可不讀。　平實導師著。上、下冊共500元，單冊250元。

真實如來藏：如來藏眞實存在，乃宇宙萬有之本體，並非印順法師、達賴喇嘛等人所說之「唯有名相、無此心體」。如來藏是涅槃之本際，是一切有智之人竭盡心智、不斷探索而不能得之生命實相；是古今中外許多大師自以爲悟而當面錯過之生命實相。如來藏即是阿賴耶識，乃是一切有情本自具足、不生不滅之眞實心。當代中外大師於此書出版之前所未能言者，作者於本書中盡情流露、詳細闡釋。眞悟者讀之，必能增益悟境、智慧增上；錯悟者讀之，必能檢討自己之錯誤，免犯大妄語業；未悟者讀之，能知參禪之理路，亦能以之檢查一切名師是否眞悟。此書是一切哲學家、宗教家、學佛者及欲昇華心智之人必讀之鉅著。　平實導師著　售價400元。

宗門法眼—公案拈提第二輯：列舉實例，闡釋土城廣欽老和尚之悟處；並直示這位不識字的老和尚妙智橫生之根由，繼而剖析禪宗歷代大德之開悟公案，解析當代密宗高僧卡盧仁波切之錯悟證據，並例舉當代顯宗高僧、大居士之錯悟證據（凡健在者，爲免影響其名聞利養，皆隱其名）。藉辨正當代名師之邪見，向廣大佛子指陳禪悟之正道，彰顯宗門法眼。悲勇兼出，強捋虎鬚；慈智雙運，巧探驪龍；摩尼寶珠在手，直示宗門入處，禪味十足；若非大悟徹底，不能爲之。禪門精奇人物，允宜人手一冊，供作參究及悟後印證之圭臬。本書於2008年4月改版，增寫爲大約500頁篇幅，以利學人研讀參究時更易悟入宗門正法，以前所購初版首刷及初版二刷舊書，皆可免費換取新書。平實導師著　500元（2007年起，凡購買公案拈提第一輯至第七輯，每購一輯皆贈送本公司精製公案拈提〈超意境〉CD一片，市售價格280元，多購多贈）。

宗門道眼—公案拈提第三輯：繼宗門法眼之後，再以金剛之作略、慈悲之胸懷、犀利之筆觸，舉示寒山、拾得、布袋三大士之悟處，消弭當代錯悟者對於寒山大士……等之誤會及誹謗。　亦舉出民初以來與虛雲和尚齊名之蜀郡鹽亭袁煥仙夫子——南懷瑾老師之師，其「悟處」何在？並蒐羅許多眞悟祖師之證悟公案，顯示禪宗歷代祖師之睿智，指陳部分祖師、奧修及當代顯密大師之謬悟，作爲殷鑑，幫助禪子建立及修正參禪之方向及知見。假使讀者閱此書已，一時尚未能悟，亦可一面加功用行，一面以此宗門道眼辨別眞假善知識，避開錯誤之印證及歧路，可免大妄語業之長劫慘痛果報。欲修禪宗之禪者，務請細讀。平實導師著　售價500元（2007年起，凡購買公案拈提第一輯至第七輯，每購一輯皆贈送本公司精製公案拈提〈超意境〉CD一片，市售價格280元，多購多贈）。

楞伽經詳解：本經是禪宗見道者印證所悟眞僞之根本經典，亦是禪宗見道者悟後起修之依據經典；故達摩祖師於印證二祖慧可大師之後，將此經典連同佛鉢祖衣一併交付二祖，令其依此經典佛示金言、進入修道位，修學一切種智。由此可知此經對於眞悟之人修學佛道，是非常重要之一部經典。此經能破外道邪說，亦破佛門中錯悟名師之謬說，亦破禪宗部分祖師之狂禪：不讀經典、一向主張「一悟即成究竟佛」之謬執。並開示愚夫所行禪、觀察義禪、攀緣如禪、如來禪等差別，令行者對於三乘禪法差異有所分辨；亦糾正禪宗祖師古來對於如來禪之誤解，嗣後可免以訛傳訛之弊。此經亦是法相唯識宗之根本經典，禪者悟後欲修一切種智而入初地者，必須詳讀。平實導師著，全套共十輯，已全部出版完畢，每輯主文約320頁，每冊約352頁，定價250元。

宗門血脈—公案拈提第四輯：末法怪象—許多修行人自以爲悟，每將無念靈知認作眞實；崇尚二乘法諸師及其徒眾，則將外於如來藏之緣起性空—無因論之無常空、斷滅空、一切法空—錯認爲 佛所說之般若空性。這兩種現象已於當今海峽兩岸及美加地區顯密大師之中普遍存在；人人自以爲悟，心高氣壯，便敢寫書解釋祖師證悟之公案，大多出於意識思惟所得，言不及義，錯誤百出，因此誤導廣大佛子同陷大妄語之地獄業中而不能自知。彼等書中所說之悟處，其實處處違背第一義經典之聖言量。彼等諸人不論是否身披袈裟，都非佛法宗門血脈，或雖有禪宗法脈之傳承，亦只徒具形式；猶如螟蛉，非眞血脈，未悟得根本眞實故。禪子欲知 佛、祖之眞血脈者，請讀此書，便知分曉。平實導師著，主文452頁，全書464頁，定價500元（2007年起，凡購買公案拈提第一輯至第七輯，每購一輯皆贈送本公司精製公案拈提〈超意境〉CD一片，市售價格280元，多購多贈）。

宗通與說通：古今中外，錯誤之人如麻似粟，每以常見外道所說之靈知心，認作眞心；或妄想虛空之勝性能量爲眞如，或錯認物質四大元素藉冥性（靈知心本體）能成就吾人色身及知覺，或認初禪至四禪中之了知心爲不生不滅之涅槃心。此等皆非通宗者之見地。復有錯悟之人一向主張「宗門與教門不相干」，此即尚未通達宗門之人也。其實宗門與教門互通不二，宗門所證者乃是眞如與佛性，故教門所說者乃說宗門證悟之眞如佛性，故教門與宗門不二。本書作者以宗教二門互通之見地，細說「宗通與說通」，從初見道至悟後起修之道、細說分明；並將諸宗諸派在整體佛教中之地位與次第，加以明確之教判，學人讀之即可了知佛法之梗概也。欲擇明師學法之前，允宜先讀。平實導師著，主文共381頁，全書392頁，只售成本價300元。

宗門正道—公案拈提第五輯：修學大乘佛法有二果須證—解脫果及大菩提果。二乘人不證大菩提果，唯證解脫果；此果之智慧，名爲聲聞菩提、緣覺菩提。大乘佛子所證二果之菩提果爲佛菩提，故名大菩提果，其慧名爲一切種智—函蓋二乘解脫果。然此大乘二果修證，須經由禪宗之宗門證悟方能相應。而宗門證悟極難，自古已然；其所以難者，咎在古今佛教界普遍存在三種邪見：1.以修定認作佛法，2.以無因論之緣起性空—否定涅槃本際如來藏以後之一切法空作爲佛法，3.以常見外道邪見（離語言妄念之靈知性）作爲佛法。如是邪見，或因自身正見未立所致，或因邪師之邪教導所致，或因無始劫來虛妄熏習所致。若不破除此三種邪見，永劫不悟宗門眞義、不入大乘正道，唯能外門廣修菩薩行。平實導師於此書中，有極爲詳細之說明，有志佛子欲摧邪見、入於內門修菩薩行者，當閱此書。主文共496頁，全書512頁。售價500元（2007年起，凡購買公案拈提第一輯至第七輯，每購一輯皆贈送本公司精製公案拈提〈超意境〉CD一片，市售價格280元，多購多贈）。

狂密與眞密：密教之修學，皆由有相之觀行法門而入，其最終目標仍不離顯教經典所說第一義諦之修證；若離顯教第一義經典、或違背顯教第一義經典，即非佛教。西藏密教之觀行法，如灌頂、觀想、遷識法、寶瓶氣、大聖歡喜雙身修法、喜金剛、無上瑜伽、大樂光明、樂空雙運等，皆是印度教兩性生生不息思想之轉化，自始至終皆以如何能運用交合淫樂之法達到全身受樂爲其中心思想，純屬欲界五欲的貪愛，不能令人超出欲界輪迴，更不能令人斷除我見；何況大乘之明心與見性，更無論矣！故密宗之法絕非佛法也。而其明光大手印、大圓滿法教，又皆同以常見外道所說離語言妄念之無念靈知心錯認爲佛地之眞如，不能直指不生不滅之眞如。西藏密宗所有法王與徒眾，都尚未開頂門眼，不能辨別眞僞，以依人不依法、依密續不依經典故，不肯將其上師喇嘛所說對照第一義經典，純依密續之藏密祖師所說爲準，因此而誇大其證德與證量，動輒謂彼祖師上師爲究竟佛、爲地上菩薩；如今台海兩岸亦有自謂其師證量高於 釋迦文佛者，然觀其師所述，猶未見道，仍在觀行即佛階段，尚未到禪宗相似即佛、分證即佛階位，竟敢標榜爲究竟佛及地上法王，誑惑初機學人。凡此怪象皆是狂密，不同於眞密之修行者。近年狂密盛行，密宗行者被誤導者極眾，動輒自謂已證佛地眞如，自視爲究竟佛，陷於大妄語業中而不知自省，反謗顯宗眞修實證者之證量粗淺；或如義雲高與釋性圓…等人，於報紙上公然誹謗眞實證道者爲「騙子、無道人、人妖、癩蛤蟆…」等，造下誹謗大乘勝義僧之大惡業；或以外道法中有爲有作之甘露、魔術……等法，誑騙初機學人，狂言彼外道法爲眞佛法。如是怪象，在西藏密宗及附藏密之外道中，不一而足，舉之不盡，學人宜應愼思明辨，以免上當後又犯毀破菩薩戒之重罪。密宗學人若欲遠離邪知邪見者，請閱此書，即能了知密宗之邪謬，從此遠離邪見與邪修，轉入眞正之佛道。平實導師著 共四輯 每輯約400頁（主文約340頁）每輯售價300元。

宗門正義—公案拈提第六輯：佛教有六大危機，乃是藏密化、世俗化、膚淺化、學術化、宗門密意失傳、悟後進修諸地之次第混淆；其中尤以宗門密意之失傳，爲當代佛教最大之危機。由宗門密意失傳故，易令 世尊本懷普被錯解，易令 世尊正法被轉易爲外道法，以及加以淺化、世俗化，是故宗門密意之廣泛弘傳與具緣佛弟子，極爲重要。然而欲令宗門密意之廣泛弘傳予具緣之佛弟子者，必須同時配合錯誤知見之解析、普令佛弟子知之，然後輔以公案解析之直示入處，方能令具緣之佛弟子悟入。而此二者，皆須以公案拈提之方式爲之，方易成其功、竟其業，是故平實導師續作宗門正義一書，以利學人。　全書500餘頁，售價500元（2007年起，凡購買公案拈提第一輯至第七輯，每購一輯皆贈送本公司精製公案拈提〈超意境〉CD一片，市售價格280元，多購多贈）。

心經密意—心經與解脫道、佛菩提道、祖師公案之關係與密意。二乘菩提所證之解脫道，實依第八識心之斷除煩惱障現行而立解脫之名；大乘菩提所證之佛菩提道，實依親證第八識如來藏之涅槃性、清淨自性、及其中道性而立般若之名；禪宗祖師公案所證之眞心，即是此第八識如來藏；是故三乘佛法所修所證之三乘菩提，皆依此如來藏心而立名也。此第八識如來藏，即是《心經》所說之心也。證得此如來藏已，即能漸入大乘佛菩提道，亦可因證知此心而了知二乘無學所不能知之無餘涅槃本際，是故《心經》之密意，與三乘佛菩提之關係極爲密切、不可分割，三乘佛法皆依此心而立名故。今者平實導師以其所證解脫道之無生智及佛菩提之般若種智，將《心經》與解脫道、佛菩提道、祖師公案之關係與密意，以演講之方式，用淺顯之語句和盤托出，發前人所未言，呈三乘菩提之眞義，令人藉此《心經密意》一舉而窺三乘菩提之堂奧，迴異諸方言不及義之說；欲求眞實佛智者、不可不讀！主文317頁，連同跋文及序文…等共384頁，售價300元。

宗門密意—公案拈提第七輯：佛教之世俗化，將導致學人以信仰作爲學佛，則將以感應及世間法之庇祐，作爲學佛之主要目標，不能了知學佛之主要目標爲親證三乘菩提。大乘菩提則以般若實相智慧爲主要修習目標，以二乘菩提解脫道爲附帶修習之標的；是故學習大乘法者，應以禪宗之證悟爲要務，能親入大乘菩提之實相般若智慧中故，般若實相智慧非二乘聖人所能知故。此書則以台灣世俗化佛教之三大法師，說法似是而非之實例，配合眞悟祖師之公案解析，提示證悟般若之關節，令學人易得悟入。平實導師著，全書五百餘頁，售價500元（2007年起，凡購買公案拈提第一輯至第七輯，每購一輯皆贈送本公司精製公案拈提〈超意境〉CD一片，市售價格280元，多購多贈）。

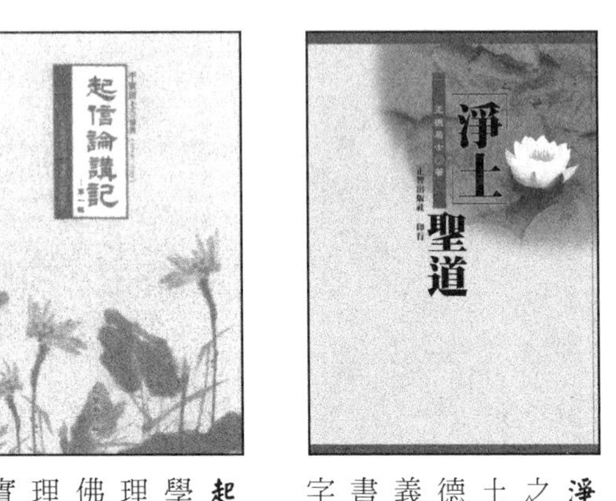

淨土聖道—兼評選擇本願念佛：佛法甚深極廣，般若玄微，非諸二乘聖僧所能知之，一切凡夫更無論矣！所謂一切證量皆歸淨土是也！是故大乘法中「聖道之淨土、淨土之聖道」，其義甚深，難可了知；乃至眞悟之人，初心亦難知也。今有正德老師眞實證悟後，復能深探淨土與聖道之緊密關係，憐憫衆生之誤會淨土實義，亦欲利益廣大淨土行人同入聖道，同獲淨土中之聖道門要義，乃振奮心神、書以成文，今得刊行天下。主文279頁，連同序文等共301頁，總有十一萬六千餘字，正德老師著，成本價200元。

起信論講記：詳解大乘起信論心生滅門與心眞如門之眞實意旨，消除以往大師與學人對起信論所說心生滅門之誤解，由是而得了知眞心如來藏之非常非斷中道正理；亦因此一講解，令此論以往隱晦而被誤解之眞實義，得以如實顯示，令大乘佛菩提道之正理得以顯揚光大；初機學者亦可藉此正論所顯示之法義，對大乘法理生起正信，從此得以眞發菩提心，眞入大乘法中修學，世世常修菩薩正行。平實導師演述，共六輯，都已出版，每輯三百餘頁，售價各250元。

優婆塞戒經講記：本經詳述在家菩薩修學大乘佛法，應如何受持菩薩戒？對人間善行應如何看待？對三寶應如何護持？應如何正確地修集此世後世證法之福德？應如何修集後世「行菩薩道之資糧」？並詳述第一義諦之正義：五蘊非我非異我、自作自受、異作異受、不作不受……等深妙法義，乃是修學大乘佛法、行菩薩行之在家菩薩所應當了知者。出家菩薩今世或未來世登地已，捨報之後多數將如華嚴經中諸大菩薩，以在家菩薩身而修行菩薩行，故亦應以此經所述正理而修之，配合《楞伽經、解深密經、楞嚴經、華嚴經》等道次第正理，方得漸次成就佛道；故此經是一切大乘行者皆應證知之正法。平實導師講述，每輯三百餘頁，售價各250元；共八輯，已全部出版。

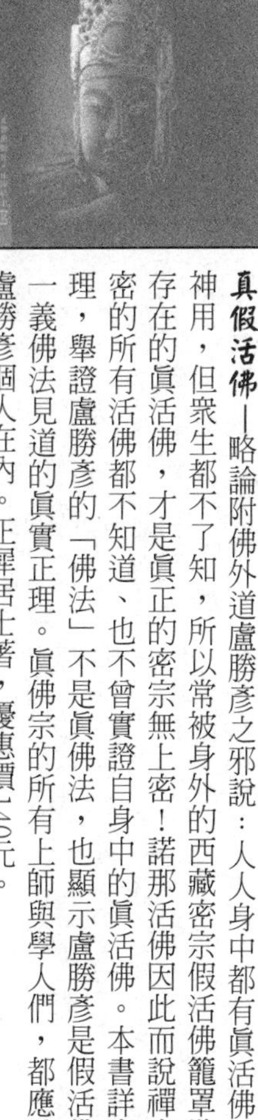

真假活佛—略論附佛外道盧勝彥之邪說：人人身中都有眞活佛，永生不滅而有大神用，但眾生都不了知，所以常被身外的西藏密宗假活佛籠罩欺瞞。本來就眞實存在的眞活佛，才是眞正的密宗無上密！諾那活佛因此而說禪宗是大密宗，但藏密的所有活佛都不知道、也不曾實證自身中的眞活佛。本書詳實宣示眞活佛的道理，舉證盧勝彥的「佛法」不是眞佛法，也顯示盧勝彥是假活佛，直接的闡釋第一義佛法見道的眞實正理。眞佛宗的所有上師與學人們，都應該詳細閱讀，包括盧勝彥個人在內。正犀居士著，優惠價140元。

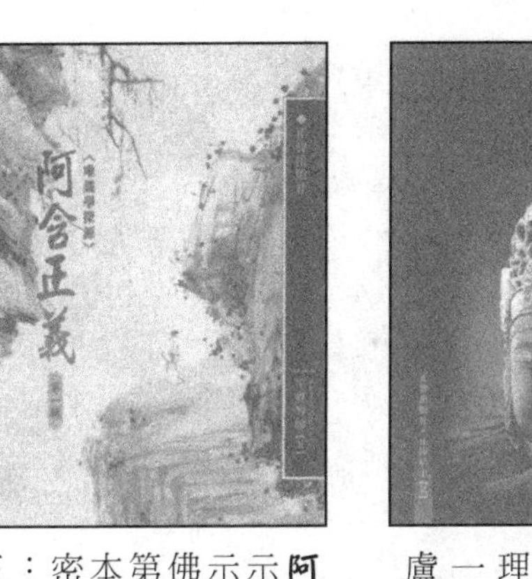

阿含正義—唯識學探源：廣說四大部《阿含經》諸經中隱說之眞正義理，一一舉示佛陀本懷，令阿含時期初轉法輪根本經典之眞義，如實顯現於佛子眼前。並提示末法大師對於阿含眞義誤解之實例，一一比對之，證實唯識增上慧學確於原始佛法之阿含諸經中已隱覆密意而略說之，證實 世尊確於原始佛法中已曾密意而說第八識如來藏之總相；亦證實 世尊在四阿含中已說此藏識是名色十八界之因、之本—證明如來藏是能生萬法之根本心。佛子可據此修正以往受諸大師（譬如西藏密宗應成派中觀師：印順、昭慧、性廣、大願、達賴、宗喀巴、寂天、月稱、……等人）誤導之邪見，建立正見，轉入正道乃至親證初果而無困難；書中並詳說三果所證的心解脫，以及四果慧解脫的親證，都是如實可行的具體知見與行門。全書共七輯，已出版完畢。平實導師著，每輯三百餘頁，售價300元。

超意境CD：以平實導師公案拈提書中超越意境之頌詞，加上曲風優美的旋律，錄成令人嚮往的超意境歌曲，其中包括正覺發願文及平實導師親自譜成的黃梅調歌曲一首。詞曲雋永，殊堪翫味，可供學禪者吟詠，有助於見道。內附設計精美的彩色小冊，解說每一首詞的背景本事。每片280元。【每購買公案拈提書籍一冊，即贈送一片。】

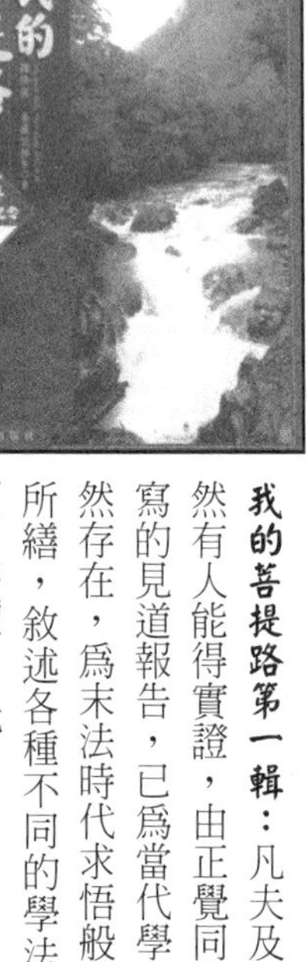

我的菩提路第一輯：凡夫及二乘聖人不能實證的佛菩提證悟，末法時代的今天仍然有人能得實證，由正覺同修會釋悟圓、釋善藏法師等二十餘位實證如來藏者所寫的見道報告，已爲當代學人見證宗門正法之絲縷不絕，證明大乘義學的法脈仍然存在，爲末法時代求悟般若之學人照耀出光明的坦途。由二十餘位大乘見道者所繕，敘述各種不同的學法、見道因緣與過程，參禪求悟者必讀。全書三百餘頁，售價300元。

我的菩提路第二輯：由郭正益老師等人合著，書中詳述彼等諸人歷經各處道場學法，一一修學而加以檢擇之不同過程以後，因閱讀正覺同修會、正智出版社書籍而發起抉擇分，轉入正覺同修會中修學；乃至學法及見道之過程，都一一詳述之。其中張志成等人係由前現代禪轉進正覺同修會，張志成原爲現代禪副宗長，以前未閱本會書籍時，曾被人藉其名義著文評論 平實導師（詳見《宗通與說通》辨正及《眼見佛性》書末附錄…等）；後因偶然接觸正覺同修會書籍，深覺以前聽人評論平實導師之語不實，於是投入極多時間閱讀本會書籍、深入思辨，詳細探索中觀與唯識之關聯與異同，認爲正覺之法義方是正法，深覺相應；亦解開多年來對佛法的迷雲，確定應依八識論正理修學方是正法。乃不顧面子，毅然前往正覺同修會面見平實導師懺悔，並正式學法求悟。今已與其同修王美伶（亦爲前現代禪傳法老師），同樣證悟如來藏而證得法界實相，生起實相般若眞智。此書中尚有七年來本會第一位眼見佛性者之見性報告一篇，一同供養大乘佛弟子。全書四百頁，售價300元。

我的菩提路第三輯：由王美伶老師等人合著。自從正覺同修會成立以來，每年夏初、冬初都舉辦精進禪三共修，藉以助益會中同修們得以證悟明心發起般若實相智慧；凡已實證而被平實導師印證者，皆書具見道報告用以證明佛法之眞實可證而非玄學，證明佛法並非純屬思想、理論而無實質，是故每年都能有人證明正覺同修會的「實證佛教」主張並非虛語。特別是眼見佛性一法，自古以來中國禪宗祖師實證者極寡，較之明心開悟的證境更難令人信受；至2017年初，正覺同修會中的證悟明心者已近五百人，然而其中眼見佛性者至今唯十餘人爾，可謂難能可貴，是故明心後欲冀眼見佛性者實屬不易。黃正倖老師是懸絕七年無人見性後的第一人，她於2009年的見性報告刊於本書的第二輯中，爲大眾證明佛性確實可以眼見；其後七年之中求見性者都屬解悟佛性而無人眼見，幸而又經七年後的2016冬初，以及2017夏初的禪三，復有三人眼見佛性，希冀鼓舞四眾佛子求見佛性之大心，今則具載一則於書末，顯示求見佛性之事實經歷，供養現代佛教界欲得見性之四眾弟子。全書四百頁，售價300元，預定2017年6月30日發行。

我的菩提路第四輯：由陳晏平等人著。中國禪宗祖師往往有所謂「見性」之言，所言多屬看見如來藏具有能令人發起成佛之自性，並非《大般涅槃經》中 如來所說之眼見佛性。眼見佛性者，於親見佛性之時，即能於山河大地眼見自己佛性，亦能於他人身上眼見自己佛性及對方之佛性，如是境界無法為尚未實證者解釋；勉強說之，縱使真實明心證悟之人聞之，亦只能以自身明心之境界想像之，但不論如何想像多屬非量，能有正確之比量者亦是稀有，故說眼見佛性極為困難。眼見佛性之人若所見極分明時，在所見佛性之境界下所眼見之山河大地、自己五蘊身心皆是虛幻，自有異於明心者之解脫功德受用，此後永不思證二乘涅槃，必定邁向成佛之道而進入第十住位中，已超第一阿僧祇劫三分有一，可謂之為超劫精進也。今又有明心之後眼見佛性之人出於人間，將其明心及後來見性之報告，連同其餘證悟明心者之精彩報告一同收錄於此書中，供養真求佛法實證之四眾佛子。全書380頁，售價300元，預定2018年6月30日發行。

鈍鳥與靈龜：鈍鳥及靈龜二物，被宗門證悟者說為二種人：前者是精修禪定而無智慧者，也是以定為禪的愚癡禪人；後者是或有禪定、或無禪定的宗門證悟者，凡已證悟者皆是靈龜。但後來被人虛造事實，用以嘲笑大慧宗杲禪師，說他雖是靈龜，卻不免被天童禪師預記「患背」痛苦而亡：「鈍鳥離巢易，靈龜脫殼難。」藉以貶低大慧宗杲的證量。同時將天童禪師實證如來藏的證量，曲解為意識境界的離念靈知。自從大慧禪師入滅以後，錯悟凡夫對他的不實毀謗就一直存在著，不曾止息，並且捏造的假事實也隨著年月的增加而越來越多，終至編成「鈍鳥與靈龜」的假公案、假故事。本書是考證大慧與天童之間的不朽情誼，顯現這件假公案的虛妄不實；更見大慧宗杲面對惡勢力時的正直不阿，亦顯示大慧對天童禪師的至情深義，將使後人對大慧宗杲的誣謗至此而止，不再有人誤犯毀謗賢聖的惡業。書中亦舉證宗門的所悟確以第八識如來藏為標的，詳讀之後必可改正以前被錯悟大師誤導的參禪知見，日後必定有助於實證禪宗的開悟境界，得階大乘真見道位中，即是實證般若之賢聖。全書459頁，售價350元。

維摩詰經講記：本經係 世尊在世時，由等覺菩薩維摩詰居士藉疾病而演說之大乘菩提無上妙義，所說函蓋甚廣，然極簡略，是故今時諸方大師與學人讀之悉皆錯解，何況能知其中隱含之深妙正義，是故普遍無法為人解說；若強為人說，則成依文解義而有諸多過失。今由平實導師公開宣講之後，詳實解釋其中密意，令維摩詰菩薩所說大乘不可思議解脫之深妙正法得以正確宣流於人間，利益當代學人及與諸方大師。書中詳實演述大乘佛法深妙不共二乘之智慧境界，顯示諸法之中絕待之實相境界，建立大乘菩薩妙道於永遠不敗不壞之地，以此成就護法偉功，欲冀永利娑婆人天。已經宣講圓滿整理成書流通，以利諸方大師及諸學人。全書共六輯，每輯三百餘頁，售價各250元。

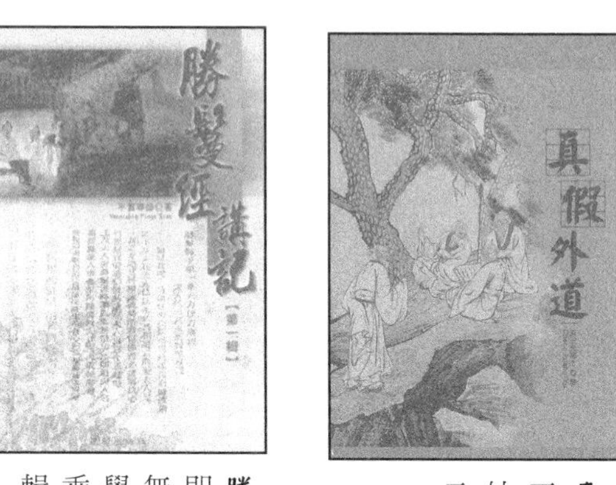

真假外道：本書具體舉證佛門中的常見外道知見實例，並加以教證及理證上的辨正，幫助讀者輕鬆而快速的了知常見外道的錯誤知見，進而遠離佛門內外的常見外道知見，因此即能改正修學方向而快速實證佛法。游正光老師著 。成本價200元。

勝鬘經講記：如來藏爲三乘菩提之所依，若離如來藏心體及其含藏之一切種子，即無三界有情及一切世間法，亦無二乘菩提緣起性空之出世間法；本經詳說無始無明、一念無明皆依如來藏而有之正理，藉著詳解煩惱障與所知障間之關係，令學人深入了知二乘菩提與佛菩提相異之妙理；聞後即可了知佛菩提之特勝處及三乘修道之方向與原理，邁向攝受正法而速成佛道的境界中。平實導師講述，共六輯，每輯三百餘頁，售價各250元。

楞嚴經講記：楞嚴經係密教部之重要經典，亦是顯教中普受重視之經典；經中宣說明心與見性之內涵極爲詳細，將一切法都會歸如來藏及佛性—妙眞如性；亦闡釋佛菩提道修學過程中之種種魔境，以及外道誤會涅槃之狀況，旁及三界世間之起源。然因言句深澀難解，法義亦復深妙寬廣，學人讀之普難通達，是故讀者大多誤會，不能如實理解佛所說之明心與見性內涵，亦因是故多有悟錯之人引爲開悟之證言，成就大妄語罪。今由平實導師詳細講解之後，整理成文，以易讀易懂之語體文刊行天下，以利學人。全書十五輯，全部出版完畢。每輯三百餘頁，售價每輯300元。

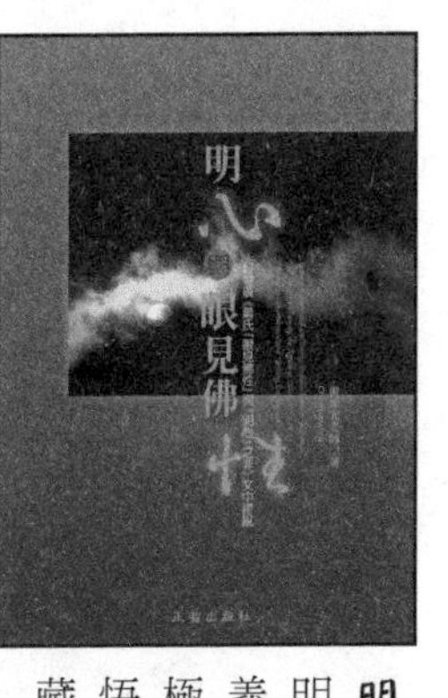

明心與眼見佛性：本書細述明心與眼見佛性之異同，同時顯示了中國禪宗破初參明心與重關眼見佛性二關之間的關聯；書中又藉法義辨正而旁述其他許多勝妙法義，讀後必能遠離佛門長久以來積非成是的錯誤知見，令讀者在佛法的實證上有極大助益。也藉慧廣法師的謬論來教導佛門學人回歸正知正見，遠離古今禪門錯悟者所墮的意識境界，非唯有助於斷我見，也對未來的開悟明心實證第八識如來藏有所助益，是故學禪者都應細讀之。游正光老師著　共448頁　售價300元。

菩薩底憂鬱CD：將菩薩情懷及禪宗公案寫成新詞，並製作成超越意境的優美歌曲。1.主題曲〈菩薩底憂鬱〉，描述地後菩薩能離三界生死而迴向繼續生在人間，但因尚未斷盡習氣種子而有極深沈之憂鬱，非三賢位菩薩及二乘聖者所知，此憂鬱在七地滿心位方才斷盡；本曲之詞中所說義理極深，昔來所未曾見；此曲係以優美的情歌風格寫詞及作曲，聞者得以激發嚮往諸地菩薩境界之大心，詞、曲都非常優美，難得一見；其中勝妙義理之解說，已印在附贈之彩色小冊中。2.以各輯公案拈提中直示禪門入處之頌文，作成各種不同曲風之超意境歌曲，值得玩味、參究；聆聽公案拈提之優美歌曲時，請同時閱讀內附之印刷精美說明小冊，可以領會超越三界的證悟境界；未悟者可以因此引發求悟之意向及疑情，真發菩提心而邁向求悟之途，乃至因此真實悟入般若，成真菩薩。3.正覺總持咒新曲，總持佛法大意；總持咒之義理，已加以解說並印在隨附之小冊中。本CD共有十首歌曲，長達63分鐘，附贈二張購書優惠券。每片280元。

禪意無限CD：平實導師以公案拈提書中偈頌寫成不同風格曲子，與他人所寫不同風格曲子共同錄製出版，幫助參禪人進入禪門超越意識之境界。盒中附贈彩色印製的精美解說小冊，以供聆聽時閱讀，令參禪人得以發起參禪之疑情，即有機會證悟本來面目，實證大乘菩提般若。本CD共有十首歌曲，長達69分鐘，每盒各附贈二張購書優惠券。每片280元。

金剛經宗通：三界唯心，萬法唯識，是成佛之修證內容，是諸地菩薩之所修；般若則是成佛之道（實證三界唯心、萬法唯識）的入門，若未證悟實相般若，即無成佛之可能，必將永在外門廣行菩薩六度，永在凡夫位中。然而實相般若的發起，全賴實證萬法的實相；若欲證知萬法的眞相，則必須探究萬法之所從來，則須實證自心如來—金剛心如來藏，然後現觀這個金剛心的金剛性、眞實性、如如性、清淨性、涅槃性、能生萬法的自性性、本住性，名爲證眞如；進而現觀三界六道唯是此金剛心所成，人間萬法須藉八識心王和合運作方能現起。如是實證《華嚴經》的「三界唯心、萬法唯識」以後，由此等現觀而發起實相般若智慧，繼續進修第十住位的如幻觀、第十行位的陽焰觀、第十迴向位的如夢觀，再生起增上意樂而勇發十無盡願，方能滿足三賢位的實證，轉入初地；自知成佛之道而無偏倚，從此按部就班、次第進修乃至成佛。第八識自心如來是般若智慧之所依，般若智慧的修證則要從實證金剛心自心如來開始；《金剛經》則是解說自心如來之經典，是一切三賢位菩薩所應進修之實相般若經典。這一套書，是將平實導師宣講的《金剛經》內容，整理成文字而流通之；書中所說義理，迥異古今諸家依文解義之說，指出大乘見道方向與理路，有益於禪宗學人求開悟見道，及轉入內門廣修六度萬行。講述完畢後結集出版，總共9輯，每輯約三百餘頁，售價各250元。

空行母—性別、身分定位，以及藏傳佛教：本書作者爲蘇格蘭哲學家，因爲嚮往佛教深妙的哲學內涵，於是進入當年盛行於歐美的假藏傳佛教密宗，擔任卡盧仁波切的翻譯工作多年以後，被邀請成爲卡盧的空行母（又名佛母、明妃），開始了她在密宗裡的實修過程；後來發覺在密宗雙身法中的修行，其實無法使自己成佛，也發覺密宗對女性岐視而處處貶抑，並剝奪女性在雙身法中擔任一半角色時應有的身分定位。當她發覺自己只是雙身法中被喇嘛利用的工具，沒有獲得絲毫應有的尊重與基本定位時，發現了密宗的父權社會控制女性的本質；於是作者傷心地離開了卡盧仁波切與密宗，但是卻被恐嚇不許講出她在密宗裡的經歷，也不許她說出自己對密宗的教義與教制下對女性剝削的本質，否則將被咒殺死亡。後來她去加拿大定居，十餘年後方才擺脫這個恐嚇陰影，下定決心將親身經歷的實情及觀察到的事實寫下來並且出版，公諸於世。出版之後，她被流亡的達賴集團人士大力攻訐，誣指她爲精神狀態失常、說謊……等。但有智之士並未被達賴集團的政治操作及各國政府政治運作吹捧達賴的表相所欺，使她的書銷售無阻而又再版。正智出版社鑑於作者此書是親身經歷的事實，所說具有針對「藏傳佛教」而作學術研究的價值，也有使人認清假藏傳佛教剝削佛母、明妃的男性本位實質，因此洽請作者同意中譯而出版於華人地區。珍妮·坎貝爾女士著，呂艾倫 中譯，每冊250元。

霧峰無霧—給哥哥的信　本書作者藉兄弟之間信件往來論義，略述佛法大義；並以多篇短文辨義，舉出釋印順對佛法的無量誤解證據，並一一給予簡單而清晰的辨正，令人一讀即知。久讀、多讀之後即能認清楚釋印順的六識論見解，與眞實佛法之牴觸是多麼嚴重；於是在久讀、多讀之後，於不知不覺之間提升了對佛法的極深入理解，正知正見就在不知不覺間建立起來了。當三乘佛法的正知見建立起來之後，對於三乘菩提的見道條件便將隨之具足，於是聲聞解脫道的見道也就水到渠成；接著大乘見道的因緣也將次第成熟，未來自然也會有親見大乘菩提之道的因緣，悟入大乘實相般若也將自然成功，自能通達般若系列諸經而成實義菩薩。作者居住於南投縣霧峰鄉，自喻見道之後不復再見霧峰之霧，故鄉原野美景一一明見，於是立此書名爲《霧峰無霧》；讀者若欲撥霧見月，可以此書爲緣。游宗明 老師著　售價250元。

假藏傳佛教的神話—性、謊言、喇嘛教：本書編著者是由一首名叫「阿姊鼓」的歌曲爲緣起，展開了序幕，揭開假藏傳佛教—喇嘛教—的神秘面紗。其重點是蒐集、摘錄網路上質疑「喇嘛教」的帖子，以揭穿「假藏傳佛教的神話」爲主題，串聯成書，並附加彩色插圖以及說明，讓讀者們瞭解西藏密宗及相關人事如何被操作爲「神話」的過程，以及神話背後的眞相。作者：張正玄教授。售價200元。

達賴眞面目—玩盡天下女人：假使您不想戴綠帽子，請記得詳細閱讀此書；假使您不想讓好朋友戴綠帽子，請您將此書介紹給您的好朋友。假使您想保護家中的女性，也想要保護好朋友的女眷，請記得將此書送給家中的女性和好友的女眷都來閱讀。本書爲印刷精美的大本彩色中英對照精裝本，爲您揭開達賴喇嘛的眞面目，內容精彩不容錯過，爲利益社會大眾，特別以優惠價格嘉惠所有讀者。編著者：白志偉等。大開版雪銅紙彩色精裝本。售價800元。

童女迦葉考—論呂凱文〈佛教輪迴思想的論述分析〉之謬：童女迦葉是佛世率領五百大比丘遊行於人間的歷史事實，是以童貞行而依止菩薩戒弘化於人間的大菩薩，不依別解脫戒（聲聞戒）來弘化於人間。這是大乘佛教與聲聞佛教同時存在於佛世的歷史明證，證明大乘佛教不是從聲聞法中分裂出來的部派佛教的產物，卻是聲聞佛教分裂出來的部派佛教聲聞凡夫僧所不樂見的史實；於是古今聲聞法中的凡夫都欲加以扭曲而作詭說，更是末法時代高聲大呼「大乘非佛說」的六識論聲聞凡夫極力想要扭曲的佛教史實之一，於是想方設法扭曲迦葉菩薩爲聲聞僧，以及扭曲迦葉童女爲比丘僧等荒謬不實之論著便陸續出現，古時聲聞僧寫作的《分別功德論》是最具體之事例，現代之代表作則是呂凱文先生的〈佛教輪迴思想的論述分析〉論文。鑑於如是假藉學術考證以籠罩大眾之不實謬論，未來仍將繼續造作及流竄於佛教界，繼續扼殺大乘佛教學人法身慧命，必須舉證辨正之，遂成此書。平實導師 著，每冊180元。

末代達賴—性交教主的悲歌：簡介從藏傳僞佛教（喇嘛教）的修行核心—性力派男女雙修，探討達賴喇嘛及藏傳僞佛教的修行內涵。書中引用外國知名學者著作、世界各地新聞報導，包含：歷代達賴喇嘛的祕史、達賴六世修雙身法的事蹟，以及《時輪續》中的性交灌頂儀式……等；達賴喇嘛書中開示的雙修法、達賴喇嘛的黑暗政治手段；達賴喇嘛所領導的寺院爆發喇嘛性侵兒童；新聞報導《西藏生死書》作者索甲仁波切性侵女信徒、澳洲喇嘛秋達公開道歉、美國最大假藏傳佛教組織領導人邱陽創巴仁波切的性氾濫，等等事件背後眞相的揭露。作者：張善思、呂艾倫、辛燕。售價250元。

黯淡的達賴—失去光彩的諾貝爾和平獎：本書舉出很多證據與論述，詳述達賴喇嘛不爲世人所知的一面，顯示達賴喇嘛並不是眞正的和平使者，而是假借諾貝爾和平獎的光環來欺騙世人；透過本書的說明與舉證，讀者可以更清楚的瞭解，達賴喇嘛是結合暴力、黑暗、淫欲於喇嘛教裡的集團首領，其政治行爲與宗教主張，早已讓諾貝爾和平獎的光環染污了。　本書由財團法人正覺教育基金會寫作、編輯，由正覺出版社印行，每冊250元。

第七意識與第八意識？—穿越時空「超意識」：「三界唯心，萬法唯識」是佛教中應該實證的聖教，也是《華嚴經》中明載而可以實證的法界實相。唯心者，三界一切境界、一切諸法唯是一心所成就，即是每一個有情的第八識如來藏，不是意識心。唯識者，即是人類各各都具足的八識心王—眼識、耳鼻舌身意識、意根、阿賴耶識，第八阿賴耶識又名如來藏，人類五陰相應的萬法，莫不由八識心王共同運作而成就，故說萬法唯識。依聖教量及現量、比量，都可以證明意識是二法因緣生，是由第八識藉意根與法塵二法爲因緣而出生，又是夜夜斷滅不存之生滅心，即無可能反過來出生第七識意根、第八識如來藏，當知不可能從生滅性的意識心中，細分出恆審思量的第七識意根，更無可能細分出恆而不審的第八識如來藏。本書是將演講內容整理成文字，細說如是內容，並已在《正覺電子報》連載完畢，今彙集成書以廣流通，欲幫助佛門有緣人斷除意識我見，跳脫於識陰之外而取證聲聞初果；嗣後修學禪宗時即得不墮外道神我之中，得以求證第八識金剛心而發起般若實智。平實導師　述，每冊300元。

中觀金鑑—詳述應成派中觀的起源與其破法本質：學佛人往往迷於中觀學派之不同學說，被應成派與自續派所迷惑；修學般若中觀二十年後自以爲實證般若中觀了，卻仍不曾入門，甫聞實證般若中觀者之所說，則茫無所知，迷惑不解；隨後信心盡失，不知如何實證佛法；凡此，皆因惑於這二派中觀學說所致。自續派中觀所說同於常見，以意識境界立爲第八識如來藏之境界，應成派所說則同於斷見，但又同立意識爲常住法，故亦具足斷常二見。今者孫正德老師有鑑於此，乃將起源於密宗的應成派中觀學說，追本溯源，詳考其來源之外，亦一一舉證其立論內容，詳加辨正，令密宗雙身法祖師以識陰境界而造之應成派中觀學說本質，詳細呈現於學人眼前，令其維護雙身法之目的無所遁形。若欲遠離密宗此二大派中觀謬說，欲於三乘菩提有所進道者，允宜具足閱讀並細加思惟，反覆讀之以後將可捨棄邪道返歸正道，則於般若之實證即有可能，證後自能現觀如來藏之中道境界而成就中觀。本書分上、中、下三冊，每冊250元，全部出版完畢。

人間佛教—實證者必定不悖三乘菩提：「大乘非佛說」的講法似乎流傳已久，卻只是日本人企圖擺脫中國正統佛教的影響，而在明治維新時期才開始提出來的說法；台灣佛教、大陸佛教的淺學無智之人，由於未曾實證佛法而迷信日本人錯誤的學術考證，錯認為這些別有用心的日本佛學考證的講法為天竺佛教的眞實歷史；甚至還有更激進的反對佛教者提出「釋迦牟尼佛並非眞實存在，只是後人捏造的假歷史人物」，竟然也有少數人願意跟著「學術」的假光環而信受不疑，於是開始有一些佛教界人士造作了反對中國佛教而推崇南洋小乘佛教的行為，使佛教的信仰者難以檢擇，導致一般大陸人士開始轉入基督教的盲目迷信中。在這些佛教及外教人士之中，也就有一分人根據此邪說而大聲主張「大乘非佛說」的謬論，這些人以「人間佛教」的名義來抵制中國正統佛教，公然宣稱中國的大乘佛教是由聲聞部派佛教的凡夫僧所創造出來的。這樣的說法流傳於台灣及大陸佛教界凡夫僧之中已久，卻非眞正的佛教歷史中曾經發生過的事，只是繼承六識論的聲聞法中凡夫僧依自己的意識境界立場，純憑臆想而編造出來的妄想說法，卻已經影響許多無智之凡夫僧俗信受不移。本書則是從佛教的經藏法義實質及實證的現量內涵本質立論，證明大乘佛法本是佛說，是從《阿含正義》尚未說過的不同面向來討論「人間佛教」的議題，證明「大乘眞佛說」。閱讀本書可以斷除六識論邪見，迴入三乘菩提正道發起實證的因緣；也能斷除禪宗學人學禪時普遍存在之錯誤知見，對於建立參禪時的正知見有很深的著墨。平實導師　述，內文488頁，全書528頁，定價400元。

喇嘛性世界—揭開假藏傳佛教譚崔瑜伽的面紗：這個世界中的喇嘛，號稱來自世外桃源的香格里拉，穿著或紅或黃的喇嘛長袍，散布於我們的身邊傳教灌頂，吸引了無數的人嚮往學習；這些喇嘛虔誠地為大眾祈福，手中拿著寶杵（金剛）與寶鈴（蓮花），口中唸著咒語：「唵．嘛呢．叭咪．吽……」，咒語的意思是說：「我至誠歸命金剛杵上的寶珠伸向蓮花寶穴之中」！「喇嘛性世界」是什麼樣的「世界」呢？本書將為您呈現喇嘛世界的面貌。當您發現眞相以後，您將會唸：「噢！喇嘛．性．世界，譚崔性交嘛！」作者：張善思、呂艾倫。售價200元。

見性與看話頭：黃正倖老師的《見性與看話頭》於《正覺電子報》連載完畢，今結集出版。書中詳說禪宗看話頭的詳細方法，並細說看話頭與眼見佛性的關係，以及眼見佛性者求見佛性前必須具備的條件。本書是禪宗實修者追求明心開悟時參禪的方法書，也是求見佛性者作功夫時必讀的方法書，內容兼顧眼見佛性的理論與實修之方法，是依實修之體驗配合理論而詳述，條理分明而且極爲詳實、周全、深入。本書內文375頁，全書416頁，售價300元。

實相經宗通：學佛之目的在於實證一切法界背後之實相，禪宗稱之爲本來面目或本地風光，佛菩提道中稱之爲實相法界；此實相法界即是金剛藏，又名佛法之祕密藏，即是能生有情五陰、十八界及宇宙萬有（山河大地、諸天、三惡道世間）的第八識如來藏，又名阿賴耶識心，即是禪宗祖師所說的眞如心，此心即是三界萬有背後的實相。證得此第八識心時，自能瞭解般若諸經中隱說的種種密意，即得發起實相般若——實相智慧。每見學佛人修學佛法二十年後仍對實相般若茫然無知，亦不知如何入門，茫無所趣；更因不知三乘菩提的互異互同，是故越是久學者對佛法越覺茫然，都肇因於尚未瞭解佛法的全貌，亦未瞭解佛法的修證內容即是第八識心所致。本書對於修學佛法者所應實證的實相境界提出明確解析，並提示趣入佛菩提道的入手處，有心親證實相般若的佛法實修者，宜詳讀之，於佛菩提道之實證即有下手處。平實導師述著，共八輯，已全部出版完畢，每輯成本價250元。

真心告訴您(一)——達賴喇嘛在幹什麼？這是一本報導篇章的選集，更是「破邪顯正」的暮鼓晨鐘。「破邪」是戳破假象，說明達賴喇嘛及其所率領的密宗四大派法王、喇嘛們，弘傳的佛法是仿冒的佛法；他們是假藏傳佛教，是坦特羅(譚崔性交)外道法和藏地崇奉鬼神的苯教混合成的「喇嘛教」，推廣的是以所謂「無上瑜伽」的男女雙身法冒充佛法的假佛教，詐財騙色誤導衆生，常常造成信徒家庭破碎、家中兒少失怙的嚴重後果。「顯正」是揭櫫眞相，指出眞正的藏傳佛教只有一個，就是覺囊巴，傳的是 釋迦牟尼佛演繹的第八識如來藏妙法，稱爲他空見大中觀。正覺教育基金會即以此古今輝映的如來藏正法正知見，在眞心新聞網中逐次報導出來，將箇中原委「眞心告訴您」，如今結集成書，與想要知道密宗眞相的您分享。售價250元。

法華經講義：此書爲平實導師始從2009/7/21演述至2014/1/14之講經錄音整理所成。世尊一代時教，總分五時三教，即是華嚴時、聲聞緣覺教、般若教、種智唯識教、法華時；依此五時三教區分爲藏、通、別、圓四教。本經是最後一時的圓教經典，圓滿收攝一切法教於本經中，是故最後的圓教聖訓中，特地指出無有三乘菩提，其實唯有一佛乘；皆因衆生愚迷故，方便區分爲三乘菩提以助衆生證道。世尊於此經中特地說明如來示現於人間的唯一大事因緣，便是爲有緣衆生「開、示、悟、入」諸佛的所知所見——第八識如來藏妙眞如心，並於諸品中隱說「妙法蓮花」如來藏心的密意。然因此經所說甚深難解，眞義隱晦，古來難得有人能窺堂奧；平實導師以知如是密意故，特爲末法佛門四衆演述《妙法蓮華經》中各品蘊含之密意，使古來未曾被古德註解出來的「此經」密意，如實顯示於當代學人眼前。乃至〈藥王菩薩本事品〉、〈妙音菩薩品〉、〈觀世音菩薩普門品〉、〈普賢菩薩勸發品〉中的微細密意，亦皆一併詳述之，開前人所未曾言之密意，示前人所未見之妙法。最後乃至以〈法華大意〉而總其成，全經妙旨貫通始終，而依佛旨圓攝於一心如來藏妙心，厥爲曠古未有之大說也。平實導師述　已於2015/5/31起開始出版，每二個月出版一輯，共25輯。每輯300元。

西藏「活佛轉世」制度—附佛、造神、世俗法：歷來關於喇嘛教活佛轉世的研究，多針對歷史及文化兩部分，於其所以成立的理論基礎，較少系統化的探討。尤其是此制度是否依據「佛法」而施設？是否合乎佛法眞實義？現有的文獻大多含糊其詞，或人云亦云，不曾有明確的闡釋與如實的見解。因此本文先從活佛轉世的由來，探索此制度的起源、背景與功能，並進而從活佛的尋訪與認證之過程，發掘活佛轉世的特徵，以確認「活佛轉世」在佛法中應具足何種果德。定價150元。

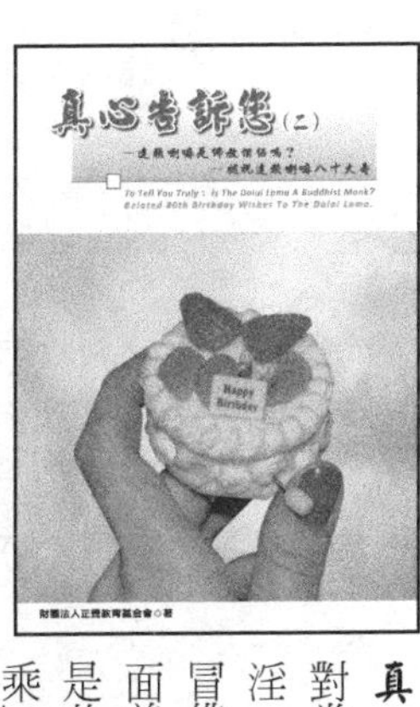

真心告訴您（二）—達賴喇嘛是佛教僧侶嗎？補祝達賴喇嘛八十大壽：這是一本針對當今達賴喇嘛所領導的喇嘛教，冒用佛教名相、於師徒間或師兄姊間，實修男女邪淫，而從佛法三乘菩提的現量與聖教量，揭發其謊言與邪術，證明達賴及其喇嘛教是仿冒佛教的外道，是「假藏傳佛教」。藏密四大派教義雖有「八識論」與「六識論」的表面差異，然其實修之內容，皆共許「無上瑜伽」四部灌頂爲究竟「成佛」之法門，也就是共以男女雙修之邪淫法爲「即身成佛」之密要，雖美其名曰「欲貪爲道」之「金剛乘」，並誇稱其成就超越於（應身佛）釋迦牟尼佛所傳之顯教般若乘之上；然詳考其理論，則或以意識離念時之粗細心爲第八識如來藏，或以中脈裡的明點爲第八識如來藏，或如宗喀巴與達賴堅決主張第六意識爲常恆不變之眞心者，分別墮於外道之常見與斷見中；全然違背 佛說能生五蘊之如來藏的實質。售價300元。

涅槃：眞正學佛之人，首要即是見道，由見道故方有涅槃之實證，證涅槃者方能出生死，但涅槃有四種：二乘聖者的有餘涅槃、無餘涅槃，以及大乘聖者的本來自性清淨涅槃、佛地的無住處涅槃。大乘聖者實證本來自性清淨涅槃，入地前再取證二乘涅槃，然後起惑潤生捨離二乘涅槃，繼續進修而在七地心前斷盡三界愛之習氣種子，依七地無生法忍之具足而證得念念入滅盡定；八地後進斷異熟生死，直至妙覺地下生人間成佛，具足四種涅槃，方是眞正成佛。此理古來少人言，以致誤會涅槃正理者比比皆是，今於此書中廣說四種涅槃、如何實證之理、實證前應有之條件，實屬本世紀佛教界極重要之著作，令人對涅槃有正確無訛之認識，然後可以依之實行而得實證。本書共有上下二冊，每冊各四百餘頁，對涅槃詳加解說，每冊各350元。預定2018/9出版上冊，2018/11出版下冊。

修習止觀坐禪法要講記：修學四禪八定之人，往往錯會禪定之修學知見，欲以無止盡之坐禪而證禪定境界，卻不知修除性障之行門才是修證四禪八定不可或缺之要素，故智者大師云「性障初禪」；性障不除，初禪永不現前，云何修證二禪等？又：行者學定，若唯知數息，而不解六妙門之方便善巧者，欲求一心入定，未到地定極難可得，智者大師名之爲「事障未來」：障礙未到地定之修證。又禪定之修證，不可違背二乘菩提及第一義法，否則縱使具足四禪八定，亦不能實證涅槃而出三界。此諸知見，智者大師於《修習止觀坐禪法要》中皆有闡釋。作者平實導師以其第一義之見地及禪定之實證證量，曾加以詳細解析。將俟正覺寺竣工啓用後重講，不限制聽講者資格；講後將以語體文整理出版。欲修習世間定及增上定之學者，宜細讀之。平實導師述著。

解深密經講記：本經係　世尊晚年第三轉法輪，宣說地上菩薩所應熏修之唯識正義經典，經中所說義理乃是大乘一切種智增上慧學，以阿陀那識—如來藏—阿賴耶識爲主體。禪宗之證悟者，若欲修證初地無生法忍乃至八地無生法忍者，必須修學《楞伽經、解深密經》所說之八識心王一切種智；此二經所說正法，方是眞正成佛之道；印順法師否定第八識如來藏之後所說萬法緣起性空之法，是以誤會後之二乘解脫道取代大乘眞正成佛之道，尚且不符二乘解脫道正理，亦已墮於斷滅見中，不可謂爲成佛之道也。平實導師曾於本會郭故理事長往生時，於喪宅中從首七開始宣講，於每一七各宣講三小時，至第十七而快速略講圓滿，作爲郭老之往生佛事功德，迴向郭老早證八地、速返娑婆住持正法。茲爲今時後世學人故，將擇期重講《解深密經》，以淺顯之語句講畢後，將會整理成文，用供證悟者進道；亦令諸方未悟者，據此經中佛語正義，修正邪見，依之速能入道。平實導師述著，全書輯數未定，每輯三百餘頁，將於未來重講完畢後逐輯出版。

阿含經講記—小乘解脫道之修證：數百年來，南傳佛法所說證果之不實，所說解脫道之虛妄，所弘解脫道法義之世俗化，皆已少人知之；從南洋傳入台灣與大陸之後，所說法義虛謬之事，亦復少人知之；今時台灣全島印順系統之法師居士，多不知南傳佛法數百年來所說解脫道之義理已然偏斜、已然世俗化、已非眞正之二乘解脫正道，猶極力推崇與弘揚。彼等南傳佛法近代所謂之證果者多非眞實證果者，譬如阿迦曼、葛印卡、帕奧禪師、一行禪師……等人，悉皆未斷我見故。近年更有台灣南部大願法師，高抬南傳佛法之二乘修證行門爲「捷徑究竟解脫之道」者，然而南傳佛法縱使眞修實證，得成阿羅漢，至高唯是二乘菩提解脫之道，絕非究竟解脫，無餘涅槃中之實際尚未得證故，法界之實相尚未了知故，習氣種子待除故，一切種智未實證故，焉得謂爲「究竟解脫」？即使南傳佛法近代眞有實證之阿羅漢，尚且不及三賢位中之七住明心菩薩本來自性清淨涅槃智慧境界，則不能知此賢位菩薩所證之無餘涅槃實際，仍非大乘佛法中之見道者，何況普未實證聲聞果乃至未斷我見之人？謬充證果已屬逾越，更何況是誤會二乘菩提之後，以未斷我見之凡夫知見所說之二乘菩提解脫偏斜法道，焉可高抬爲「究竟解脫」？而且自稱「捷徑之道」？又妄言解脫之道即是成佛之道，完全否定般若實智、否定三乘菩提所依之如來藏心體，此理大大不通也！平實導師爲令修學二乘菩提欲證解脫果者，普得迴入二乘菩提正見、正道中，是故選錄四阿含諸經中，對於二乘解脫道法義有具足圓滿說明之經典，預定未來十年內將會加以詳細講解，令學佛人得以了知二乘解脫道之修證理路與行門，庶免被人誤導之後，未證言證，干犯道禁，成大妄語，欲升反墮。本書首重斷除我見，以助行者斷除我見而實證初果爲著眼之目標，若能根據此書內容，配合平實導師所著《識蘊眞義》《阿含正義》內涵而作實地觀行，實證初果非爲難事，行者可以藉此三書自行確認聲聞初果爲實際可得現觀成就之事。此書中除依二乘經典所說加以宣示外，亦依斷除我見等之證量，及大乘法中道種智之證量，對於意識心之體性加以細述，令諸二乘學人必定得斷我見、常見，免除三縛結之繫縛。次則宣示斷除我執之理，欲令升進而得薄貪瞋痴，乃至斷五下分結…等。平實導師述，共二冊，每冊三百餘頁。每輯300元。

總經銷： 飛鴻 國際行銷股份有限公司
231 新北市新店市中正路 501 之 9 號 2 樓
Tel.02－82186688（五線代表號） Fax.02-82186458、82186459

零售：1.**全台連鎖經銷書局：**
三民書局、誠品書局、何嘉仁書店
敦煌書店、紀伊國屋、金石堂書局、建宏書局
諾貝爾圖書城、墊腳石圖書文化廣場

2.**台北市：**佛化人生 **大安區**羅斯福路 3 段 325 號 6 樓之 4　台電大樓對面
3.**新北市：**春大地書店 **蘆洲區**中正路 117 號
4.**桃園市：**御書堂 **龍潭區**中正路 123 號
5.**新竹市：**大學書局 **東區**建功路 10 號
6.**台中市：**瑞成書局 **東區**雙十路 1 段 4 之 33 號
佛教詠春書局 **南屯區**永春東路 884 號
文春書店 **霧峰區**中正路 1087 號
7.**彰化市：**心泉佛教文化中心 南瑤路 286 號
8.**高雄市：**政大書城 **苓雅區**光華路 148-83 號
明儀書局 **三民區**明福街 2 號\
青年書局 **苓雅區**青年一路 141 號
9.**宜蘭市：**金隆書局　中山路 3 段 43 號
10.**台東市：**東普佛教文物流通處 博愛路 282 號
11.**其餘鄉鎮市經銷書局：**請電詢總經銷**飛鴻**公司。
12.**大陸地區請洽：**
香港：樂文書店
旺角店 :香港九龍旺角西洋菜街 62 號 3 樓
電話 : (852) 2390 3723　email: luckwinbooks@gmail.com
銅鑼灣店 :香港銅鑼灣駱克道 506 號 2 樓
電話 : (852) 2881 1150　email: luckwinbs@gmail.com
廈門：廈門外圖臺灣書店有限公司
地址：廈門市思明區湖濱南路809 號 廈門外圖書城3 樓 郵編：361004
電話：0592-5061658（臺灣地區請撥打 86-592-5061658）
E-mail：JKB118＠188.COM
13.**美國：世界日報圖書部：**紐約圖書部　電話 7187468889#6262
洛杉磯圖書部　電話 3232616972#202
14.**國內外地區網路購書：**
正智出版社 書香園地　http://books.enlighten.org.tw/
（書籍簡介、經銷書局可直接聯結下列網路書局購書）
三民 網路書局　http://www.sanmin.com.tw
誠品 網路書局　http://www.eslitebooks.com

博客來 網路書局　http://www.books.com.tw
金石堂 網路書局　http://www.kingstone.com.tw
飛鴻 網路書局　http://fh6688.com.tw

附註：1.請儘量向各經銷書局購買：郵政劃撥需要八天才能寄到（本公司在您劃撥後第四天才能接到劃撥單，次日寄出後第二天您才能收到書籍，此六天中可能會遇到週休二日，是故共需八天才能收到書籍）若想要早日收到書籍者，請劃撥完畢後，將劃撥收據貼在紙上，旁邊寫上您的姓名、住址、郵區、電話、買書詳細內容，直接傳眞到本公司 02-28344822，並來電 02-28316727、28327495 確認是否已收到您的傳眞，即可提前收到書籍。 2.因台灣每月皆有五十餘種宗教類書籍上架，書局書架空間有限，故唯有新書方有機會上架，通常每次只能有一本新書上架；本公司出版新書，大多上架不久便已售出，若書局未再叫貨補充者，書架上即無新書陳列，則請直接向書局櫃台訂購。 3.若書局不便代購時，可於晚上共修時間向正覺同修會各共修處請購（共修時間及地點，詳閱**共修現況表**。每年例行年假期間請勿前往請書，年假期間請見共修現況表）。 4.郵購：郵政劃撥帳號 19068241。 5.正覺同修會會員購書都以八折計價（戶籍台北市者爲一般會員，外縣市爲護持會員）都可獲得優待，欲一次購買全部書籍者，可以考慮入會，節省書費。入會費一千元（第一年初加入時才需要繳），年費二千元。**6.尚未出版之書籍，請勿預先郵寄書款與本公司，謝謝您！** 7.若欲一次購齊本公司書籍，或同時取得正覺同修會贈閱之全部書籍者，請於正覺同修會共修時間，親到各共修處請購及索取；**台北市讀者**請洽：103 台北市承德路三段 267 號 10 樓（捷運淡水線 圓山站旁）請書時間：週一至週五爲 18.00~21.00，第一、三、五週週六爲 10.00~21.00，雙週之週六爲 10.00~18.00 請購處專線電話：25957295-分機 14（於請書時間方有人接聽）。

敬告大陸讀者：

大陸讀者購書、索書捷徑（尚未在大陸出版的書籍，以下二個途徑都可以購得，電子書另包括結緣書籍）：

1.廈門外國圖書公司：廈門市思明區湖濱南路 809 號 廈門外圖書城 3F
郵編：361004　電話：0592-5061658　網址：http://www.xibc.com.cn/

2.電子書：正智出版社有限公司及正覺同修會在台灣印行的各種局版書、結緣書，已有『**正覺電子書**』陸續上線中，提供讀者於手機、平板電腦上購書、下載、閱讀正智出版社、正覺同修會及正覺教育基金會所出版之電子書，詳細訊息敬請參閱『正覺電子書』專頁：http://books.enlighten.org.tw/ebook

關於平實導師的書訊，請上網查閱：

成佛之道　http://www.a202.idv.tw

正智出版社 書香園地　http://books.enlighten.org.tw/

中國網採訪佛教正覺同修會、正覺教育基金會訊息：

http://big5.china.com.cn/gate/big5/fangtan.china.com.cn/2014-06/19/content_32714638.htm

http://pinpai.china.com.cn/

★ 正智出版社有限公司售書之稅後盈餘，全部捐助財團法人正覺寺籌備處、佛教正覺同修會、正覺教育基金會，供作弘法及購建道場之用；懇請諸方大德支持，功德無量。

★ 聲　明 ★

本社於 2015/01/01 開始調整本目錄中部分書籍之售價，以因應各項成本的持續增加。

＊ 喇嘛教修外道雙身法、墮識陰境界，非佛教 ＊

＊ 弘揚如來藏他空見的覺囊派才是真正藏傳佛教 ＊

售後服務—換書啓事(免附回郵)　　2017/12/05

《楞伽經詳解》第三輯初版免費調換新書啓事：茲因 平實導師弘法早期尚未回復往世全部證量，有些法義接受他人的說法，寫書當時並未察覺而有二處（同一種法義）跟著誤說，如今發現已將之修正。茲爲顧及讀者權益，已開始免費調換新書；敬請所有讀者將以前所購第三輯（不論第幾刷），攜回或寄回本公司免費換新；郵寄者之回郵由本公司負擔，不需寄來郵票。因此而造成讀者閱讀、以及換書的不便，在此向所有讀者致上萬分的歉意，祈請讀者大眾見諒！

《楞嚴經講記》第 14 輯初版首刷本免費調換新書啓事：本講記第 14 輯出版前因 平實導師諸事繁忙，未將之重新閱讀而只改正校對時發現的錯別字，故未能發覺十年前所說法義有部分錯誤，於第 15 輯付印前重閱時才發覺第 14 輯中有部分錯誤尚未改正。今已重新審閱修改並已重印完成，煩請所有讀者將以前所購第 14 輯初版首刷本，寄回本公司免費換新（初版二刷本無錯誤），本公司將於寄回新書時同時附上您寄書來換新時的郵資，並在此向所有讀者致上最誠懇的歉意。

《心經密意》初版書免費調換二版新書啓事：本書係演講錄音整理成書，講時因時間所限，省略部分段落未講。後於再版時補寫增加 13 頁，維持原價流通之。茲爲顧及初版讀者權益，自 2003/9/30 開始免費調換新書，原有初版一刷、二刷書籍，皆可寄來本公司換書。

《宗門法眼》已經增寫改版爲 464 頁新書，2008 年 6 月中旬出版。讀者原有初版之第一刷、第二刷書本，都可以寄回本公司免費調換改版新書。改版後之公案及錯悟事例維持不變，但將內容加以增說，較改版前更具有廣度與深度，將更能助益讀者參究實相。

換書者**免附回郵**，亦無截止期限；舊書請寄：111 台北郵政 73-151 號信箱 或 103 台北市承德路三段 267 號 10 樓 正智出版社有限公司。舊書若有塗鴨、殘缺、破損者，仍可換取新書；但缺頁之舊書至少應仍有五分之三頁數，方可換書。所有讀者不必顧念本公司是否有盈餘之問題，都請踴躍寄來換書；本公司成立之目的不是營利，只要能眞實利益學人，即已達到成立及運作之目的。若以郵寄方式換書者，免附回郵；並於寄回新書時，由本公司附上您寄來書籍時耗用的郵資。造成您不便之處，再次致上萬分的歉意。

正智出版社有限公司 啓

國家圖書館出版品預行編目資料

起信論講記／平實導師講述--初版--壹
北市：正智，2004〔民93-〕
面；　　公分
ISBN 957-28743-5-7（第1輯；平裝）
ISBN 957-28743-6-5（第2輯；平裝）
ISBN 957-28743-7-3（第3輯；平裝）
ISBN 957-28743-9-X（第4輯；平裝）
ISBN 986-81358-0-X（第5輯；平裝）
ISBN 986-81358-1-8（第6輯；平裝）
1. 論藏

222.3　　　　93010953

起信論講記

——第五輯

著述者：平實導師
音文轉換：正覺同修會編譯組
校　對：章乃鈞 陳介源 鄧開枝 白志偉
出版者：正智出版社有限公司
電話：○二 28327495　28316727（白天）
傳眞：○二 28344822
111台北郵政73-151號信箱
郵政劃撥帳號：一九○六八二四一
正覺講堂：總機○二 25957295（夜間）
總經銷：飛鴻國際行銷股份有限公司
231新北市新店區中正路501-9號2樓
電話：○二 82186688（五線代表號）
傳眞：○二 82186458　82186459
初　版：公元二○○五年六月　二千冊
初版五刷：公元二○一八年六月　二千冊
定　價：二五○元